思想觀念的帶動者

文化現象的觀察者

本土經驗的整理者

生命故事的關懷者

{ PsychoAlchemy }

啟程，踏上屬於自己的英雄之旅
外在風景的迷離，內在視野的印記
回眸之間，哲學與心理學迎面碰撞
一次自我與心靈的深層交鋒

Possession:
Jung's Comparative Anatomy of the Psyche, 2nd Edition

附身
榮格的比較心靈解剖學

奎格‧史蒂芬森——著

吳菲菲——譯

獻給艾爾伯托

二版前言

　　「書自有其命運」。自二〇〇九年出版後，《附身：榮格的比較心靈解剖學》一直持續成長，使我有必要藉這第二版延伸並更新原書的論點。

　　二〇一三年時，費勒蒙基金會（Philemon Foundation）[1]的總編輯索努・山達薩尼（Sonu Shamdasani）邀我到倫敦大學學院（University College of London）去做演講，講題與「附身」之歷史有關。英國心理學會繼而要我把這演講發表於他們的期刊《心理學家》（*The Psychologist*），隨後劍橋大學教授貝里奧斯（G. E. Berrios）邀我為《精神醫學史》（*History of Psychiatry*）期刊寫文章並重新評價「附身」初被納入《精神疾病診斷與統計手冊》（*Diagnostic and Statistical Manual of Mental Disorders*，DSM）的歷史。他問我是否可以重新思考我對 *DSM-IV* 所持的論點並回應最近發布的 *DSM-5*[2]。幸虧貝里奧斯教授做了這建議，本版第三章現在把 *DSM* 兩個版本都納入了討論。第一版未明確回答的問題——精神醫學是在認知上大有突破，還是僅出於政治目的而挪用兼併了「附身」一詞？——現在有了明確答案。

1　譯註：此非營利機構是由歷史學家索努・山達薩尼與榮格分析師史帝芬・馬丁（Stephen A. Martin）於二〇〇三年創立，其目的在出版榮格的全部著作，包括他未曾發表過的手稿、研討會論文、信件等。

2　編按：美國精神醫學學會自 *DSM-5* 開始採阿拉伯數字編號，之前為羅馬數字編號。

二〇一四年時，作為迪米崔耶・皮甫尼奇神經學歷史獎（Dimitrije Pivnicki Prize in Neuro-History）的受獎人，我在加拿大麥吉爾大學的奧斯勒醫學圖書館（Osler Library of Medicine, McGill University）完成研究。該圖書館館長克里斯多福・李昂（Christopher Lyons）把他最新獲得的收藏品、出版於一八七六至一八七七年間之《塞皮堤埃精神病院攝影實錄》（Iconographie Photographique de la Salpêtrière）的原始版本拿給我看，其中附有保羅・仁亞（Paul Regnard）醫師所拍攝、印在蛋白相紙上的四十張全套原始相片。我要感謝李昂教授，讓我有機會在這攝影實錄中找到由尚馬丁・夏柯（Jean-Martin Charcot）的助理醫師們為珍妮薇芙・巴席・勒格亨（Geneviève Basile Legrand）所寫的病歷——她在其中彷彿具體地把十六世紀盧登鎮（Loudun）的中邪者與十九世紀巴黎的歇斯底里病患連結了起來。

本書第一版為我帶來的快樂之一是它讓我有機會與許多人交換意見、從中獲得啟發而得以從事進一步思考。紐約市立學院（City College of New York）跨領域研究學院的加勒比海地區及後殖民時代法語文學教授雅莉珊卓・班尼迪克遜（Alessandra Benedicty）在二〇一四年三月十日於紐約市立大學（City University of New York）的研究生中心，為我和人類學家暨藝術家吉娜・阿先娜・尤里西（Gina Athena Ulysse）舉辦了一場公開對話，主題是〈附身與啟發——心靈與鬼魅之間：精神治療與巫毒教相對論〉。許多與會者是紐約市海地巫毒教的法師，對於維護他們的宗教習俗非常在意，不樂見學院人士和精神治療師擅自利用、或以心理學及病理學的角度解釋他們的宗教信仰。但在傑利・卡爾森（Jerry W. Carlson）的

出色主持下，那晚的氣氛終從濃厚的懷疑和防守心態轉變為好奇、尊重和溫馨。尤里西在如今修正過的第二章中佔了一個特別位置；我在其中描述她如何藉藝術把她透過人類學家觀點所看到的分歧縫合起來、以宣揚和解及完整。

同樣的，班尼迪克遜的傑作《以思想史角度探討法國、海地及巫毒教思想中的附身現象》（*Spirit Possession In French, Haitian, and Vodou Thought: An Intellectual History*）向我們示範了如何用嚴謹及廣納的學術方法從事跨領域討論。在為第二版修訂此書時，我為了尋求啟發曾多次重讀她的著作。在詮釋海地作家芮內·戴貝斯崔（René Depestre）作品中的巫毒教元素時，班尼迪克遜採納了米歇爾·雷利斯（Michel Leiris）[3] 在「表演劇場」（performed theatre）和「直驗劇場」（lived theatre）之間所做的區別，這使我對自己的《附身》一書和我的精神分析同事們所寫的《榮格與莫瑞諾：人性劇場論文集》（*Jung and Moreno: Essays on the Theatre of Human Natue*，2014）共同論及的「表演性質」（performativity）獲得了進一步認識。（《榮格與莫瑞諾：人性劇場論文集》一書主要討論的是以榮格心理學之基本概念為出發點的心理劇治療作法。）

我希望讀者能繼續拿起這本淺論榮格附身概念的分析心理學拙作，藉以評估當下此刻西方精神醫學在文化認知上所持有的定見。

奎格·史蒂芬森

二〇一五年十二月三十一日於紐約市

3　譯註：Michel Leiris（1901-1990）為法國超現實主義作家及民俗學家。他在 1958 年寫成的小冊《衣索比亞貢達古城之附身儀式的劇場性質》（*La Possession et ses aspects théatraux chez les Éthiopiens du Gondar*）中以劇場美學探討衣索比亞人的扎耳（Zar）儀式，並以「直驗劇場」稱呼此類附身儀式，視之跟重於角色模擬的「表演劇場」有別。

從附身到啟示：榮格與人類學、療癒劇場交會的靈光

蔡怡佳／輔仁大學宗教學系副教授

　　在台灣街頭巷弄的宮壇中，乩童透過神靈附身來為民眾辦事是在地宗教生活中的尋常景像。尋求乩童解決問題的，也不乏被「靈」干擾的民眾。「靈」既是問題的根源，也是處置問題的途徑。「靈界」雖然不曾出現在學校的教科書中，卻是台灣民眾日常宗教生活中既熟悉又真實的體驗。這樣的體驗往往與生活中的難題密切相關，尤其是身心莫名的窒礙失調。兼具精神科醫師與醫療人類學家身分的凱博文（Arthur Kleinman）曾經把台灣乩童的辦事與精神科醫師的問診與治療互相比擬，為宗教處置與精神醫療的對話提出洞見。台灣的心理學家余德慧與彭榮邦也將本土的牽亡儀式理解為文化療癒，透過為亡靈所憑依的師姑，聯繫生者與死者，回應失親的思念與傷痛。像台灣的乩童與靈媒這種「以身為度」的宗教儀式專家，在人類學者的民族誌書寫中出現過的例子不勝枚舉。換言之，對於人類意義世界的研究幾乎無法不同時討論各個文化對於神靈世界的理解；而對於神靈世界的理解，也往往要通過對附身現象的勾勒與探究。

　　附身的現象雖然有跨文化的普遍性，但在追求對人類普遍心靈

理解的科學心理學中，卻成了一個難題。在這個脈絡下，當企圖在「去神靈化」最為徹底的當代心理學與心理治療之中重新反思附身現象，以及討論其列入精神疾病診斷名稱的意義時，也就有必要重新回到凱博文將精神醫學與人類學視角交叉互映的方法，一方面讓精神醫學對自身普世性宣稱之「文化預設」與「文化邏輯」得以回觀反思，另一方面也讓種種中介人靈世界的認識與實踐成為當代世界的「照妖鏡」，映現出當代世界在「去魔咒」的追求中反而失去對魔咒理解與認識的能力，從而為魔咒所困的弔詭。本書以附身為題，橫跨宗教歷史、心理學、人類學、精神醫學、心理治療以及劇場分析，是對上述當代自我理解之困境提出反思的重要佳作。

本書作者奎格・史蒂芬森兼具榮格心理學、心理劇與精神分析的背景。作者認為附身是榮格分析心理學的關鍵現象。在說明這個核心論點時，史蒂芬森並不採用一種侷限於內部語言的分析途徑，而是用跨域的探究方式指出附身概念如何說明了心理學／人類學、文明／原始、科學／宗教、自主／相與之種種對立差異的狀態，以及互相映照與對話所能產生的積極意義。從宗教史中的附身（possession）到精神醫學的「強迫症」（obsession），這個概念從充滿宗教意涵轉變為去宗教化的精神疾病。作者藉著回顧這個轉變的歷史，把榮格的附身概念置於歐洲宗教、醫學與思想史的演化系譜之中。十六世紀法國盧登鎮的集體附身事件表述著天主教與基督新教之間的衝突，驅魔的場景成為靈力展現與爭鬥的舞台，附身成了「重大社會問題的演示」。然而，當附身變成精神疾病的一種類別時，卻轉變為「個體的病症」，不再具有書寫歷史與反觀社會的力量。這種單一病理學化之視角的狹隘，作者認為要透過人類學者

附身：榮格的比較心靈解剖學

對於不同文化中附身現象的民族誌書寫，來開啟附身的豐富意涵，這也是作者所提出的，心理學可以向人類學學習的意思。

　　無論是書寫歷史、敘說邊緣的社會處境、或是作為內在痛苦的表達，附身作為種種衝突的彰顯，都尋求著意義的理解，以及轉化的途徑。史蒂芬森指出榮格如何刻意以「模稜兩可」的語言提出一種接近經驗的、非約化式的理解途徑，以保存附身現象難以被理性邏輯窮盡的豐富性。榮格認為追問附身之意義的重要性，甚於症狀的消除。症狀思維通常採取生物學或是機械論的因果溯源，意義的詮釋則指向未來或是終極意義的探尋。在第一章對於附身論述的歷史探究中，為附身所苦的個體，企圖跳脫在公開驅魔儀式中的被動地位，從神祕主義與聖徒行傳的語言為自己的經驗找到表述的容器，以接納與正視「心魔」的方式，成為「受創的療傷者」。這種面對痛苦的方式，與薩滿的傳統，以及榮格對治療的理解，有互相呼應之處。人類學民族誌中對於附身的書寫與詮釋（第二章），也與作者討論榮格心理治療時所提出的三個轉化的面向互相輝映（第五章），包括「聖所／圈護」的閾限經驗、賦予無身之靈骨架血肉與聲音的「角色化／模仿」，以及透過「統整／統合」承受自身真相，安身於多元、流動之自我的過程。附身所蘊含之啟示的根苗，就在榮格心理學與人類學的交會之中蔚然成樹。啟示可能是對於當下社會衝突的演示、對邊緣處境的言說與賦力、斷裂的修復，或是轉化的契機。

　　史蒂芬森用劇場展演的手法呈現了附身在宗教歷史場景中、在人類學者進入他異文化的震懾中、在精神疾病命名的手冊上，以及在分析的療癒劇場中，層層摺疊的樣貌。他在本書的開頭與結尾分

享了一個被哥哥亡魂憑附的小女孩，在附身的經驗中言說失親的痛苦，以及對於相繫的盼望。這樣的經驗對我們的宗教文化來說並不陌生，在自我遭受劇烈撞擊之處，自我成了非我的寄身之處。自我與非我的「相與」是榮格的分析治療的核心議題，也是人類學文化書寫的重要隱喻。史蒂芬森在這本充滿洞見的書中透過榮格心理學與人類學交會的路徑為我們指出附身現象之意義的豐富性。願意對跨領域知識開放的讀者，尤其是對宗教、歷史、心理、文化，或是精神醫學有興趣的讀者，都可以從這本書中獲得豐富的收穫。

是我非我誰裝誰？
──附身戲碼中的人我自他

陳俊霖／精神科醫師、臺灣心理治療學會常務理事、
臺灣榮格發展小組組員

　　腦海中不時浮現出一幕畫面。近二十年前值班時，一位原本疑似憂鬱症惡化的年輕女病人前來急診，當著我們值班醫師面前發生一次大癲癇──全版強直陣攣發作（tonic-clonic seizures）。對精神科而言，這鐵定另有生理上的器質性病變。但當別科收入住院後，病人體能上甚至還能在病房攀爬亂竄，生理評估沒找出明確病因。越查不出原因的異象，旁人越會冒出神怪式的詮釋，畢竟對常人而言，精神症狀奇幻迷離，「彷彿被附身一般」的說法的確也很傳神。

　　廣義來用「附身」為喻的話，臨床情境中不乏相關表現：有病人感覺身上出現另一股力量在操縱著他，干擾他的舉止；有病人會談到一半忽然轉變特質，自稱另一個名號發言，治療師想叫原本的人格回來對話亦不可得；有病人自述從旁人的回應得知自己某段時間仍可行動卻失去記憶；有病人打個嗝後告訴我接下來是胸內的附靈在講話；有病人因為受到神靈附身要承受天命走祭師之路，想一想又不符生涯計劃，改而求醫看看能否解除掉。

　　然則被附身時主人格是否自知？共有幾個不同身分？各身分屬

性是神是人是鬼是小香菇？是局部或全部被佔有？事後是否失憶？當事人的意志又可能有多大比例參與其中？精神科試圖分門別類診斷之，症狀只是個出發點，在詢問更多的症狀、病程後，有些可能是器質性疾患──亦即肉身另有病灶，精神病狀只是連帶變化的副產物；有些只能歸在精神本科中的，則可能放在解離症、多重人格障礙，甚至是思覺失調症的一環。這樣懷想起來，在這種時候用舊譯精神分裂症也很傳神。

但當時怎麼看都無法將那位病患放在既知的診斷中。直到晚近這十年，醫學上新辨識出一個稱為「抗NMDA受體腦炎」（Anti-NMDA receptor encephalitis）的疾病，分子生物學的證據已然完整，還有病人自誌成書又改編成電影《我發瘋的那段日子》（*Brain on Fire: My Month of Madness*），從人口學與病程的對照，回溯起來我總覺得二十年前急診那位病患或許正是此病。對醫學而言，某些看似被附身者，是否體內其實潛藏有明確生理基礎的疾病？但二十年前那位病人即便真是此病，當時的科技卻應該還查不出原因。又或者還有再二十年人類才會知道的疾病？精神醫學的責任之一固然是要篩出附身症狀背後不宜疏漏的生理疾患，總有許多病人是當代查無生理疾病，留下讓我們盤思心理及社會因素的偌大空間。

但被附身的可不都是精神科的「病人」或心理治療的「案主」！

於是，本書作者奎格‧史蒂芬森（Craig E. Stephenson）回到四百年前，從西歐史上最有名的附身案例，亦即法國在十六世紀末、十七世紀初的一連串附身事件，尤其是一六三二年的盧登事件

談起。彼時彼地，在一所女修道院中，居然上至院長下至修女，群集性的受到一名教士鬼魂所擾。牽連到最後，一位教區神父遭疑是作法者，被迅速燒死在火柱上。此案餘波盪漾，後續既有宗教上的解讀，也有醫療上的鑑別。更耐人尋味的是這件附身事件的背後，隱隱然反映與牽動出此鎮同時有如一道不同教派間角力的戰線，而這件附身事件，似乎在意識與無意識間左右了這場戰役的結果。

縱覽古今，人類的歷史舞台上早就上演諸多附身的劇碼。再橫顧四海，舞台每個角落都有著人類學上的附身素材，在蘇丹的例子中，丈夫得和附在妻子身上的鬼魂談判，有意無意間，這個超自然第三者讓彼此免去向對方低頭的窘境，像是多了調停的第三國，為交戰雙方開啟了和平之門。可惜書中未提及臺灣豐富的神明附身祭儀，透過不同職司的神明附身，也象徵著運用不同的原型消化掉個人或家庭的矛盾。從文化來看附身的現象，竟是可以如此充滿社會功能。

這真是令人想得出神的現象啊！明明物理學上單一的肉體，卻出現心靈層面上多元的身分。明明就是我，卻讓我覺得不是我。如果他不是我，如何進得我來？如果他就是我，為何我會對這個區塊的心靈失去自我感（sense of self）？而這股在內的他異性（otherness）造就了精神醫學、心理治療學、人類學都極為好奇的領域。

從現代科學的角度來看的話，自應無神怪可言，精神醫學想要科學化看待這個部份，詮釋出「解離」的診斷，於是從現象上來區分，意識可能恍惚（trance），可能失憶（amnesia），可能變成另一個身分遊走他方（fugue）。但這個想科學化的向量太過積極，

反而如同作者在書中所評論，割棄了原本可以從社會文化面向連結的廣大世界。

心理治療學則是另一個向量，著迷於這個外在看到附身的當下，內在心靈世界究竟發生何事。精神動力學派相信無意識中原就藏著許多意識不知的訊息，當自體發生產生垂直性的分裂（vertical split），便出現自己也不認識的自己。榮格學派更是一向以探索無意識心理學為使命，無意識中的意念常環繞著特定的情緒而形成一股情結，因為有其自發性，意識難以掌控，而意識認識這些心靈特質的自然模式之一又是予以人格化／角色化（personification），於是便有榮格學派習用的阿尼瑪／阿尼姆斯（anima / animus），也可能在更為異化的情結浮現時，賦予這個被潛抑的情結另一個靈體身分，也就成了另一個體內的他者，而感受到「被」附身。

作者畢竟是從事實務治療工作的榮格分析師，在梳理豐富素材後，對於實務工作如何因應附身，還是要指引出方向。處理附身的方向之一，環繞在「辨識」上。如同中古世紀驅魔師想要辨識出是哪個靈或哪個通靈術士在作法，驅魔的要旨就在於辨識其名，呼喊驅趕其離開。心理學上也希望辨識出這股情結，面對陰影，覺察意識或無意識中的需要，為此，給定一個假名對於處理不吝是個助力。

處理附身的另一個原則則環繞在「整合」上。傳統治療概念中，希望窮究案主的意識與無意識，從中拆析出事因。然而知道原因固非壞事，卻未必保證解決得了問題。而附身後，在既有的現實人物間增加一個虛擬的人格，改變了既有的權力結構與平衡，透過戲劇、透過故事、透過彼此重新形塑的詮釋，描繪出一個新的可

能。這似乎沒解釋任何原因，卻可能用整合出一個新方向來解決問題。

除了治療附身，如果用附身治療又是如何？這連結上作者的另一個重要背景——作者除了榮格分析之外，另一個重要的專長是莫瑞諾（Jacob Moreno）的心理劇（psychodrama）。在心理劇中，導演藉由替身、角色對換等技巧，積極讓主角和參加者們用各自單一的身體，來回穿梭體會多重主客體的方式，從他者看到自身，也用自身體會他者。臺灣諺語有云「扮戲空、看戲憨」，演戲時自我到哪兒去了？看戲入迷時，陪哭陪笑，豈不又像被主角附上身？這麼說來，心理劇若視為當代心理治療模式中，最讓參與者貼近「附身」狀態的模式應也不為過。

也就因為作者的這兩種背景，當他二○一三年二月路過臺灣時，應王浩威醫師所領導的「國際分析心理學會臺灣發展小組」（臺灣榮格發展小組）之邀，便是以「榮格與莫瑞諾心理治療技巧中的人格化與鏡映」為題舉辦工作坊。有緣的是當臺灣發展小組的指導人湯瑪士・克許（Thomas Kirsch）轉知作者奎格・史蒂芬森會巧經臺灣，勾動浩威邀請他開課的，正是二○一二年參加葡萄牙布拉加（Braga）第四屆分析心理學與榮格研究國際學術大會（IV International Academic Conference of Analytical Psychology & Jungian Studies）期間買到本書的原文本，因而得知這位分析師及其所研究的有趣領域。

快到尾聲，且容借用京劇大師梅蘭芳的名聯，或有把散亂的思維整合一氣的意境：

「是我非我，我演我，我亦非我；

　裝誰像誰，誰裝誰，誰都像誰。」

　　但幕將落下之際，腦海裏意猶未盡地閃出另一幕沒幾年前的異聞。當時參加一場自然科學領域的進修營隊，其中一位主講者是位頗有地位的科學家，幾人課後在住宿客房中小酌閒聊，酒酣耳熱之餘，那位講師聊到曾有天晚上他家中來了位意外的陌生女訪客，竟說出他人生中極為私密之事。當講師從驚駭中回神，趕緊追上已然離去的女子。女子進出一間便利商店，講師趕上質問對方時，對方卻已一片茫然，彷彿剛剛發生的事是被附身所為。那位講師身分不低，我總想不出他胡謅的理由，若此，則附身之事彷彿真有靈界是也不一定。若套實證來說，這對我而言可是專家意見級的個案報告了。時間再走二十年，也許對於附身的論述，還可以再出更多的續集⋯⋯

以自然展開的論述來
探索榮格的附身概念

對事物獲致瞭解恆是捕捉該事物完形
（gestalt）的經驗——人在領悟某一面向的
同時也察覺和重新察覺了事物的全貌。因
此，促成瞭解的一個方式是慎重選擇及排列
事物全貌中的元素；另一方式則是設定比較
對象。

——珍·茲維奇，《智慧與隱喻》
（Jan Zwicky，*Wisdom and Metaphor*，頁 2）

在一九六一年去世前不久寫成的一篇論文中，卡爾·榮格建議心理學家把傳統附身個案的病歷並列類比於現代俗世中的精神病個案：

正如形態學家（morphologists）需要比較解剖學，心理學家無法缺少「比較心靈解剖學」。他一方面需要對夢和其他無意識產物具有充分經驗，另一方面對最廣義的神話亦需如此。如果對現代精神病和傳統附身現象都無充分知識，他甚至將無法看出後者和強迫性精神官能症（compulsion neurosis）、思覺失調症（schizophrenia）、或歇斯底里症之間有何相似之處。（Jung，1961，段 522）

本書旨在剖析榮格的附身概念並將之置於類比關係中：它將榮格的概念解剖為幾個元素以做分析，並將這概念比較及對照於其他「類似」概念。在剖析和類比之際，它把中古世紀晚期天主教歷史以及近代人類學、精神醫學和心理治療法四者的部分元素並排在一起。但我並未從剖析和類比的做法做出總括一切的詮釋，因為附身現象的多樣性並不會因此就能整合起來。

附身是榮格分析心理學的中心思想，不過榮格學派的同事們卻向我表示這說法讓他們頗感訝異。我希望讀者能暫時把不信置於一旁、耐性追隨我的說法讀下去。從榮格一九○二年的醫學學位論文到他一九六一年最後寫成的論文之一、即我方才引述的〈象徵與夢的詮釋〉，附身無疑是貫穿榮格全部作品的中心主題，是他在闡述自我意識（ego consciousness）和自主無意識（the autonomous unconscious）間的互動狀態時處處可見的概念，容許他在現象層次上把精神官能症和精神病的症狀陳述出來。在一次重要對話中，當榮格與佛洛伊德討論現代精神官能症和中古世紀附身故事的類似性時，榮格問了一個與治療有關的問題：在從事分析工作時，分析師能否不以消除精神官能症者中邪時的痛苦為重心，而更重於察覺其痛苦有何意義和重要性（Jung，1939b，段72）？因此，附身概念甚至成了他用來敘述精神分析史的主要方式。

正當榮格思想的研究在全球學術界和臨床訓練上愈趨熱門之際，認識榮格不久的讀者和早已熟知榮格理論及實際作法的讀者都會發現：用批判方式（一種安全把關的方式）來思考這最基本的分析心理學概念是很有幫助的。附身概念無疑讓榮格學派的理論和實際作法必須面對一個特別問題，也讓榮格學派的理論家和分析師都必須採用特別的認知方式。但這概念也把榮格學派的理論在形成之際可能犯的錯誤顯示了出來：榮格自己在將之本質化或原始化[1]時犯了錯誤，而他的讀者在無意間違離他的情結理論而掉入玄祕學（esoterics）、或掉入不具榮格稱為「宗教功能」（religious function）的通俗精神分析方法時，也一樣犯了錯誤。

我們在心理治療的情境中最有可能清楚剖析榮格的附身概念，但在談論心理治療實際作法的語用學（pragmatics）之前，我選擇先用類比方式來重點說明這概念的背景。這策略可更表明榮格附身概念所具有的根本重要性——例如，就西方精神醫學現在才開始承

1　譯註：指榮格視其假設中互古以來即存於個人生命以前的原型為所有個人心靈意義之本，與二次大戰後存在主義、現象學、以至後現代主義所強調的人性後天時空差異性（difference）大相逕庭。

認的當代精神病「文化症候群」而言，這概念對其治療模式有何重要性？不過，有些讀者可能想從較重剖析的第四章和第五章開始讀本書，然後再讀講述脈絡背景的最初三章。如果這麼做，他們也不至於失去太多方向感的。

榮格的附身概念起源於中古世紀——在那時代，possession（附身、中邪）和 obsession（纏念）兩字是同義詞，都被用來描述一種特定的痛苦。然而，在十六世紀開始之前，這兩個字已被用來區分不同程度的相同痛苦。本書把重心放在十七世紀法國盧登鎮上所發生的附身事件，不僅可以顯示這特別出名之歷史事件在當時如何告一段落，也可以——更重要的——顯示近四百年來在討論這些事件的文獻中，附身理論如何演變。精神醫學最後挪用了「纏念」這個用詞而剔除了其宗教意含，並將「附身」一詞排斥在醫學論述之外。藉著回顧這段歷史，我們可以把榮格的附身概念置於歐洲宗教、醫學和思想傳統的演化當中。

盧登鎮的附身事件恰好發生在人心研究開始擺脫歐洲天主教教義影響之際。源自地理大發現時代及啟蒙運動時代的十九世紀人類學則將人心研究又推往了另一方向，但到了榮格的時代，人類學開始和被稱為精神分析的新興人心研究分道揚鑣。其原因相當明顯：人類學家已經開始丟棄未開化／文明的二分法，但榮格卻仍想用本質論觀點研讀人類學文獻，藉此把他的心理學合法化為一門科學。然而，人類學的主張仍然可說明我自己對榮格所做的批判，甚至我認為它充實了榮格的理論。被比照於二十世紀晚期人類學對附身所做的研究時，榮格的附身概念可以促進精神分析、心理學和人類學之間的溝通和解，而這和解正是目前許多人類學家正在追求的目

標。

　　一九九二年時，美國精神醫學學會首次將「附身」納入其《精神疾病診斷與統計手冊》，視之為一種可以確診並加以詳述的心理疾病。我認為這轉變代表了兩種意義：一是精神醫學負面挪用了「附身」一詞，因為它將附身現象列入了強調疾病本質的疾病分類學內；另一則可能是精神醫學的認知大突破、是它試圖在其論述及治療模式中考量文化情境的努力之一。如果把榮格的附身概念對照於當代醫療人類學家（medical anthropologist）羅蘭・利托伍德（Roland Littlewood）以及跨文化精神醫師勞倫斯・柯梅爾（Laurence Kirmayer）對於西方精神醫學所提出的批判，我們會發現這轉變的內在危險性。這兩位理論家認為當代西方文化的內容十分貧乏、欠缺生動的敘述架構和有力的社會論述，以至於無法解釋多變複雜的人心認知功能。西方文化常把普通現象視為病態、把常態認知視為心靈裂傷。在回應文化貧乏和心靈裂傷時，整體社會及處治心靈問題的專家都有一個傾向：過度重視精神醫學之本質論論述所說的心理連貫性。在批判個人存在（personhood）全由意識所界定的說法時，榮格的附身概念可以協助我們突破這視常態為病態的傾向，並協助我們為自我（the self）提出一個更具流動性、多元性和身體性的觀念。

　　榮格用模稜兩可的語言表述他的附身概念，以求如實傳達心理經驗的「雙重本質」。他所堅守的論述語言既具有精神醫學知識的精準性，也具有足夠的開放性，可同時容納發生於無意識中的痛苦和療癒經驗，而這些經驗的要素是個人無從直接獲知的。我將把榮格的附身概念明確連結到 possession 這字的字根、到一個強烈的

意象上——在這意象中，我們看到自我（selfhood）坐在自己的王座上，也看到它因某個「他者」篡奪其位而必然經歷到的痛苦。對初次認識榮格的讀者來講，「被情結附身」的用語也許聽來像艱澀難懂的行話，但在榮格學派和後榮格學派的評論及理論中，這同一用語卻可能早已喪失了它大部分的概念／意象衝擊力，並已從隱喻貶值成了明喻、再進一步貶值成了分析論述中的老生常談。隱喻本身是弔詭（paradox）[2]：在說兩個事物一模一樣時，它賦予了它們不可能的相等存在價值。隱喻具有轉化作用的原因就在於其中的主客體雙方都起了變化。明喻則具同化作用，因為主體吸收了客體而使後者與之相似。榮格的附身概念是隱喻；他所提出的不是論述中的「彷如」之詞，而是一個蘊藏在心理治療框架和移情／反向移情關係中、與生命存有關係密切的弔詭。在把這概念重新連結到它的意象之際，我希望為某些讀者提供有用的入口，讓他們可前去了解榮格，但同時我也希望其他讀者能重新領略這概念原具有的活潑深意。

　　榮格把附身概念應用在心理治療的實際工作上——事實上，他的理論和他的治療工作彼此互補並互為表裡。若把他的理論比較於視附身為附屬概念的其他心理治療師，我們會發現：榮格的概念能使當今的心理治療技巧——如聖所／圈護（temenos / containment）、角色化／模仿（personification / mimesis）、統整／統合（integration / synthesis）——有邏輯可言，而它本身也不違背位於這些作法核心上的存有弔詭（ontological paradox）（這種違背

2　譯註：指狀似自相矛盾的概念或語意。

　　　　　　　　　　　　　　　附身：榮格的比較心靈解剖學

是一般理論常犯的錯誤）。榮格曾因宣揚這弔詭而遭到學術界和臨床界的強烈誤解，他的附身概念也因此被貶斥為晦澀玄奧。我不僅認為這些誤解毫無根據，也將把他的概念與那些採用特定信仰之附身說法的心理治療法區隔開來。

我的分析案主們在經過辛苦療程後所獲致的洞見既充實、也影響了本書的內容，甚至就是最初促使我動手寫此書的原因。不過，由於我的專業公會最近更仔細修訂了其倫理規範，因此我在為榮格的概念辯護時不得不避免引用這些個人經歷和故事，以避利用之嫌。同時我也認為，就這方面和其他許多方面而言，比起我所收集的許多實例細節，由故事大師虛構寫成的作品會更能充分傳述真實故事。因此，在闡述榮格的附身概念時，我並未從我實際的治療個案中取例說明，反而援用了約翰‧卡薩維提思（John Cassavetes）的電影《首演夜》中茉桃‧戈登（Myrtle Gordon）這個角色。這虛構角色的附身經歷把榮格附身概念對理論學者和臨床分析師同時具有的豐富意義彰顯了出來。

我在本書中從榮格的弔詭知識論切入、並以哲學方式討論他的附身概念，意在強調這概念對心理治療工作具有的根本重要性和潛在意義。但我並沒有討論這概念的道德和法律意含，因為這些都超出了我的探討範圍。我也沒有寫入那些必須由精神醫學、法律和宗教共同討論以判斷是否適合受審的附身案例，也沒寫入那些被家長或宗教領袖藉「附身」之信仰來加以開脫的虐行案例。精神病醫師、人類學家和新聞記者常提到這些案例（Barbano，2000；Bran，2005；Ferber & Howe，2003）；我也常被問到：榮格的概念能否解釋我們為何很難判斷一個人是否被附身？身為律師和榮格派

分析師的克莉絲汀・阿內・康尼迪斯（Kristine Arnet Connidis）曾為文討論精神病檢驗難以達成有效判斷的問題（二〇〇五年十月二十五日康尼迪斯私人信函；另見 Connidis，2004），但這些法律觀點超出了本書的討論範疇。即使如此，榮格的附身概念至少可以闡釋位於這些難題核心的存有困境（ontological predicament）。

我的討論偏重於榮格附身概念與心理分析工作的關係，但我將先把這概念比較於人類學的附身論述，並將言明它對精神醫學之種種認定及參考指標所帶來的認知挑戰。在向一般讀者及早就熟悉榮格理論的讀者說明榮格的基本概念時，我也將不時針對人類學家、精神醫師、批評理論家和精神分析師這些特定讀者表達看法。這些時刻會出現於書中的原因是，我多年來與這些領域的同事們進行了許多敞開胸懷且意義非凡的對話；在努力為許多疑難尋求答案之際，他們無不承認榮格派分析師的觀點對他們有莫大幫助。我向所有這些讀者推薦維柯（Giambattista Vico）[3] 的弔詭觀點：同時向後和向前看。這觀點與榮格的下面一句話頗有相似之處：「〔心理分析師〕[4] 工作經驗的特殊性質會使他不自覺進入某種思考模式或關注某些特別事物，而這一切都**不再**——或應說都**還未**——在今日醫學中擁有適當落腳處」（Jung，1945b，段 192；粗體字為作者標出）。當我在各章中一一討論歷史、人類學、精神醫學、批評理論和精神分析，並試圖綜合各領域有關附身現象的種種資料時，我希望本書能像有機體一樣自然衍展，以盡力闡明榮格的附身概念，並

3　譯註：為義大利政治哲學家及歷史學家（1668-1744），是西方啟蒙運動主要思想家之一。
4　譯註：此方括號內之文字非榮格原文所有，而是由作者加上。作者在全書內引用他人文字時偶會在其中插入他認為有助上下文意的文字，並以方括號標明這些文字非屬他所引述的原文。

藉「他的說法有多穩靠？」以及更實際的「它有何用處？」這類問題來衡量及評估這概念的重要性。

在寫本書的過程中，我常回到我用以做為抒論起點的一個意象；那是一個十幾歲出頭的加拿大女孩臉孔──在全國電視台採訪記者的面前，她述說著流行在她家鄉居民間的汽油嗅癮，以及她哥哥因著火而喪生的意外事件。她說她哥哥的鬼魂降附在她身上、告誡她不要去聞汽油的氣味。她還說，為了跟哥哥保持聯繫而不致失去他、為了感到他在身旁保護而不致覺得孤單害怕、為了隨時隨地向他獻上生命，她還是跑去嗅了汽油。她就在這令人痛心的自相矛盾中對著發問的採訪記者說話。

圖 1.1　一六三四年八月十八日盧登鎮聖彼得教堂烏卞・格蘭狄耶（Urbain Grandier）神父火刑圖，據稱為帕提市（Potier）勒內・艾倫（René Allain）所繪。來源：一八八〇年巴黎巴榭（Baschet）出版社出版、加伯里耶・勒給（Gabriel Legué）所著之《烏卞・格蘭狄耶與盧登鎮的邪靈附身者》（*Urbain Grandier et les possédées de Loudun*）。

盧登鎮邪靈附身
事件：
附身論述的歷史足跡

　　雖必定有所侷限……歷史知識仍優於所
有其他人類知識，因為在某種意義上，只要
能了解社會活動之目的及方法中的規律性複
現結構，其中的演員——他們自身的活動創
造了他們的角色——對世界的了解會比悟力
再怎麼高強的旁觀者都要優越得多。我們在
歷史上是演員，在自然科學上僅是觀看者。
　　——以撒·柏林，《三位啟蒙運動的批
　　判者》（Isaac Berlin，*Three Critics of the*
　　　　　　　　Enlightenment，頁 88）

西歐歷史上最著名的附身事件之一發生在法國利士留市
（Richelieu）往西約二十公里、以及哲學家笛卡爾（Descartes）誕
生地拉艾市（La Haye）往西六十公里處的盧登鎮（Loudun）。
一六三一年，在國王許可下，樞機主教利士留為紀念自己的功勳
建造了一座至今仍保有他名字的城市。一六三三年，在聽到伽利略
（Galileo）遭宗教法庭審判後，自我放逐的笛卡爾暫停發表自己的
長論文《論世界》（*Le Monde*）。從一六三二年到一六三八年，盧
登鎮在不可能情況下成為了一場集體危機的震央所在，成為了歐洲
各地民眾蜂擁而至的邪靈附身事件舞台。這三件事之所以相關不
僅因為它們的地點和時間相近，也因為它們共同界定了一種時代精
神、預示了西方哲學及人心科學（science of mind）將要行進的方
向。

　　由於盧登鎮邪靈附身事件的文獻極為豐富，我們得以追溯這
四百年來關於附身的辯論思路是如何轉折的。在思考這些事件時，

圖 1.2 「前往利士
留、盧登、笛
卡爾者請走下
一出口」。二
〇〇八年在法
國 A10 公路上
所見的這交通
標誌用地名示
意了一六三〇
年代的時代精
神。

附身：榮格的比較心靈解剖學

我有必要用理性、甚或時代錯置地用心理學來研究這些材料，但我也希望依循下面的途徑：既不與文獻所記載的人類苦難保持距離或視之為無稽之談，也不使那以恐怖冤刑和集體暴力為終結的一連串事件重新充滿神祕感。在把榮格的附身概念置於歷史傳承之際，我們也可證明榮格學說對這進行了幾百年的辯論能夠提供新而有益的觀點。

邪靈附身與宗教戰爭

基督教路德宗約在一五二〇年後在法國取得了一席之地；到一五五〇年代，包括一群重要貴族在內的許多人都已從天主教皈依於這新的宗教。一五六二年，聖哲曼敕令（the Edict of Saint-Germain）的頒佈讓胡格諾派新教徒（Protestant Huguenots）獲得了些許信仰自由，但在其後三十六年間，這自由在不少於八次的宗教戰爭中又屢遭撤銷、限制或偶獲重申。最後，一五九八年頒佈的南特敕令（the Edict of Nantes）終於允許新教徒可用他們的方式禮拜上帝。在宗教戰爭持續不斷的歲月裡，天主教和胡格諾教徒所使用的武力曾輪番劫掠和焚燒盧登鎮。南特敕令所帶來的危險平衡雖容許鎮上佔人口多數的新教徒獲得了休兵養息的機會，但到了一六二八年，當位於西南部、由叛變之胡格諾教徒所據的港口拉若賽（La Rochelle）被攻陷後，這狀況就發生了險惡的變化。路易十三世針對那些信奉「所謂改革宗教」的臣民絲毫不掩飾他的厭惡之情，並開始拆毀各城鎮的外牆和塔樓，以防胡格諾教徒從他們所在的據點對他的王國發動抗爭。

盧登鎮的命運既具有代表性，也極為特殊。具有代表性是因為它的新教徒鎮長在一六一七年時遭到撤換而由天主教徒所取代。特殊的是，為了對新鎮長施以個人恩惠，路易十三世違背了自己的命令，容許盧登鎮的巨大塔樓暫免遭到拆毀大隊的破壞——時至今日，這塔樓仍然屹立在原地上。盧登鎮民在回應他們塔樓的命運時與俗世市民並無兩樣：基於愛鄉愛土的自豪意識，大多數鎮民這時倒沒太在乎自己的宗教認同，因而天主教徒和新教徒在國王決定保存這代表他們城鎮自主性的象徵時都同感興高采烈，尤其在看到鄰近城鎮——如米勒布（Mirebeau）——都已失去它們的塔樓時更是如此。然而，這和諧的公民社會歷時並不長久；一六三二年開始發生的邪靈附身事件又把鎮民拖進了勢不兩立的基本教義鬥爭當中。

　　盧登鎮的邪靈附身事件並非事出突然；事實上，有四起重要事件可被視為它的前例。第一起發生於一五六六年，地點鄰近法國北部的隆恩市（Laon）。一個十六歲女孩妮可‧歐布里（Nicole Obry）據稱有三十個邪靈附著在她身上，其中最常出沒的邪靈名叫別西卜（Beelzebub）。在長達兩個月的時間內，她幾乎每天都必須在群眾面前、在公共舞台上——先後建造於維爾凡鎮（Vervins）的教堂內和隆恩市的大教堂前——接受驅魔儀式。驅魔師使用的主要工具是聖體聖餐儀式（the Eucharist）[1]，非常不同於當時由《邪巫之槌》（*Malleus Maleficarum*，Sprenger and Kramer，1486/1968）一書所訂定的驅魔程序。在企圖證明被祝聖後的餅酒確為真實耶穌

1　譯註：天主教將此儀式分為聖祭（the Eucharist）和領聖體（the Communion）兩個繁複過程，先由神父將代表耶穌血肉的葡萄酒、水及無酵餅祝聖為耶穌的聖體，再由教徒分享領受。新教創始者馬丁路德不認為神父教士有能力將凡物變化為神聖，因此新教教會一般只在儀式中向耶穌祝謝後由教徒領受象徵性的餅酒。

之時，驅魔師顯然意在說服胡格諾教徒重歸天主教，或至少意在駁斥他們的信仰。的確，當驅魔師和附身於妮可·歐布里的邪靈別西卜當眾對話時，被新教教徒攻擊為迷信的若干天主教習俗和信念——變體論（transubstantiation）[2]、尊奉聖徒遺骸、使用聖水、劃十字聖號、名字具有力量——都獲得了辯正或證實（Walker，1981，頁23）。

第二起前例於一五八二年發生於同樣位在法國北部的沙頌鎮（Soissons）。在一組四個被邪靈附身的人當中，最特別的是個名叫尼可拉·佛吉爾（Nicolas Facquier）的五十歲已婚男人。他身上那個名叫庫斈馬希（Cramoisy）的邪靈聲稱他之所以依附在佛吉爾身上，是為了強迫後者三個身為胡格諾教徒的堂兄弟皈依真實教會。在相當程度的脅迫之下，三個堂兄弟終於改變了信仰，佛吉爾也因此脫離了邪靈的綑綁。在這事件上，驅魔儀式的宣教功能是顯然可見的。

第三起事件的宣教功能更是明顯。一五九八年，正當巴黎國會審查亨利四世為讓所有胡格諾教徒享有信仰自由而提出的南特敕令之際，二十六歲的瑪特·布洛西（Marthe Brossier）似在讀了一本談論隆恩奇蹟（the Miracle of Laon）[3] 的書之後便隨著她父親動身前往巴黎。昂哲市（Angers）的主教在前一年便已測試過布洛西被邪靈附身的症狀：在交錯使用聖水和普通的水、驅魔寶典的文字和《羅馬帝國史記》（*The Aeneid*）[4] 最初數行詩文後，他確定了她

2　譯註：即平凡的餅酒可經祝聖而轉化為耶穌身體之說。

3　譯註：指上述之妮可·歐布里的故事。

4　譯註：或譯為《埃涅阿斯紀》，為古羅馬詩人維吉爾（Virgil）在西元前十九至二十九年間寫成的羅馬建國史詩，是西洋古典文學巨著之一。

並非真正中邪。但布洛西仍堅稱自己的邪靈附身是真的，並在巴黎的公開驅魔儀式中「說了些不可思議、不利於胡格諾教徒的話」。由於敕令所訂的宗教包容條款在精神上本就不堪一擊，國王擔心這精神很可能因此遭到破壞而帶來大災難，因而下令拘留布洛西、對她施以檢驗、最後護送她回家並派駐地法官監視她。一五九九年在國王命令下發表、由米歇爾・馬勒斯科（Michel Marescot）醫師撰寫的報告就指出：根據許多法國名醫的診斷，布洛西的行為沒有任何超自然之處，「無一出自惡魔，卻有許多仿效動作，以及一些因病產生的行為」（Walker，1981，頁15）。這份報告正式顯示了兩項重要事實：一是驅魔儀式已成為宗教宣傳的重要工具，二是醫師（甚至主教）已能辨別邪靈附身的真偽，並能識出被附身者的行為有可能出於自然發生的疾病。

盧登事件最重要的前例發生於一六一一年，地點是普羅旺斯地區艾克斯市（Aix-en-Provence），於此附身和巫術（witchcraft）的關連性首度被建立了起來。雖然當時眾人並不認為附身邪靈加諸中邪者的折磨與以往有什麼不同，但他們開始相信邪靈是在通靈術士（sorcerer）的指令下做出這些事情的。從中邪者和驅魔師的雙者關係到包括通靈術士在內的三者關係——這種轉變極具意義，因為無論在法律上、靈性上、還是心理上，使邪靈能夠發聲的中邪者從此可以不必為自己的行為負責。他們仍須接受驅魔儀式，但驅魔師不僅必須驅除入侵的靈性作因（spiritual agent），還必須指認並消滅一個有罪的第三者。在普羅旺斯艾克斯事件中，由於吳甦樂會（Ursuline Order）修女瑪德蓮・德曼多伊（Madeleine Demandolx）及其他修女的歷歷指證，一個名叫路易・高福第（Louis Gaufridy）

　　　　附身：榮格的比較心靈解剖學

的神父就在行使通靈術（sorcery）的罪名下遭到火刑之懲。

盧登鎮民的對立

　　根據教會紀錄，盧登事件始於一六三二年九月二十二日。當天，吳甦樂女修道院院長琴・德尚哲（Jeanne des Anges）、副院長德珂龍琵修女（Sister de Colombiers）、和初學修女瑪特・德聖蒙尼克（Marthe de Saint-Monique）三人在同一夜晚分別被一個求助的教士鬼魂造訪。九月二十四日傍晚，另一個以黑色球體形狀出現的鬼魂在修道院食堂內把瑪特修女撞倒在地，並把琴・德尚哲撞進椅子當中。怪異的騷擾持續發生：修女們聽見神祕說話聲、不明東西揮打她們的身體、她們不時無可遏制地大笑。最後，邪靈附身的具體實證出現了：一隻鬼手似乎把三顆山楂果遞到院長的掌心內。之後，大多數修女開始不由自主抽搐且做出怪異舉止。第一次驅魔儀式在一六三二年十月五日舉行，接著又舉行了更多驅魔儀式，最後擴大成大場面的公眾聚集活動，從全歐洲吸引來成千上萬的觀眾。一六三四年八月十八日，盧登鎮聖彼得教堂的教區神父烏卞・格蘭狄耶在施行通靈術及行使邪術的罪名下遭到定罪。最重要的，法官宣告他必須為吳甦樂女修道院的修女中邪事件負責。他在同一天就被燒死在火柱上。即使通靈術士已被處決了，驅魔儀式——雖不再成為群眾圍觀的場合——仍持續到一六三八年。

　　有幾百本書和論文討論盧登的附身事件以及烏卞・格蘭狄耶的問審與處決。我們可以從中發現，天主教徒和新教徒間的相互包容及公民合作為時何其短暫並終止得何其突然。第一份記載名

為《盧登鎮吳甦樂女修道院附身事件及格蘭狄耶之公正審判：親歷者的可信記述》（*Véritable relation des justes procedures observes au fait de la possession des Ursulines de Loudun, et auprocès d'Urbain Grandier*，1634），其作者佟其爾（Tranquille）神父是最初一個驅魔小組的成員。他在冊中為驅魔者和教會儀式提出辯護，其用語修辭充分表露了他寫書的目的：為自己的行動辯解、對懷疑修女中邪現象以及譴責格蘭狄耶之判官的眾多人士發出責難。佟其爾在其論說中強調：邪靈附身若非真的與邪靈有關，就是出自個人任意妄為的意志。但佟其爾隻字不提當時鎮上偏頗的政治環境：他之論述所提及的那些異議讀者在格蘭狄耶受審時根本無從發表意見，因為張貼在公共場所並在盧登各教會講壇宣布的法庭命令嚴禁人們辯論或懷疑中邪現象及相關的法律程序，若有不從則被處以死罪。

最早在一六三七年，〈奧比那齊修道院院長艾德蘭先生所述之盧登邪靈附身事件〉（Relation de M. Hédelin, abbé d'Aubignac, touchant les possédées de Loudun，見 Hédelin，1637）[5] 一文就說到某個盧登鎮訪客對其所見甚表懷疑。我們或可以說：盧登附身事件是照著教材演變出來的，甚至連女修道院院長手中的山楂果，都出自普羅旺斯艾克斯市驅魔師西巴斯汀・米歇里神父（Sébastien Michaëlis）在一六一三年所寫的《一個女懺悔者中邪及皈依的可敬故事》（*Histoire admirable de la possession et conversion d'une penitente*）或其他類似書籍。的確，一六三二年十月五日舉行第一批驅魔儀式

5　譯註：本書原文書目將本篇文章作者名字印為 Hédelin, M.，應為 Hédelin, F. 之誤。文章標題中的 M. Hédelin 是文章作者自稱，即「艾德蘭先生」之意。M. 在法文中為 Monsieur（先生）之簡寫。

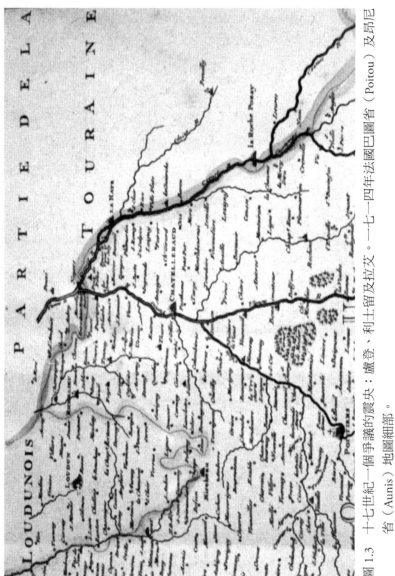

圖 1.3　十七世紀一個爭議的震央：盧登、利士留及拉艾。一七一四年法國巴圖省（Poitou）及昂尼省（Aunis）地圖細部。

才過一星期，修女們的懺悔師米農神父（Father Mignon）就已開始引用普羅旺斯艾克斯市吳甦樂會的附身事件，並提及該事件史無前例的結果：一個神父以通靈術士身分遭到處決。雖然目擊者奧比那齊修道院院長艾德蘭是個天主教徒，但他始終不相信附身現象的判斷標準有被充分建立起來，並對驅魔儀式的進行方式感到十分不滿。

格蘭狄耶的審判使中邪者及驅魔者所提供的證據具備了合法性，而且法庭命令也使一切反對意見變成非法，其後果便是：與之對立的新教徒立場無法見諸文字，曾在不甘中允許包容胡格諾教徒的南特敕令也在一六八五年遭到廢除。要直到一六九三年，流亡到阿姆斯特丹的一個盧登胡格諾教徒尼可拉‧奧本（Nicolas Aubin）才出版了他的《盧登附身事件實錄》（*Histoire des diables de Loudun*）。奧本在書中力陳：惡意摧毀盧登胡格諾教徒的人包括了「長久以來施展惡毒陰謀的女修道院修女及眾多教士，以及支持他們的一幫地方官員、鎮民和法庭寵兒」。奧本甚至指稱，事件初發生時身為修女懺悔師的米農神父為整起事件的首惡。在奧本戲劇化的描述下，米農神父指導修女們設法在公開驅魔儀式中如何唱作俱佳，以便一方面置格蘭狄耶於罪（格蘭狄耶向來就被眾人認為是個讓天主教蒙羞的浪蕩子），另一方面——這更重要——證明天主教儀式能夠戰勝魔鬼，進而破壞胡格諾教徒在盧登的龐大勢力。我們不難找到支持奧本說法的間接證據：在格蘭狄耶被處決後，法庭沒收了一座由胡格諾教徒所建立、素有聲譽的學院，並讓吳甦樂女修道院搬至那裡而成為獲益者之一。

描述附身的語言

在歐洲宗教史上，描述附身的語言頗具流動性；奧比奈齊修道院院長艾德蘭賴以尋求明確診斷標準的「題庫」只對他所在的時空具有正統意義。

在中古世紀的早期醫學術語中，「附身」所指的或更可能與間歇發作的躁妄症（mania）有關，並不涉及任何肇因（Demaitre，1982）。各種說法之所以各有偏重，其原因可歸諸不同的「魔鬼」概念。在中古世紀的想像中，「魔鬼」一詞在不同程度上綜合了《聖經》中的撒旦、傳說中的墮落天使群、以及希臘化文明（Hellenism）[6] 的異教信仰（Pagels，1995；Boureau，2004）。在中古世紀早期，魔鬼的活動空間是人的想像力，而非人的軀體或任何有形物體。第三至第十五世紀期間，特士良（Tertullian）、聖奧古斯丁（Augustine）以及約翰・該森（John Cassian）[7] 就曾——這點至為重要——把魔鬼描繪成運用幻象（fantasmata）來誤導靈魂、尤會在睡夢中擒人入手的騙子。真實的夢來自上帝，而魔鬼則在人的夢境中布滿虛幻誘人的意象。《主教法典》（*Canon Episcopi*，西元九一六年出版）描述了「某些成為撒旦工具、本身也

6　譯註：指希臘馬其頓亞歷山大大帝西元前三二三年去世後至西元前三十年羅馬帝國興起之間、以希臘文化為中心並融合各地文化的地中海區域文明。

7　譯註：特士良（約 160-220）為北非迦太基人，是第一位以拉丁文寫基督教文學的作者，著作等身，被譽為西方神學創立者。聖奧古斯丁（354-430）誕生於今日之阿爾及利亞，作品以《上帝之城》（*The City of God*）及《懺悔錄》（*Confessions*）兩書最為有名，是西方基督教奠基者之一，影響並及於後世西方哲學思想。約翰・該森（大約 360-435）亦稱苦修約翰（John the Asetic），誕生於小塞西亞（Scythia Minor）、今日中歐多瑙河及黑海環繞的多布羅加（Dobruja）地區，其神祕主義著作為東正教與西方基督教雙方所尊崇，被視為基督教修道院制度的訂定者。

受惑於邪魔魅影的邪惡女人」，並相信這種女人在晚上會騎在一群動物身上並跟隨在女巫赫妲（Holda）身後——巴黎主教威廉·德歐凡納（William d'Auvergne）曾以較寬容的說詞稱這女巫為阿班荻雅（Abundia）或賽西雅（Satia）[8]。天主教會抨擊這類與異教生殖力崇拜有關、所謂的夜遊行動，並指參加者誤認這些幻象發生於實際時空、而非她們自己的想像中，因此教會自認有責任治癒這些被病態想像力導離上帝的人。

然而，十三及十四世紀時，教會反轉了這立場，認為魔鬼製造的幻象具有有形實體（Schmitt，1982）。一二三三年的教宗憲詔《拉瑪城內的哭聲》（Vox in Rama）[9]即視敬拜撒旦為封建君臣之吻（feudal osculum）[10]的顛倒形式，所親吻的乃是撒旦的肛門。這憲詔並將夜間夢遊描述為充滿亂倫、人獸交、殺嬰及噬人等具體行為（而非想像之行為）的偽宗教聚會。神學家暨宗教審判官尚·福內提（Jean Vineti）規避了《主教法典》的說法（即巫師主持的安息日不過是惡魔製造的幻象、通靈術士不過是受騙的靈魂而已），而在《論邪靈召喚者》（Tractatus contra daemonum invocatores）的冊文中指出魔鬼崇拜是種新現象、不同於傳統的鄉村通靈術。萊茵河地區的兩位宗教審判官雅克布斯·史卜厄（Jacobus Sprenger）及海恩立希·克蘭莫（Heinrich Kramer）在《邪巫之

8　譯註：兩字之意分別為「豐富」及「滿足」。

9　譯註：源出《舊約聖經耶利米書》三十一章十五節「耶和華如此說：在拉瑪聽見號咷痛哭的聲音，是拉結哭他兒女，不肯受安慰，因為他們都不在了」，以及《新約聖經馬太福音》二章十八節「在拉瑪聽見號咷大哭的聲音，是拉結哭他兒女，不肯受安慰，因為他們都不在了」（繁體中文和合本聖經）。重複舊約經文的新約經文所要傳達的是：希律王在耶穌誕生後四處殘殺男嬰、以防新王出現的舉動正好印證了舊約先知耶利米的預言。

10　譯註：指西方中古封建時代之君臣嘴對嘴親吻、用以互表忠誠的禮儀。

槌》一書中，明指這轉變大約發生於一四〇〇年左右；自此，影響原僅及想像力的魔鬼便開始被視為在有形軀體上發揮作用力。我們會禁不住認為這轉變與十四世紀造成歐洲人口大減的黑死病瘟疫有關（見 Odermatt，1991）。可以確定的是，在教宗諾森八世（Innocent VIII）於一四八四年發布憲詔《最嚮往之情操》（*Summis desiderantes affectibus*）之前，人們便已認為巫師和通靈術士乃藉著與邪靈交媾來公開背棄基督教信仰；在憲詔的描述中，這種背棄就是背教者招惹邪靈上身的方式。

由於肉體成為了魔鬼攻擊的目標，possession（附身）和 obsession（纏念）這兩個原來幾乎同義的名詞開始有了不同的意義。從字源來看，obsidere 意指坐在某處或對面而坐、在⋯⋯面前坐下、圍攻某處（也就是敵軍在要塞前坐下）。因此纏人不放的邪靈是從身外攻打、不時造訪和騷擾一個人，而附身邪靈則已住進人身之內（見第四章）。一六一六年，約翰・布洛克（John Bullokar）在《英文難字解》（*An English Expositor*）中這麼說：「當邪靈尾隨一個人、時時騷擾他並尋找機會進入他的身體，這人就是被邪靈纏擾之人（the obsessed）。」一八七一年，人類學家愛德華・泰勒（Edward Taylor）[11] 說到：「這些情況與鬼靈纏擾有關，而不與鬼靈附身有關；鬼靈還未實際進駐身體，只不過在其附近逗留盤旋而已」（見 Walker，1981）。這樣的區別法可說跟今天精神醫學的診斷準則相去不遠——例如，在後者的區分中，自覺遭外在

11　譯註：愛德華・泰勒（1832-1917），英國人，為文化人類學創始者。他認為宗教是所有人類社會從野蠻進入文化的踏階，而宗教之基礎是人類在解釋夢、幻覺、乍見、映像、死亡、以及種種自然現象時所生的靈魂信仰——相信人和萬物都有靈魂、靈魂在人死後另有去處、以及鬼神之靈存在於世界中。

事物迫害的妄想症就有異於深信外力將非己所有之思想植入心內的幻覺。一六三二年十月一日，盧登鎮上有三個修女被宣告遭邪靈附身；到一六三四年十二月時，有九個修女被宣告遭邪靈「附身」，另有八個被宣告遭邪靈「纏擾」或被施以邪術。

不過，當奧比奈齊修道院院長艾德蘭在一六三七年表達他對這些宣告不滿的時候，他所持的理由乃是：驅魔師並未把修女的行為拿去與《邪巫之槌》所訂的附身標準做充分對照。在他看來，驅魔師所用的語言必須符合魔鬼學（demonology）經典的用語。沒錯，提供證據並加以診斷是驅魔師的第一項任務：他須指出那個藉被附身者發聲的邪靈叫什麼名字，並且——因為邪靈只霸占被附身者身體的一小部分、而非全身——找到邪靈在人體內的位置。例如，在隆恩市的公開驅魔儀式中，被認為在見到耶穌聖體後即從妮可・歐布里身上暫遭驅逐、自稱為群魔首腦的別西卜，事實上只退居到她的左臂上。同樣的，盧登鎮驅魔師發現有七個邪靈住在琴・德尚哲的體內，其中一個在她前額中央，一個在她右側最後一根肋骨下方，另一個在她右側第二根肋骨內。最後離去的是住在她胃中的貝赫默斯（Behemoth）[12]。

就琴・德尚哲的個案來講，在一幅標示魔界位階與人體各部位位階之相關性的地圖中（見 Certeau，1970，頁 38），我們看到邪靈們如何按照階級、井然有序地在人體內住下：撒拉弗（Seraphim）[13] 在頭內，掌權七星宿（Powers）在上軀體內，王座

12　譯註：為《聖經約伯記》四十章十五至二十四節中提及的神話巨獸，中文聖經一般將之譯為「河馬」。

13　譯註：撒拉弗天使為舊約聖經中位階最高的天使群，撒且為其中之一。本文此處指撒且及隨他一起墜落的撒拉弗。至於掌權七星宿，《新約聖經以弗所書》（Ephesians）第六章十二節說

天使（Thrones）在下軀體內。由於被附身者從每次攻擊脫身後不應記起體內的邪靈說過或做過什麼，驅魔師當然是這幅絕非隨意畫出之地圖的獨力完成者。他之所以要在大庭廣眾面前畫出琴·德尚哲身上的邪靈位置圖，其目的就是為了建立真實可信度，但奧比奈齊修道院院長艾德蘭卻根據天主教教義懷疑這些附身現象。他認為：與驅魔師大聲對話的邪靈必須使用被附身者所不熟悉的外國語言，必須表現出令人無法置信的透視能力或先見之明，另還必須做出升空漂浮等超乎自然能力的動作。在奧比奈齊修道院院長艾德蘭的眼中，盧登鎮的修女未曾做出這些標準舉動中的任何一項，因此並無資格被宣告為被邪靈附身。

超自然或自然現象？

在診斷上，十七世紀的法國驅魔師側重於認出「誰」（哪個靈性作因、哪個通靈術士）該為附身者的痛苦負責，但醫師則側重於認出身體和心智中有「什麼」病因。但如因此認為教士和醫師彼此南轅北轍，這想法又會太過簡單。在論及辨認方法和對立見解的出版品中，我們發現天主教教士本身就有政治對立的狀況，而天主教陣營或新教陣營的醫學專家也是如此。

醫學界的對立在一五九八至一五九九年間邪靈附身者瑪特·布

「因我們並不是與屬血氣的爭戰，乃是與那些執政的、掌權的、管轄這幽暗世界的，以及天空屬靈氣的惡魔爭戰」。中譯似指人間掌權者，但如對照英文 For our struggle is not against flesh and blood, but against the rulers, against the authorities, against the powers of this dark world and against the spiritual forces of evil in the heavenly realms，我們可見 rulers, authorities, powers 幾字實際所指應是那些墜落到幽冥太空、在那成為統治者的各階天使。王座天使與這幾字性質類似。參見網站 http://www.biblestudytools.com/dictionaries/bakers-evangelical-dictionary/powers.html。

洛西的事件中更形明顯。布洛西於一五九九年在巴黎接受了四次檢查。首度由神學家和醫師組成的一個小組注意到紅腫的舌頭和心雜音這兩個病兆，並在報告中說沒有證據可支持她的行為與超自然因素有關（多半可能出自偽裝）。然而第二天，小組中的兩名醫師另作了一次檢查，在她拇指和食指間發現了一個無感應點，因此要求延下結論。另一個由神學家和醫師組成的小組被召集了起來，但這回他們——顯然在曾為她驅魔的聖方濟嘉布遣修會（Capucins）的授意下——在報告中同意做出中邪的宣告。在國王下令的四十天拘留期結束後，好幾個醫師又為布洛西重新做了檢查，最後作證說他們沒有找到超自然因素存在的證據。

在第四次、也就是最後一次的檢查後，米歇爾·馬勒斯科（Michel Marescot）及他的醫學同事在亨利四世的委任下於一五九九年出版了《羅莫蘭登市所謂之瑪特·布洛西中邪事件的真實始末》（*Discours veritable sur le faict de Marthe Brossier de Romorantin pretendue demoniaque*）。這份報告用清晰論證做出鑑別診斷（differential diagnosis），並針對第二個醫師小組的報告重點一一提出駁斥。大家並一致將癲癇症摒除於原因之外，因為癲癇發作時的一個識別特徵是「失去知覺和判斷力」，但布洛西在抽搐時卻始終神智清醒。第二個小組先前曾在報告中援用傳統的中邪判斷準則（懂外國話和具有透視力），但馬勒斯科輕易指出其證據基礎十分薄弱且模稜兩可。第二個小組也曾引用醫學證據來為布洛西辯護、指她並非騙子：在她發作時，「深深刺下的長針」並沒造成流血或痛苦，而且她的脈搏和呼吸頻率也一直平穩如常。馬勒斯科的小組駁斥說：就是因為把針垂直刺入人體不一定會造成流血或

痛苦，這種證據不應被用來辨認邪靈附身者或被充作燒死通靈術士的理由。至於第二個小組所說的脈搏和呼吸頻率，馬勒斯科用憂鬱症（melancholia）之假設診斷法（hypothetical diagnosis）[14] 予以回應：他曾見過「各式各樣的憂鬱症患者；他們不僅多日、甚至多年在各處怪喊怪叫或發出狗嚎聲，卻一直可以維持著同樣的脈搏、呼吸和臉色」（Marescot，1599；Abraham Hartwel 英譯；見 Walker，1981）。馬勒斯科也認為，唯在布洛西真正患了憂鬱症的情況下，她才可能真心相信自己中了邪，儘管她同時也可能會依照她所讀到的隆恩奇蹟來偽扮附身症狀、意圖說服他人。

三十五年後，盧登鎮的醫師還是同樣分成「超自然」和「自然」兩個對立陣營。在「超自然」陣營這一方，南特市（Nantes）醫學院醫師德拉梅納迪耶（Hippolite Pilet de la Ménardière）在《論憂鬱症》（ *Traité de la mélancholie* ，1635）文中認為憂鬱症並不足以造成他所目擊的行為（見 Certeau，1970，頁 117 及 129）。在「自然」陣營這一方，皮耶·易夫蘭（Pierre Yvelin）醫師在其《〈論羅浮耶市修女中邪事件〉作者的自辯》（ *Apologie pour l'autheur de l'examen de la possession des Religieuses de Louviers* ，1643）中認為：醫師們應向教士團強調憂鬱症者身上的淤塞體液可能是造成怪異、不尋常行為的原因。

醫師馬克·鄧肯（Marc Duncan）當時住在附近的桑默市（Saumur）；他的經歷具體說明了盧登事件惡化的程度。鄧肯是蘇格蘭喀爾文派新教徒（Calvinist），是一位對數學和神學有興趣

14　譯註：亦稱假設演繹法（hypothetico-deductive method），即先假設幾種病名，再尋找實際症狀來刪除或證實所做的假設。

的哲學家，也是一位曾為文推崇亨利四世的業餘詩人以及著名的胡格諾學院院長。之前曾被召去試驗超自然力量的他曾作證說：恰好相反的是，握住一個被附身者的手腕並使她無法攻擊他或脫離他的掌控，對他來講是輕而易舉的事。這次他又被請來觀察琴‧德尚哲的驅魔儀式——當時邪靈阿斯摩帝（Asmodée）已宣稱他和另兩個邪靈將要離她而去。鄧肯似乎是在被迫情況下參加驅魔儀式的，因為他在答應參加前援引了南特敕令中准予良心自由和宗教自由的第六條款。但在一天程序就要結束時，他急匆匆趕回桑默市去尋求他主公伯瑞濟侯爵（Marquis de Brézé）的保護，因而逃掉了一道逮捕令。一六三四年，由於他在《盧登鎮修女中邪事件記述》（*Discours de la possession des religieuses de Loudun*）中提出一個假設說法（Duncan，1634），這位新教徒醫師隨即危害了他自己與伯瑞濟侯爵的關係。

正如馬勒斯科為瑪特‧布洛西個案所寫的報告，鄧肯在記述中也指出教士和醫師都不曾關注年輕修女們顯而易見的痛苦。他反對詭計之說，並依照前人的思路用理論來解釋所發生的現象，認為想像力乃是最容易受幻象感染和干預的心智機能。他認為那些女人的行為並非出自詭計或偽裝，而是出自禁食、守夜、以及宗教獨居生活所強化的謬誤想像力。懺悔師和女修道院院長或許曾把這些謬誤想法灌輸到她們心裡，說她們的「一些邪惡慾望」（比如想離開修道院去結婚）與邪靈附身有關，進而用煽動手法使這些年輕女孩相信她們的夢乃是異象、她們之所以感到恐懼乃是因為魔鬼降附在她們的身上。

盧登邪靈附身事件發生後一個世紀，法朗索‧該佑‧德比

塔法（François Gayot de Petaval）在一七三五年出版了《盧登吳甦樂會修女中邪事件之通靈術士及主導者烏卞・格蘭狄耶的故事》（*Histoire d'Urbain Grandier, condamné comme magicien et comme auteur de la possession des religieuses Ursulines de Loudun*）。他在書中從「醫學」角度為附身的鑑別診斷加上了花癲症（nymphomania）及歇斯底里症的可能性，並認為修女的故意詭計也不無可能是一個起因。一八六〇年，路易・費基耶（Louis Figuier）也提出類似看法：修女們既沒有被邪靈附身，也沒有偽裝抽搐動作，而是患了「兼有多種併發症狀的痙攣性歇斯底里症」。一八八〇年，反天主教的加伯里耶・勒給醫師（Gabriel Legué）援引了當代神經學家尚馬丁・夏柯（Jean Martin Charcot）的著作，用以支持他自己的一個類似假設。

笛卡爾的惡魔

一六一九年十一月十一日決定了勒內・笛卡爾（René Descartes）一生成就的方向，可說是他生命轉折的里程碑。當他記下自己在這天所做的幾個著名的夢時，他正隨軍寄宿在德國紐伊堡（Neuburg），也就是神聖羅馬帝國與聲稱有王位繼承權之新教徒相互對峙的邊界上[15]。笛卡爾先前曾在拉夫萊西市（La Flèche）耶穌會學院[16] 蓬勃的晚期經院哲學傳統（scholastic tradition）下從事學習。他一直在名義上維持著天主教徒身分，但在知性上較能接受

15　譯註：當時中歐地區正發生三十年戰爭（Thirty Years' War，1618-1648）。
16　譯註：該學院全名為 Collège Royal Henry-Le-Grand 或 Collège Henri-IV de La Flèche。

新教徒所持之「個人自做判斷」的信念。在追隨夢境所提示的人生之路後，他前進的方向既不與天主教、也不與新教相干，反而被導至以理性為尊的知識論那裡。

笛卡爾於一五九六年誕生於盧登鎮東方六十公里處、如今已因他更名為笛卡爾的拉艾。他在盧登鎮邪靈附身事件發生前就已永久流亡到荷蘭，在那裡居無定所，希望能避開天主教和新教雙方神學家對他的敵意。在一六三三年的〈論世界〉手稿中，他主張：從本體論 [17] 觀點來看，感官知覺和想像力是屬於身體的兩種不同功能，因此兩者都容易受幻覺左右。（在這層意義上，他應會贊成胡格諾教徒馬克・鄧肯對盧登吳甦樂會修女所做的評估。）對笛卡爾來講，思想是靈魂或心智的功能，因而有能力透過有系統的方法創造確信。然而，當他聽到伽利略遭到宗教法庭判罪時，笛卡爾壓下了自己有關靈魂思考能力的主張而未將之發表出來。他繼續發展出 *res extensa*（可被測量和分割、具有物性和延伸性 [18] 的東西，包括人體、大腦和神經系統）以及 *res cogitans*（無法延伸並無法分割的心智，包括思想和意志）的心物二元論。但他只在私人信件中為這二元論做辯解：「靈魂是與肉體全然不同的存體……它的本質只適於思考」（March 1637，AT，冊 1，頁 348-351；Descartes，1999，頁 58-60）[19]。

17　譯註：傳統西方本體論基本上以現象世界之或真或幻為討論主題，肉體及物質世界屬於幻象層次，抽象理念（本體存有）則屬於真實層次。笛卡爾認為想像力及感官同屬肉體，因而易受幻象牽引。

18　譯註：笛卡爾在《哲學原理》（*Principles of Philosophy*，Book I）中說：「可延伸的長度、寬度及厚度是物體的本質。」

19　譯註：此處引用資料中的縮寫 AT 係指 Charles Adams 與 Paul Tannery 所編纂之《笛卡爾全集》（*Oeuvres de Descartes*, eds. C. Adam & P. Tannery, Paris: 1897-1910 and 1964-1978; Paris: Librairie Philosophique J. Vrin, 1996），共十一冊。因本書作者未將之納入書目中，譯者在此特予說明。

圖1.4 代表十七世紀「新知識」的流亡哲學家勒內・笛卡爾。寇內里斯・范德隆（Cornelis van Dalen）雕版作品。

RENATVS DESCARTES.
NOBILIS GALLVS, PERRONI DOMINVS, SVMMVS MATHEMATICVS ET PHILOSOPHVS
NATVS HAGÆ. TVRONVM PRIDIE CALENDAS APRILES 1596. DENATVS HOLMIÆ
CALENDIS FEBRVARIIS 1550.

C. V Dalen fculp.   Cor n Barksz yng vendit.

　　笛卡爾對心物兩個範疇都提出了理論。他徒然苦等自己在物體延伸模式上所做的研究（足以構成新的機械及微粒物理學）可以獲得討論和認可，同時他也一樣期望自己有關思想模式的哲學系統能被人看出是一切「新知識」的基礎。一六四一年，為了證明心物二元論並為理性辯解，他在《沉思錄》（*Meditations*）一書中首次提到「邪靈」（*malin genie*）、無所不能之欺騙者（omnipotent deceiver）這一觀念。他假設了一個會霸占人體的魔鬼，用以說明他在知識論和形上哲學上所主張的確信方式。他說：如果這魔鬼的

確存在，他當會因此懷疑所有物體——也就是具有延伸性之廣大世界——的存在，包括他自己帶有各種情感和感官知覺的身體在內，但他不會因此懷疑自己以思心存在的事實。思心乃是確信所繫的堅固錨地。

笛卡爾所探討的領域與盧登鎮驅魔師在吳甦樂會修女身體上所欲探討的世界並無二致，也無異於自然派與超自然派之醫師及神學家在互相爭辯中所做的探討。在說出「我思故我在」（*cogito ergo sum*）時，笛卡爾試圖藉無可分割的理性思心來尋求一種普遍知識，用以對抗宗教戰爭所帶來的殺戮撕裂。但也正由於他為達此目的而把世界切分為兩個相異且互不相容的領域（心與物），他的理論架構便出現了明顯弱點。雖然他的形上哲學看似倚賴一個全知、絕不說謊之神祇的存在，但批評家認為他為上帝之存在所提的證據是如此站不住腳，以致間接支持了相反的結論（Clarke，2006，頁212）。一六四三年，當他被拿來與一個在土魯斯（Toulouse）遭到火刑、名叫盧其利歐・梵尼尼（Lucilio Vanini）的「騙子、同性戀無神論者」——換句話說，就是一個自由思想家——相提並論而陷入危險時，他必須挺身為自己辯解。一六六三年，在他死後十三年，梵蒂岡還遠在瑞典對笛卡爾論科學理性的著作提出嚴厲的批判。

誰是獲益者？

一九二〇年，有位正統天主教作者論到盧登鎮公開上演驅魔儀式的效應。一九六七年，亨利・布雷蒙（Henri Bremond）在

《宗教戰爭結束迄今之法國宗教精神文學史》（*Histoire littéraire du sentiment religieux en France, depuis la fin des guerres de religion jusqu'à nos jours*）一書中指出：在公開場合上演驅魔行動反而扭曲了驅魔儀式；正是這種公開表演使得拒將修女受苦原因歸諸超自然因素的鄧肯遭到起訴，也使得格蘭狄耶有絕對必要因通靈罪名遭到定罪和火刑。

如要更能確切評估公開驅魔儀式及審判格蘭狄耶的後果，我們或可先在字源方面做些了解。動詞 exorcize 源出意指「發誓」的希臘字 exorkizein，在義大利文中則被譯為 adjuro 或 conjuro。在字源上，意為 exorcize 的希臘動詞 exorkizo 結合了字首 ex（出去）與字根〔h〕orkos 或 Horkos——後者就是紛爭女神（Goddess of Discord or Strife）伊厄莉絲（Eris）所生、專門懲罰不守誓言者的惡靈。但 Horkos 這名字也有「圍籬」及「堡壘」之意，意指「發誓」具有圍牆般的保護功能。從字源來講，「驅魔」一詞背後不僅有「把魔鬼扔出」的意象，也有「祈求誓言庇護、然後發誓」的意象在其中（根據 Renos Papadopoulous 在二〇〇五年十二月十九日的個人書信中所言）。為了確定真相，驅魔師呼求上帝的名字，卻嚴肅地把魔鬼召喚了出來。

利用魔鬼來查出真相，其中所生的反諷意味並未逃過巴黎第四大學一個神學家委員會的法眼。他們曾討論過出自邪靈的證據在法律程序中可否被接納的問題，並在一六一〇年發布他們的決議：在判定一個人是否為通靈術士時，判定者絕不可接納邪靈的指控或利用驅魔儀式；即使當著聖體聖禮（the Holy Sacrament）面前舉行的驅魔儀式能迫使魔鬼信誓旦旦，魔鬼仍恆是說謊者及「謊言之

圖1.5 一六二八年，勝利者路易十三世和樞機主教利士留兵臨新教徒大本營拉若賽。巴黎第四大學（La Sorbonne，Paris）典藏。

父」。一六三四年格蘭狄耶的審判和處決顯然違背了這項裁定。

　　根據米歇爾・卡姆納（Michel Carmona）在《盧登的群魔：通靈術及利士留的政治手腕》（*Les Diables de Loudun: Sorcellerie et politique sons Richelieu*，1988）一書中的說法，採取法律程序來對付格蘭狄耶，是樞機主教利士留在路易十三世的允許下做出的決定。卡姆納認為有三個原因使格蘭狄耶難逃厄運：因反對樞機主教而出名的他曾對國王下令拆除盧登城牆和塔樓提出猛烈批判；他曾在利士留受封為樞機主教前、在一六一八年一起事件中公開羞辱利士留；他曾反對國王於一六三一年把盧登以東二十公里處的一塊土地賜給利士留、准他在那裡興建新城。依照卡姆納的看法，謀取私利的利士留藉機利用了宗教與醫學、天主教與胡格諾新教市民間

的對立狀態。加伯里耶・勒給在《有助於探討盧登中邪者病史的文獻》（*Documents pour servir à l'histoire médicale des possédées de Loudun*，1874）中提出的一個說法就佐證了卡姆納的見解：在從頭到尾檢視過驅魔儀式的所有證詞紀錄後，他發現修女們褻瀆了上帝、耶穌基督和處女瑪麗亞，但從未褻瀆過路易十三世和利士留。

女性主義的觀點：
被妖魔化的女人／被除罪的女人

讓人頗為不解的是，傳統上用以判定邪靈附身的準則──說外國話、具有透視力、具有超自然體力、能升空漂浮──也是用以判斷一個人是否被聖靈充滿的準則。聖徒的生平故事無不充滿了說方言（speaking in tongues）[20]、說預言和升空漂浮的例子。一旦注意到這介於地獄和天堂間的神奇對應關係，只要從女性主義的觀點來討論盧登附身事件，我們便能把吳甦樂會修女的非理性經驗如何轉被詮釋為邪靈作祟的過程標示出來。

將最初被視為超自然的現象歸咎於魔鬼並不是新鮮事。一五七八年，尚・布雷斯（Jean Boulaese）發表了一篇隆恩奇蹟記載。在他的故事版本中，隻身在教堂內的十六歲妮可・歐布里撞見了一個自稱是她剛去世祖父喬金・維右（Joachim Willot）的鬼魂。鬼魂進入她的身體並向她解釋說：由於他死得突然、來不及告解，他如今被囚禁在煉獄中。他要求歐布里為他舉行彌撒聖祭並用他的

---

20 譯註：指基督徒在被聖靈充滿時說出流利但不為常人所能理解的語言。

名義賙濟窮人及朝聖。家人處理了前兩項請求，但可能因為費用太過龐大，他們打算忽略第三項要求。歐布里的頭部先前受過兩次傷，致使她幾乎長期頭痛不已，而且她最近也開始有了月信。她的頭痛在她被鬼魂附身後就消失了，但她的身體開始經常痙攣並伴有僵硬和無知覺的症狀。她認為這一切都起因於自己沒去朝聖。她的父母甚至假裝讓她上路，但妮可並沒有受騙。一位當地教士、一位學校校長、以及鄰近道明會修道院的一位修士替家長採取了干預行動，將鬼魂召喚出來並要它發誓說出真實名字。從布雷斯所記載的對話，我們可以發現少女與死者間的溝通如何在教士的正統說法下改變了性質。教士所使用的手冊包括吉羅拉莫・閔伊（Girolamo Menghi）所寫的《驅魔法提要》（*Compendio dell'arte Essorcisticia*，1586）和《神聖羅馬教會例規》（*Sacerdotale ad consuetudinem S. Romanae Ecclesiae*，1579）。這些手冊認定：人若相信亡靈或良善天使能進入人體，其想法即屬於邪門異端（Walker，1981，頁 22）。最初自稱是受苦的祖父亡靈、後來又自稱是祖父之守護天使的鬼魂最後在被脅迫下承認自己是魔鬼，自此妮可・歐布里體內的聲音給了自己一個新名字別西卜。驅魔師西巴斯汀・米歇里神父（Sébastien Michaëlis）在一六一三年所寫的《一個女懺悔者中邪及皈依的可敬故事》（*Histoire admirable de la possession et conversion d'une penitente*）中認為那奇蹟本身就是弔詭：寄居在處女體內的魔鬼在隆恩大教堂內的舞台上一再發言，結果卻證實了天主教信仰並使許多異端份子改信天主教。

在他於一六一一年為普羅旺斯地區艾克斯市一連串附身事件所寫的記述中，米歇里更明白道出附身邪靈所具有的模稜兩可性質。

在那事件中，在被一個名叫維林（Verrine）的魔鬼附身後，吳甦樂會修女路易絲‧夏波（Louise Capeau）開始在聖邦莫山區（Sainte-Baume）的洞穴講道。一六一〇年的索邦裁決（the Sorbonne ruling）曾認定魔鬼在本質上都是說謊者，但維林堅持他的訓詞都是真理，因為他是在立誓後發言的。這些訓詞變得愈來愈即席而隨興，不再對應驅魔師的審問。在記下這些訓詞時，米歇里說：萬一有人誤認它們是女人講道的正面示範，他要為此致歉，因為《新約聖經哥林多前書》第十四章三十四至三十五節是明文禁止女人講道的。這一致歉明確表明了一點：在說者和聽者的心目中，路易絲‧夏波訓詞的靈感來源具有模稜兩可的性質，亦即她的魔鬼附身經驗是可以有益人心的。這模式在十七世紀的法國有跡可循：「女人若要在大庭廣眾前享有靈性影響力和發言權，少數唯有的方式之一就是：在有益的附身經驗中自稱被魔鬼附身或摻合魔鬼附身的元素」（Walker，1981，頁77）。

在中邪後不過幾年，吳甦樂會修道院院長及盧登鎮邪靈附身事件的主角琴‧德尚哲於一六四四年發表了一篇自傳性記述。在她的記述中，她的超自然經驗是種能把邪靈附身轉化成有益於她、具有赦罪性質的神祕過程，而非一場讓她脫離格蘭狄耶所教唆之入侵邪靈的驅魔儀式。雖然住在她體內、令她受苦的七個具名魔鬼顯然遭到了驅逐，但她的痊癒並非以它們的消失為證，卻是以更不可思議的神臨經驗為證。有如奇蹟的，四個名字——耶穌、瑪麗亞、約瑟、和最終被封聖的日內瓦主教方濟‧德薩依（Francis de Sales）——被發現深刻在她的左手皮膚上。一六三八年，她展開了一場長達五個月的凱旋「朝聖之旅」，沿途向王室、利士留、國會

圖 1.6　寄居於盧登鎮吳甦樂會修道院院長琴‧德尚哲院長體內之群鬼的神奇化形，以四個簽名字跡出現於其聖潔之手。此一化形把邪靈附身轉化為有益的附身經驗。巴黎法國國家圖書館准予刊印。

議員和每天多達五千人的群眾展示她的左手，把它當成活的聖物容器。最有趣的是，她的回憶錄還記載了她與一個「良善天使」事後展開的一系列對談；她印出這些對談，視之為神啟記錄而予以散佈。

　　羅伯特‧瑞普利（Robert Rapley）在一九九八年出版的著作中認為，琴‧德尚哲及其他盧登吳甦樂會修女的超自然經歷乃起源於她們最初的一些想像和情緒作用。根據他讀到的一份原稿（據稱是吳甦樂會修女們自己所寫），瑞普利把重點放在發生於一六三二年十月間的一連串事件，而這些事件與教士所記載的略有不同。根據

這份原稿，第一個中邪的人是初學修女瑪特，而非琴·德尚哲。她有晚因不斷夢見最近去世的修道院懺悔師穆索（Moussaut）神父而無法安眠，並在第二天發現自己滿腦子裝滿了難以打發的不當思想，於是將這些思想告訴了新任的懺悔師及她的靈姓導師米農神父。她在懺悔中提起自己曾希望米農「陷入重罪之中」，但隨後為自己承認此事感到懊惱。三晚之後，清醒躺在床上而未做夢的瑪特修女看見了一個難以辨認的教士鬼魂，但她認為那就是去世不久的穆索神父。鬼魂向她走近，要求她為他祈禱。在她向上級修女們報告了她夜晚所見的異象後，她們也開始看到了鬼魂影像。

這個超自然魂物歷經了幾次讓人迷惑的形式轉換。正如隆恩事件一樣，當琴·德尚哲在十月五日接受最早幾次驅魔儀式時，徘徊不去的鬼魂先從不明之物變成一個可怕、可憐、最近往生、乞求幫助的男性人物，然後變成英俊的引誘者，再後變成了充滿惡意的魔鬼。到了十月十一日，這個已成魔鬼並已住在女修道院院長體內的魂物已自稱是亞斯塔羅（Astaroth）[21]，亦即舊約聖經中迦南人（Canaanites）所信奉、長有雙角的愛情與生殖力女神，也是腓利斯丁人（Philistines）心目中代表戰爭的女神（Lurker，1987，頁42）。兩天後，有七個魔鬼聲稱自己住在琴·德尚哲的體內；其中一個也在此時開始指稱烏卜·格蘭狄耶神父——他是鄰城聖皮埃（Saint-Pierre）教會的本堂神父，以放蕩出名——是個曾在夜晚造

---

21 譯註：是基督教魔鬼學中與撒旦、別西卜鼎足三立的大魔鬼，為男性角色，其名字取自古代迦南人及腓利斯丁人所信奉的愛情及生殖力女神 Ashtoreth。《舊約聖經列王記上》第十一章第五節及《列王記下》第二十三章第十三節均提及所羅門王背離上帝而為異族女神 Ashtoreth 建廟之事，是後來基督教魔鬼學創造亞斯塔羅這一魔鬼角色的根據。本書作者在此指他即為古迦南人與腓利斯汀人信奉的女神，似有差異。

訪她、企圖引誘她的通靈術士。琴·德尚哲說：由於她抗拒他，他便派了七個魔鬼來霸占她的身體。

少有女性主義學者願意重新討論琴·德尚哲。她的回憶錄仍有印行，但被加上了《一個患歇斯底里症之女中邪者的自傳》（*Autobiographie d'une hystérique possédée*，1886）這個副題。加伯里耶·勒給醫師及神經學家喬治·吉伊·德拉妥瑞（Georges Gilles de La Tourette）——他誕生於盧登附近的三鐘塔聖哲維村（Saint Gervais-les-Trois-Clochers），如今的妥瑞氏症就是以他為名——為這版本做了註釋。這版本含有一篇致十九世紀神經學家尚馬丁·夏柯的獻書文，以及一段以摹本為內容的附錄，其中包括琴·德尚哲寫給國王代表、也是格蘭迪耶之主審官勞巴德蒙特男爵（Baron de Laubardemont）的一封信，以及由她手書、但由魔鬼阿斯摩帝簽名以宣布離她而去之日的另一封信。正如這自傳所顯示的，透過「戰場」上的「爭戰」——這是驅魔儀式之正統論述所常用的譬喻——吳甦樂會修女們短暫獲得了解放，得以挑釁和攻擊她們的男性督導。這些女人雖是在鎖鏈加身的情況下被帶上建於大教堂內的舞台，但就在魔鬼被召喚出來的當下，她們在身體上和言語上立即獲得解脫，開始嘲弄和擺布男性驅魔師，甚至跟他們扭打。但每在驅魔儀式和精彩的公開活動趨於尾聲之際，教會的父權體制和盧登鎮法庭的權威都會再度發威，且往往採用了十分駭人的手段：

賴克唐斯（Lactance）神父把中邪女人的身體狠狠摔到地上，並赤腳猛力踹踏她，然後一面把一隻腳架在她脖子上、一面不斷複誦以下字句：「你要踐踏獅子和蛇；你要踏碎凶猛的獅子和毒

蛇。」[22]（Certeau，1970，頁 106）

瑞普利的研究提出了一個令人不安的暗示：瑪特修女最初看到的影像不僅遭到驅魔儀式語言的改動和妖魔化，也可能事先就被女修道院院長自己的「個人聯想」做了同樣竄改。就琴‧德尚哲而言，與不知名鬼魂相遇等於把她不敢面對的情慾問題用某種形式表達了出來。悲傷的瑪特修女認為魅影來訪代表最近去世的穆索神父以靈魂形式出沒在她眼前，但琴‧德尚哲卻認為那經驗代表了可怕的引誘。一六三二年九月穆索去世後，有人認為格蘭狄耶可能是下任修道院懺悔師而向她提起他的名字，但格蘭狄耶後來婉拒了這職位。一個月後，在琴‧德尚哲接受驅魔的第一個星期中，魔鬼亞斯塔羅在誓言下宣稱：藉著一束留在宿舍階梯上的麝香玫瑰（musk roses），能通靈的格蘭狄耶得以進入修道院並繼而進入修女們的身體。這些具有濃郁香味、足以挑逗感官的白色花朵常被人聯想到麝香牡鹿之腺體所製成的催情劑，而 musk 又源自梵文中指陰囊而言的 muska 一字。這些花朵所引起的想像把一種異國的、被禁止的情慾元素帶進了修道院。這個性愛世界雖平行於、等值於基督徒的聖愛世界（Christian *agape*），但也與後者截然有別。對琴‧德尚哲來講，格蘭狄耶本身就是道地的異類。最近才來到盧登的他以擅長講道及深受女性愛慕著稱，而在一六三二年前，謠言就已盛傳他曾引誘了一名年輕教友並曾匿名寫了一篇質疑教士獨身禁慾之必要的短文。毫無疑問的，他身上具有十足能勾引情慾投

22　譯註：語出《舊約聖經詩篇》九十一章十三節。

射（erotic projections）的特質。格蘭狄耶被處決四年後，琴・德尚哲在回憶錄中描寫她在幻象中見到的屬靈新郎或「聖天使」（saint Ange）。我們可以發現這新郎的體型外貌彷若另一個誘惑者，也就是那曾來觀看她的驅魔儀式、金髮俊美的十八歲波佛公爵（Duc du Beaufort）。或許，在她描寫中邪經驗和驅魔儀式時，她不慎把自己對抗情慾的恐怖爭戰也說了出來。

阿道斯・赫胥黎（Aldous Huxley）在《盧登的群魔》（The Devils of Loudun，1952）一書中認為：一直要到尚-約瑟夫・蘇罕神父（Jean-Joseph Surin）在一六三四年十二月（格蘭狄耶遭處決四個月後）抵達盧登後，琴・德尚哲才開始認為事件結果並不如她所想的那般可怕，並開始用赦罪意象去想像那結果。當時三十四歲的蘇罕已經出了名，出名的原因是他既誠實又不尋常地容易受騙；在眾人眼中，他是個極端虔誠、患有憂鬱症的怪人。他把阿維拉的大德蘭修女（Teresa of Ávila）和神祕主義的文字介紹給她，建議她不要再恃賴她在公開驅魔儀式所扮演的被動角色，而要透過主動的個人祈禱和懺悔來抗衡仍繼續存在她體內的邪靈。聖徒行傳（hagiography）的語言形式（見 Ferber，2004，頁 146）從此讓琴・德尚哲可以利用光明正大的靈性情境來使用「狂喜」（ravishment）和「歡愉」（jouissance）這類充滿情慾意味的文字[23]。於此同時，蘇罕也採用了與正統全然不合的策略：他祈求上帝讓附著於她的邪靈轉移到他身上，好讓他來承擔這位下屬女信徒

---

23 譯註：中古世紀靈性追求的最終目標是與上帝合一。在其行傳（hagiography）中，聖徒常會引《舊約聖經雅歌》中描寫男女情愛的文字來講述自己與上帝神祕合一時的銷魂狂喜情景。Ravish（古法文 ravir，拉丁文 rapere）一字最常為他們所使用，意指強拉而去、蹂躪、狂喜等，具有強烈的性意含。

的痛苦。

在他寫成於一六四〇年、出版於一八二八年的回憶錄《盧登吳甦樂會修女中邪事件簡史及蘇罕神父的心血付出》（*Histoire abrégée de la possession des Ursulines de Loudun, et des peines du Père Surin*）中，蘇罕描述了女修道院院長的魔鬼如何困擾他。首先，他的身體經歷了頭痛、呼吸困難、陣陣顫抖以及身體幻感（例如，他感覺有動物的腳爪在走動並壓在他斜躺的身軀上，或有一條蛇爬過他的肌膚）。最後魔鬼進入他的身體——他胃腹部經常發生的劇痛就是證明，跟琴・德尚哲胃中的貝赫默斯一樣。在敘述自己的心理症狀時，他一面旁徵博引神祕主義的文獻資料，一面深入解說自己的病態感覺，而這都是由於他跟修女們不同，有能力在被邪靈附身時持守自覺和方向感：

我無法向你們解釋這段時間內我的裡面發生了什麼事，也無法解釋為何那靈在與我的靈結合後並沒有奪去我的感官知覺和我的靈魂自由。但我還是變成了另一個我，彷彿擁有兩個靈魂，其中一個失去了它的身體且無法使用身體器官，只能站在一旁……這兩個靈爭奪同一片土地，也就是我的身體，而靈魂似乎也自行分裂為二。（Surin，1828/1966）

尚-約瑟夫・蘇罕和琴・德尚哲的自傳都證明了神祕主義的語言可以發揮大影響力。琴・德尚哲從它找到新的策略，得以步步走向她所認為的除罪之路。讓人也感驚訝的是，兩篇自傳都記錄了蘇罕的情況在女修道院院長情況好轉時隨之惡化的事實。當他的病人好轉

時，他便陷入更糟的感覺中。

　　赫胥黎也拿「邪靈附身」一詞來描述格蘭狄耶的痛苦，認為邪靈附身的首件個案就是所謂的通靈術士本人，而非吳甦樂會修女。在說明格蘭狄耶如何勾引他教區內的菲莉普・川肯（Philippe Trincant）時，赫胥黎使用了兩種語言，一是古代的宗教比喻（他彷彿鬼迷心竅），一是二十世紀用來探討心理機制的科學「事實」：

　　明理且基本上品行端正的人物，偶爾也會突然做出他們自己首先會跳出來反對的事。在這些情況中，做壞事者似乎被一個與他平常之我不同、且仇恨這平常之我的一個存體迷奪了心竅。他其實是某種中性心理機制的受害者，正如機器常會出現的狀況。這機制脫離了掌控，從其擁有者的僕人角色變成了其擁有者的主人。菲莉普・川肯極端迷人，更何況「最堅定的誓言往往就是點燃血氣之火的稻草」。川肯的父親是神父最好的朋友，因而這事的罪大惡極性質反在格蘭狄耶的心內創造了背叛對方的偏執欲望。（Huxley，1952，頁 34）

赫胥黎認為格蘭狄耶的問題與某種不再服從自我的心理機制或反射作用有關——這機制或反射作用霸占了自我的王座，陷主體於毀滅性的偏執行為。

　　但在他的詮釋中，赫胥黎只認為蘇罕的附身經驗兼具好壞性質，而未以同樣見解看待琴・德尚哲或格蘭狄耶的附身經驗。琴・德尚哲在回憶錄中把自己塑造成了一個已全獲赦免和釋放、自此專

心與「良善天使」進行奧祕對話的人。赫胥黎在蘇罕自傳中所看到的則是一個笨蛋兼聖徒——他用文字記載了自己如何成為「具形之道」（Word Incarnate）與「極端邪惡」[24] 這兩個對敵戰場上的祭品，而這戰場即是他的心靈和肉體。蘇罕在自己的耶穌會團體內就像個被放逐者，原因之一是他認為自己所經歷的世界是一體的、他與他所負責的琴・德尚哲同是這一體世界的一部分、而心靈與肉體在這世界中也為一體。另一個原因則是他背負著沉重的憂鬱症、疑病症（hypochondria）和絕望感而令人不願親近他。

由於受創的蘇罕竟能成為有靈效的療傷者，赫胥黎在深受他的故事吸引之餘，甚至把他的結局拿來跟盧登那些接受正統教義之驅魔師的命運做比較。賴克唐斯（Lactance）神父死於一六三四年，時在格蘭狄耶被處決之後。佟其爾神父死於一六三八年，當時盧登一切驅魔活動都已告結束。他們兩人在死前都經歷了嚴重的心理困擾和恐怖的痙攣症狀，最後也都背棄了信仰。蘇罕也經歷到類似的折磨，但赫胥黎認為：他是自願承擔並忍受這些內在衝突的，而且他在虔修作品中還不忘詳述這些衝突。雖然他常感到絕望、甚至企圖自殺，他還是活了下來，繼續從事研究和寫作，直到一六五五年去世為止。

珍妮薇芙・巴席・勒格亨：從盧登到巴黎

珍妮薇芙・巴席・勒格亨（Geneviève Basile Legrand）的經歷把

---

24 譯註：具形之道指耶穌基督，參見《新約聖經約翰福音》第一章：「太初有道，道與神同在，道就是神……道成了肉身，住在我們中間，充充滿滿的有恩典、有真理。」極端邪惡指魔鬼。

十七世紀的附身案例與十九世紀巴黎塞皮堤埃精神病院歇斯底里病患間的相關性顯示了出來。在如今已十足具有指標意義的《塞皮堤埃精神病院攝影實錄：獻給尚馬丁‧夏科先生》（*Iconographie Photographique de la Salpêtrière, service de M. Charcot*）書冊中，德西雷馬格拉‧布納維（Désiré-Magloire Bourneville）和保羅‧仁亞（Paul Regnard）兩位醫師以〈觀察四〉（Observation IV，1876-77，頁49-108）為題廣泛報告了珍妮薇芙的病史。出生於一八四三年一月初、被不知名人士丟棄在盧登鎮醫院的她，是當年被送入巴提埃市（Poitiers）維恩郡（La Vienne）郡立安養院的一百八十一名嬰兒之一（她出生紀錄上的珍妮薇芙和巴席這兩個名字，是根據法國天主教的聖徒曆傳統被取定的）。這安養院的一個護士在為塞皮堤埃精神病院的醫生提供病史資料時說了些故事，提到小女孩時期的珍妮薇芙常「瘋狂地用身體撞牆彈跳」，以致他們不得不把她綁起來。她在鄰近城鎮的幾段家庭寄養生活都難以為繼；她還經常受苦於痙攣和痛覺麻木的症狀。她會咬人並割傷自己，甚至企圖自殺。一八六四年十二月六日她初次來到塞皮堤埃精神病院，從此經常被捕而屢進屢出。她實際上是個流浪於土魯斯（Toulouse）、巴提埃和巴黎這幾個城市之間（甚至遠至比利時）的遊民，用雙腳遍行各處並露天而睡。她最後的病歷被記載於一八七八年十二月。

在紀錄珍妮薇芙‧巴席的病歷時，布納維醫師是帶有反教士偏見的。照布納維的說法，中邪的盧登吳甦樂會修女顯然都是歇斯底里症患者，而珍妮薇芙在進入塞皮堤埃精神病院時也把她出生地點的一段混亂歷史帶了過來（頁95）。他從醫學角度強調：甚至連宗教狂喜派人物（如法國女英雄聖女貞德）的史料，都顯示這些

圖 1.7，1.8，1.9，1.10　珍妮薇芙・巴席・勒格亨：XIII—歇斯底
里癲癇症，上左；XVI—癲癇發作：鼾喘症狀（stertor），
上右；XX—癲癇發作近尾聲時：憂鬱性譫妄狀（melancholic
delirium），下左；XXII—癲癇發作近尾聲時：狂喜銷魂狀
（ecstasy），下右。出處：一八七六至一八七七年出版之《塞
皮堤埃精神病院攝影實錄》（*Iconographie Photographique de la
Salpêtrière*）。加拿大麥吉爾大學奧斯勒醫學圖書館（Osler
Library of Medicine，McGill University）准予刊印。

人物患有臨床病理症狀。他在《塞皮堤埃精神病院攝影實錄》中的病歷後面附了一篇長論文〈安息日〉（Le Sabbat，1879-1880，頁231-247），在其中從十九世紀理性醫學的角度來討論中古世紀的巫術現象，並為此也附上了法蘭契斯科・瑪麗亞・瓜索（Francesco Maria Guazzo）在《巫師大全》（*Compendium Maleficarum*，1608）中所使用的圖片。但正如艾斯蒂・胡斯特維德（Asti Hustvedt）所指出的，他的診斷語言還是保留了幾個宗教字眼，如「聖痕」（stigmata）[25] 和「狂喜銷魂階段」（ecstatic phase），因而連他那明顯以科學為據的記載都難免給珍妮薇芙這樣的十九世紀病人重新戴上神祕色彩。「在宣稱宗教經驗是疾病症狀時，他直接用一個父權組織取代了另一個。修道院變成了診療室，教士如今變成了醫師。他故事中的女人——無論她是被天堂、地獄、還是歇斯底里症所掌控——都依然是棘手人物，因而充滿了神祕感」（Hustvedt，2011，頁 260）。到一八七五年時，珍妮薇芙的經歷終於更具狂喜特色，而較不與邪靈附身有關，非常類似琴・德尚哲先被七個邪靈、繼被一個「良善天使」附身的經歷。然而，珍妮薇芙的生命仍然脫離不了可怕的苦惱和混亂。

　　身為神經學家的夏柯並未指控歇斯底里病患耍弄詭計，只斷定她們的痛苦與身體原因有關。但很不幸的——就如他的傳記作者所指出——他在塞皮堤埃精神病院的最佳病人似都無從痊癒，反成了這位有如拿破崙將軍的主治醫師做分析和寫報告的題目（Goetz，1995）。夏柯甚至能透過催眠術在某個歇斯底里病患的手臂上導出

25　譯註：聖徒身體所冒出的傷痕，位置與耶穌受難時的傷痕位置相同，是神恩榮寵之記號。

　　　　　　　　附身：榮格的比較心靈解剖學

似火傷的「聖痕」。為了延緩歇斯底里症的發作，他的醫師群使用「子宮壓迫術」（亦即在身體的歇斯底里誘發點上施壓），似認為實際壓住子宮就可以制止「亂跑的子宮」作怪。與其說塞皮堤埃精神病院的醫師們掀開了宗教的神祕面紗，不如說他們挪用了宗教的神祕現象。

佛洛伊德與榮格：以心理動力說為詮釋觀點

佛洛伊德從未在著作中提到盧登，但他在〈論一個十七世紀附身精神官能症案例〉（A Seventeenth Century Demonological Neurosis，1923a）論文中曾用精神分析方式詮釋過一起驅魔個案。一個名叫克里斯多夫・海茲曼（Christoph Haitzmann）的巴伐利亞畫家在一六七七年來到維也納附近的瑪麗亞小教堂市（Mariazell）[26]，希望有人幫助他擺脫他與魔鬼所簽、為期九年、即將到期之兩紙契約所帶給他的幻覺和痙攣之苦。有如隆恩和盧登的案例，巴伐利亞的這個案例以死亡——海茲曼父親的死亡——以及親人轉變為可幻見的邪靈為起因。海茲曼用一系列畫作描繪了他亡父逐漸轉化為魔鬼的過程（這魔鬼長有一對乳房、手上還捧了一本打開的書）。透過驅魔儀式，海茲曼覺得自己擺脫了他與魔鬼簽定的那兩紙契約。然而，他最終並沒有重拾繪畫生涯，反而選擇了出家、走入修道院。

在佛洛伊德的詮釋中，這個案代表一個有精神官能症的人想要

26　譯註：該城因有一尊能行奇蹟的木雕聖母像而為歐洲天主教徒朝聖地點之一。

圖 1.11，1.12，1.13　巴伐利亞畫家克里斯多夫・海茲曼的畫作
　　　　（1677-1678）。根據佛洛伊德的詮釋，這在祈福中完成的繪
　　　　畫顯示海茲曼對亡父的悲悼之情如何使他失去重心而屈從於一
　　　　個暴虐的替代父親、即魔鬼。在左下的細圖中，他與親身父親
　　　　說話。右下的細圖顯示他的父親變成了有翅膀和乳房的魔鬼。
　　　　維也納奧地利國家圖書館之手稿與善本典藏室（Österreichische
　　　　National-bibliothek，Collection of Manuscripts and Rare Books）
　　　　（手稿 14.086，頁 1）准予刊印。

逃避那令他又愛又恨的父神意象——就是這意象使海茲曼無意識地抗拒失去親人和被棄的痛苦感受。佛洛伊德認為：海茲曼逃避了對生父的悼念責任，藉出賣靈魂給魔鬼來賦予自己一個新的角色、成為另一養育者的兒子和順臣，以便停留在傳統伊底帕斯情結中而無需在成人年紀為喪父感到痛苦。佛洛伊德也認為，藉兩紙契約以臣服於魔鬼父親的海茲曼採取了一種「陰性姿態」，讓他能以飽受威嚇的「兒子」身分自居達九年之久。這說法跟佛洛伊德在一九一一年論史瑞伯（Schreber）[27] 陰性策略的那篇著名論文十分相似，即使史瑞伯經歷到的心理問題是妄想症，而非關乎魔鬼的精神官能症。照佛洛伊德的看法，海茲曼的附身精神官能症（demoniacal neurosis）使他能繼續以家臣和兒子的次等身分自居並自覺受到保護，即使他必須為此付上高昂的心理代價並承受痙攣、幻覺、和創造力受阻的種種痛苦——這些痛苦在九年後終於匯為危機，把他引至以聖職為形式的另一種保護之中。

　　佛洛伊德在此所做的精神分析乃出自他的一個理論：人在潛抑難堪的感覺和思想時反使它們對人更為不利，因為雖無法被意識察覺，它們仍朝著意識進犯而來。佛洛伊德熟知《邪巫之槌》這本書，並在寫給同事威廉・弗利斯（Wilhelm Fliess）的信中提到，他在中邪女人及歇斯底里症患者、宗教審判官（驅魔者）及分析師、魔鬼及被潛抑之情感間所見到的相似處（見佛洛伊德論文 On the History of the Psychoanalytic Movement，1923b，頁 41-43；以及

27　譯註：Daniel Paul Schreber（1842-1911）為一名患有思覺失調症的德國法官，曾二次寫回憶錄描寫自己的病況。這些回憶錄在佛洛伊德的詮釋下成為精神醫學和精神分析學的必讀文獻。編按：可參閱《史瑞伯：妄想症案例的精神分析》（心靈工坊出版）。

Letters to Fliess，一八九七年一月十七及二十四日）。他從心理利害得失（psychological economies）的角度提出一個理論：那些被用來持續迴避精神官能症的手段──如海茲曼所採用的──會對人造成重大傷害，因為潛抑（repression）會竊走自我通常容易取得的慾力（libido）。

在〈悲悼與憂鬱症〉（Mourning and Melancholia，1917）一文中，佛洛伊德描述喪失親人的自我如何「噬食」（cannibalize）和「吸化」（incorporate）失去的對象，藉以否認對方已死的事實。他說：在有益心理的悲悼之中，自我既需內化、最終也需驅逐這被吸收的對象。患憂鬱症的自我則發現自己被這對象取代並受其掌控、以致瀕臨毀滅而毫無翻身之日。海茲曼就是如此吸化亡父而使之復活的，以致他的自我必須苦嚐惡魔的淫威達九年之久，直到他透過驅魔方式試圖擺脫病態。基於這些理由，佛洛伊德認為：海茲曼設法脫離魔鬼的擺布而進入天主教僧會雖代表了他的進步，但仍是精神官能症患者的逃避手法，因此意謂他仍未擺脫魔鬼的控制──他放棄繪畫生涯、進入與世隔絕之僧會的決定，實際上延續了他的神經質自我分裂（neurotic splitting）。他的自我在某種意義上依然為某種神靈所掌控，因為他第三度讓位給了一個存在於無意識中的崇高父親意象，並未宣示自己的空間權和坐在自己的王位上。

我想根據佛洛伊德為海茲曼個案所做的精神分析在此做些推演。我猜他會認為盧登的中邪者也採用了附身精神官能症者的策略。懺悔師穆索神父的死亡時間幾乎同於悲痛的鬼魂向瑪特修女初次顯現的時間，因此我認為：佛洛伊德會把瑪特修女心理上「詭

異的」（uncanny）悲傷經驗歸因於被潛抑之幼兒情結（infantile complexes）的復起、這些情結所施展的鬼祟力量、以及無從確認真幻或善惡的判斷力（Freud，1919）。在隆恩市的妮可‧歐布里案例上，佛洛伊德應會認為歐布里對親人的悲悼——也就是吸化或內化一個代父型人物（祖父）的意象——是必要和有益的，但教會的論述卻將之劃歸為邪靈附身之類。另外，由神父鬼魂變身而成的魔鬼意象附著在瑪特修女身上後，懺悔師米農神父就愈來愈有必要成為現身照顧和保護她的代父，而這便為她的疾恙帶來了佛洛伊德所說的「附帶好處」（secondary gain）[28]。

佛洛伊德從未提及盧登邪靈附身事件，不過榮格倒曾提過它們——但也僅只一次，是一九四五年他應《瑞士歷史大辭典》（*The Schweizer Lexikon*）之出版商的要求寫「惡魔附身」（demonism）之定義時發生的：

> 惡魔附身（或稱中邪）係指一種奇異心態，特點在於：某些心靈內容（或所謂的心理情結）取代了自我並至少在短時間內掌控了整體人格，以致自我無法運用其自由意志。自我意識也許會出現在某些這類心態中，但在其他情況下都遭到覆蔽。惡魔附身是發生於未開化心靈中的現象，往往發生於落後情境中（《新約聖經路加福音》第四章三十四節、《馬可福音》第一章二十三節及第五章第二節等都有很好的描述）。惡魔附身並不全是自發現象，可經人蓄意誘導而以「迷恍狀態」（trance）的形式呈現，如薩滿巫術

28　譯註：指病人在被診斷有問題後藉症狀來免除己身責任、並操縱他人以獲得額外支援與關注。

（shamanism）、靈媒術（spiritualism）等所示於人的。從醫學角度來看，惡魔附身有一部分屬於精神官能症（psychogenic neuroses）的範疇，另有一部分屬於思覺失調症（schizophrenia）的範疇。

　　惡魔附身也可能具有傳染性。中古世紀最著名的一起流行疫情是一六三二年發生於倫登（London，此為榮格筆誤）吳甦樂會修女的附身事件。這流行病情以經由誘導而發生的集體精神錯亂為形態，本質上具有宗教或政治目的，與發生於二十世紀的集體精神錯亂相類似。（Jung，1945c，段 1473-1474）

榮格用他的心理情結理論來解釋惡魔附身現象。對他來講，具有情感色調的心理情結是意義匯集之某種情感所寄附的一個意象，而這意象無法與自我的慣習態度相容。心理情結常出自心靈創傷（心靈某小部分遭到削減）或道德衝突（主體無法確認自己生命具有一致性），因而它是心靈解離出來的碎塊，但具有驚人的自主性和內凝性，有如出現於意識內的一個活躍外來體，足以推翻意志（或決斷力）並妨礙記憶力。與無法察覺之心理情結發生衝突的自我是頗感無力的。在〈回顧心理情結理論〉（A Review of the Complex Theory）這篇論文中，榮格明白地把附身解釋為「短暫且不自覺、在與心理情結認同時產生的人格變化」，雖然「自我被情結吸收」這個反過來的說法也同樣能適恰表達這一轉變（Jung，1934a，段204）。

　　對榮格來講，佛洛伊德是第一個用個案證明「一旦用心理學說法取代教士所幻想的『魔鬼』，我們就會發現心理學和中古世紀之看法並無二致」的人（Jung，1939b）。榮格承認佛洛伊德的見解

源自夏柯（後者認為歇斯底里症狀即意念「霸占大腦」的現象）以及詹內 [29]（在《精神官能症與執念》一書中，他曾就夏柯的附身與纏念之說做了更深入探討）。但不同於「講究理性的詹內」，榮格認為：

> 佛洛伊德和布洛爾 [30] 並沒有掩飾他們的說法與附身之說十分相似，反在追隨中古世紀理論之際捕捉到了附身的起因，因而得以——可以這麼說——驅逐惡魔。他們發現致病的「意念」實際上無異於他們名之為「創傷事件」的記憶。（Jung，1939b，段 62）

佛洛伊德明白引起症狀的意念源於自我未能覺察到的情感；若要解除症狀，這些意念有必要被重新導入意識經驗的範疇內。

但榮格也認為：精神分析理論並不足以表達這些引發症狀的意念所具有的強大力量及正面潛能。根據榮格的看法，佛洛伊德視之為幻覺而想除去的是：

> 被往昔之「荒誕迷信」視為夜魅的那個東西。他想掀開惡魔所披的偽裝，讓它回變成無害的貴賓狗——簡言之，就是把它變成「心理學用語」。（Jung，1939b，段 71）

一九二〇年，在提到他自己最喜歡的浮士德和黑色貴賓狗神話時

29　譯註：詹內（Pierre Marie Félix Janet，1859-1947）為夏柯學生及法國心理學先驅。《精神官能症與執念》之法文書名為 Névroses et idées fixes（1898）。

30　譯註：布洛爾（Josef Breuer，1842-1925）為奧地利著名神經生理學家。他所建立的對談治療法後來成為佛洛伊德精神分析治療理論的基礎。

（貴賓狗實為魔鬼的化身）[31]，榮格宣稱精神分析理論過於簡化問題，並認為自己的理論在強調心理情結（自我所不喜者）本具多重意義時，不僅有益於、也能修正精神分析的理論：

魂靈不一定都是危險和有害的。一旦我們轉以「意念」（idea）來稱呼它們，它們便也有可能帶來好的結果。五旬節聖靈降臨（Pentacost）的奇蹟[32]就是把集體無意識中的一個內容轉換成可述語言的一個最佳例子。（Jung，1920，段 596）

針對佛洛伊德對海茲曼附身經歷的評論，榮格可能會有什麼別的說法？佛洛伊德認為魔鬼的乳房若非指亡父的養育之恩，就是言聽計從的兒子所採取之陰性姿態的投射。在佛洛伊德的描述中，海茲曼所採取的這種神經質策略迫使他淪入陽具闕如或被去勢之狀，使他具備了令他害怕的陰性特徵。佛洛伊德認為有兩項事實可以支持這個詮釋：第一，海茲曼之所以為驅魔之事長途跋涉，是因為他相信唯有瑪麗亞小教堂市的聖母能幫助他；第二，他是在聖母誕辰那天從魔鬼契約脫身得救的。榮格則可能會認為：魔鬼的曖昧性別暗示了這雙性的父親意象所扮演的是善變者的角色，而非閹割者的角色。九年的孕育期以及在危機期間退行到母親懷抱——這兩件事都代表了他有可能透過藝術創造去彌合神經質的自我分裂。但我猜榮格應會同意佛洛伊德如下的看法：海茲曼放棄繪畫生涯、委身聖職

31　譯註：見德國大文豪歌德（Johann Wolfgang von Goethe，1749-1832）所著之《浮士德傳》。

32　譯註：見《新約聖經使徒行傳》（*Acts*）第二章。在英文中，聖靈一詞可為 Holy Spirit 或 Holy Ghost。

的決定透露了他在自己身上找不到足夠的勇氣或整合能力。這一看法並未認為接受聖職就等於逃避；它乃是根據海茲曼進修道院後沒多久就似乎染上酗酒習慣（如佛洛伊德曾指出的）所做出的推論。

雖然佛洛伊德曾寫文章討論集體心理的問題，但他在海茲曼的附身精神官能症個案上並未假設其中有集體因素的存在。相反的、而且特具意義的是，榮格在為附身下定義時卻納入了集體元素。對榮格來講，盧登邪靈附身事件是種流行疫情，堪與他稱為二十世紀「經人誘導而發生的集體精神錯亂」相比。因此，在詮釋琴・德尚哲這樣的附身個案時，我們不僅必須考慮創傷事件存在的可能性以及個人無意識中突然爆發的被潛抑內容，還必須考慮集體無意識所造成的影響。換句話說，榮格可能會主張：琴・德尚哲的附身精神官能症之所以能感染其他吳甦樂會修女的心靈、極化盧登市民、並把群眾從全歐洲吸引過來，原因乃在她的附身經歷不僅道出了個人被潛抑的內在衝突，也道出了由集體無意識所導致的集體衝突現象。天主教徒和胡格諾教徒在市內及圈地內（用以圈範南特敕令所致之爭執）的相爭、奉行守貞規範的天主教修會與崇拜愛神厄洛斯（Eros）之俗世的對立、路易十三世在盧登城牆被毀後下令在城外二十公里處另建新城利士留、笛卡爾因恐懼宗教法庭而決定不發表他的新知識論——在心理動力說觀點的重新解讀下，這種種社會與政治現象都可被視為「表面」事件，是與集體無意識之內容物的迸發、也就是「集體精神錯亂」的發作同時發生的。

奇怪的是，在定義惡魔附身時，榮格既沒有提到邪惡，也沒有提到他的「陰影」理論——根據這理論，個人人格與社會同具的劣根性須被納入意識中，以便能被人理解和勇敢面對。在別處談到

邪惡時，榮格說到：意識所建構的事物多以三數呈現，但自然存在的一體事物都含有四個元素；這代表的是，任何以完整為終極目的的發展都必會納入意識慣於痛惡或排斥的第四元素。他因此認為：「對宗教的三位一體來講，第四元素顯然是魔鬼，是三位一體所不含的一個超自然形物（Jung，1973，卷 1，頁 412）。榮格的陰影理論顯然可以支持赫胥黎在討論盧登群魔時所指出的對比：一方面，信仰正統教義的驅魔師用盡方法來壓制或驅逐吳甦樂會修女們體內的邪惡，卻為社會和自己都帶來了災難；另一方面，蘇罕則在自己的胃腹部與女修道院院長的貝赫默斯角力，試圖正視自己身內相同的邪惡。

榮格給惡魔附身所下的簡短定義並沒提到「有益的附身經驗」，但這想法在他提到迷恍狀態、薩滿巫術和靈媒術時是可能隱然存在的。如果他聽到「有益的附身經驗」（無論是否偽裝成魔鬼附身或摻雜了魔鬼附身的成分）幾可說是十七世紀法國女人在公眾面前取得發言權的唯一方式，榮格應不會感到驚訝的。在他論靈媒術的醫學學位論文中，他的主要論點就是：靈媒 SW 小姐的迷恍狀態為一個健康的未來人格提供了短暫的自我表達機會（Jung，1902）。因此，由於榮格理論的這些面向在某種程度上相似於人類學對於某些附身信仰所做的報告（其中指出這些信仰區分了兩種鬼魂，即必須驅逐的鬼魂和可與之訂契約或甚至婚約的鬼魂；詳見第二章），榮格很可能會在琴‧德尚哲的幻想當中尋找某些具有終極意義或未來希望的成分。

當然，佛洛伊德和榮格所討論的不是十七世紀、而是二十世紀的問題；後者所呈現的心理混亂通常都可從與身心有關、與神魔無

關的術語獲得描述。不過，榮格在定義惡魔附身時用的是現在式動詞，並把盧登邪靈附身事件類比於二十世紀當代事件。在一九四五年的一篇論文中，他更明白指出兩者的相似處：

心理學已經發現古代那些主宰大自然和人類命運的魔鬼事實上住在哪裡，而且還發現它們並未因這樣的智識大開而受到任何傷害。它們反如往昔一樣生龍活虎，而且活動範圍還擴大到可讓它們藉人心的所有成就來報一箭之仇。我們如今知道：每個人的無意識內部都存在著充滿對峙張力的本能傾向或心靈結構。一旦這些傾向或心靈結構獲得某種協助而得以衝進意識，而意識又毫無機會用更高形式來攔截它們，它們就會像洪流一樣席捲面前的一切、把人類變成連「野獸」都不如的東西，那時它們唯一的名字就是「魔鬼」。少數幾個或僅僅一個中邪者就足以從廣大群眾身上把這現象召喚出來。惡魔附身雖是舊式想法，但絕對還未過時，只是改了名稱罷了。前人所說的「惡魔」如今在我們口中變成了「精神官能症」或「無意識情結」。正如在所有事情上一樣，名字在此毫無意義。擺在我們眼前的事實是：一個來自無意識的小小因素就足以大大摧毀個人命運、粉碎一個家庭、並像艾特里阿斯家族的詛咒（the curse of the Atriades）[33] 一樣持續在世世代代中施展作用力。萬一這無意識傾向恰好是一國之大多數國民所共有的，那麼只要這

33　譯註：在古希臘神話中，該詛咒源起於馬其那王國（Mycenae）國王艾特里阿斯（Atreus）的父親 Pelops，延續至艾特里阿斯及其後代，因而整體家族名為 the Atriades，家族史充滿各種父子夫妻手足互相殘殺的人倫悲劇。參見古希臘悲劇作家艾斯奇勒斯（Aeschylus）之名著《奧瑞斯特斯三部劇》（Oresteia）中的《亞格曼儂》（Agamemnon，Atreus 之子，特洛伊戰爭英雄）、《祭奠者》（The Libation Bearer）及《佑護神》（The Eumenides）三劇。

些受情結擺布的個人中有一個人自詡為其揚聲器，他就足以瞬間引發巨大災難。（Jung，1945a，段 1374）

榮格因此反對後世自認與發生於盧登的恐怖事件無關。他在討論其他文化中的惡魔附身現象時所用的形容詞「未開化的」（primitive）或「存在於時間之初的」（primordial），常為他招來推崇「原始主義」（primitivism）的指責，但在下面這段文字中，他把這兩個形容詞應用在二十世紀西歐文化上，藉以駁斥他曾在十一年前解釋過的西方理性偏見：

> 「未開化的」在我口中就是「存在於時間之初」的意思……不帶有任何價值判斷。同樣的，當我提到未開化狀態的一個「痕跡」（vestige）時，我並不一定認為那狀態遲早將要結束。相反的，我看不出它有任何理由不能跟人類一起長存而往。無論如何，它迄今都沒什麼改變，而且隨著第一次世界大戰和戰後局勢，它的力量愈有增強的趨勢。我因此認為：自主之心理情結是一般生命現象的一部分，並且是無意識心靈的主結構。（Jung，1934a，段 218）

我們在榮格對惡魔附身所下的定義中可以發現他的一個主張：看來雖很矛盾，但我們如想處理當代心理問題——也就是被俗世化大眾語言視為與「人心」（mind）有關的問題——心理分析的工作就需把宗教對療癒過程所能發揮的功能納入考慮（見第五章）。難怪《瑞士歷史大辭典》的蘇黎世編輯們只採用了他定義中的第一句話及所引用的他人文字，卻把其餘部分全刪掉了。

傅柯與德沙托：結構主義及拉岡學派的說法

在一九六〇年代早期，米歇爾‧傅柯（Michel Foucault）指出：早期巫術及通靈術原有的兩方審判結構到盧登吳甦樂會修女中邪事件時變成了三方的公開驅魔儀式（第三元素理所當然是通靈術士），而這一改變的重要意義就在它發生的時間恰好是群體突生某種衝動、想以新方式——也就是舞台公演——呈現衝突的歷史時刻（Foucault，1961/1965）。事實上，公開驅魔在中古世紀並不常見；要直到十六世紀晚期及十七世紀早期，應付邪靈附身的驅魔行動才把大場面演出跟儀式本身結合了起來（Koopmans，1997）。對傅柯來講，劇場之興起跟社會問題的公開展演是一體兩面的。他說：十七世紀的法國社會在多次宗教戰爭後再也無法承受天父上帝被一分為二的狀況，因此他們或逃避這衝突、或棄之而去，所採用的方式就是把父權從上帝轉移到一國之君、路易十三世的身上。樞機主教利士留則藉機挪用了這權力來滿足私利。在六年之間，盧登的驅魔行動一而再、再而三在來自全歐的觀眾面前用戲劇形式呈現當時發生於宗教、醫學和政治場域的各種衝突。

一九七〇年，米歇爾‧德沙托（Michel de Certeau）對傅柯用結構主義觀點所做的假設表示同意。他支持傅柯的說法，即驅魔儀式用戲劇手段把重大社會問題演示了出來；這種儀式／戲劇隨後不斷被修飾及重新搬上舞台，及至最後預示了整個法國社會終將前往的方向，而笛卡爾的知識論——這屬於先啟蒙運動時代的知識論貶謫了感官和想像力的重要性——就是方向之一。然而，在一九七五年出版的重要論文〈變異的語言：通靈術士所說〉（Language

Altered: The Sorcerer's Speech）[34] 中，德沙托修正了立場，認為驅魔儀式藉有所安排的戲劇形式上演了群體心靈撞遇「他者」的故事。他說，琴‧德尚哲和吳甦樂會修女的發聲來源無法被確認，因為它不僅來自爭取發聲權的女人或其身體，同時也來自「某個別處」[35]──某個因善於躲閃迴避而沾沾自喜的東西。驅魔師和醫師在回應時運用了父權社會的權力遊戲規則：指認名字、把女人與這「他者」框限在神學和醫學知識所圈劃的論述範圍內。

根據德沙托的說法，教士和醫師就如反對病人遁入「符指」[36]（the signified）的分析師，因為這逃遁不僅會導致修女們被放逐於集體語言之外（這結果對她們來講相當可怕），也會使所有當事人背棄那建構社會秩序的語言地圖（linguistic map）。德沙托較早時曾認為琴‧德尚哲的症狀可做為探討邪靈附身者之教材中的範例。五年後他強調，女修道院院長可能說過的話應不同於教士根據驅魔學論文所做的審判記錄。德沙托反對女性主義觀點的說法，並不認為這位中邪修女的言論被埋沒在父權觀點的詮釋下。他宣稱：她在驅魔儀式中所說的話並不能被定義為來自「他者」[37]、並不是與

34　譯註：本文收於哥倫比亞大學所出版的《歷史之書寫》（*Writing of History*）一書中，題名被英譯為 Discourse Disturbed: The Sorcerer's Speech，與本書作者在此所示的英譯不同。

35　譯註：此句為意譯。在原文 The place from which Jeanne de Anges and the Ursulines spoke, he said, is indeterminate, not only feminine, not only somatic, but also a 'somewhere else'……中，本書作者有意藉德沙托之言，來針對本章前面論及之爭取發聲權的女人和女性歇斯底里症（與女性體內亂跑的子宮有關；並見珍妮薇芙‧巴席，勒格亨的病史）提出另一層看法。此處所說的「某個別處」即是拉岡所說的 the Real 或佛洛伊德所說的無意識本我（unconscious id），指嬰兒尚未經鏡像階段建構自我（ego）及尚未進入社會語言律法（拉岡所說的 the Name of the Father 或 the symbolic order，佛洛伊德所說的 super ego）之前的自然心理狀態。

36　譯註：指病徵（symptoms）所指向的病因。對盧登驅魔事件中的教士而言，病因即魔鬼。在拉岡的精神分析語言理論中，病徵與病因的關係就有如索緒爾（Ferdinand de Saussure）語言學中符號（the signifier）與符指的關係。

37　譯註：此處「他者」指父權男性眼中的女性。

　附身：榮格的比較心靈解剖學

宗教及醫學之知識論述對立而遭到埋沒的言論。更正確來講，她所說的話乃是「一種踰越（transgression），而非言論」[38]（Certeau，1975，頁249）。

對德沙托來講，儘管有各種層次的評論試圖定義琴．德尚哲所體現的他者——這些評論包括審判記錄、她從論邪靈附身之正統論文及描述邪靈附身之聖徒行傳取得語言後用以客觀陳述己身經歷的自傳、以及目擊者對她場面盛大之遊行的描述——這個他者永不可能失去其**邪門的**（diabolic）他異性。為了替這詮釋做辯護，他提到佛洛伊德的「詭異」（the uncanny）觀念（其重點為被潛抑之心理內容的作祟能力）以及佛洛伊德在《日常生活之精神病理學》（*Psychopathology of Everyday Life*）中所述的本能驅力（Drang，會以扭曲或拒提他人姓名的方式呈現）。更有利於他之說法的是拉岡（Jacques Marie Émile Lacan）為「真實」（the Real）所下的定義：「令自我想像（the imaginary）跟蹌於其面前、令語言律法（the symbolic）因它絆倒的一切執拗且拒不從命之事」（Lacan，1966，頁 ix-x）。

莎拉．佛伯（Sarah Ferber）反對德沙托藉拉岡理論所做的詮釋（Ferber，2004）。她認為：琴．德尚哲並未自視為外在他者，反而擁護、擴大及參與驅魔師的權力。如同赫胥黎，佛伯認為琴．德尚哲之所以最終會採用聖徒行傳的論述形式，原因是她想將自己置於被人認可的意義系統內。但當佛伯下結論說魔鬼力量在基督教

---

38 譯註：指琴．德尚哲在驅魔時所用的語言屬於拉岡所說的 the Real 心理層次，踰越了 the Imaginary（個人藉由各種鏡／影像、認同和模仿為己所建構的社會人格或自我）及 the Symbolic（社會語言及體制加諸於心靈的律法規範）這兩個建立個人主體性的心理層次。

論述中弔詭地既據中心位置、又位居邊緣時（指基督教論述竟想驅逐那一手撐起其道德宇宙的主要因素），她似乎——也許是無意的——跟採用拉岡說法的德沙托站到了同一邊。

德沙托認為盧登的驅魔儀式跟精神醫學的評估很類似——後者會根據診斷分類法把某個「瘋子」的語言劃分為有益和有害的。他指出，在「發瘋」的住院病人逐漸遵循醫院的語言規範後，他們多會變得言語平常且不再現出太多奇特狀況。他也指出：醫學論述和治療過程本身自有許多空間或沉默地帶[39]，明示或暗指了所有被消音之處。德沙托在出版《神祕主義的寓言故事》（*The Mystic Fable*，1982）後聲名大噪。他在其中主張：十七世紀神祕主義中的未言或「不可言」（*je ne sais quoi*）面向是藉「空間」[40]改變了神學論述，而非藉新的聖徒行傳、醫學或法律論述。德沙托認為：在盧登驅魔師、醫師和律師之制式論述中存在的「空間」[41]就是一個證據，可以證明他所假設的「不可言」跟佛洛伊德所說的「詭異」一

39　譯註：此處原文 spaces or silences 中的 spaces（空間）與「地圖」（官定集體語言或握有權力的各種知識論述）所確立、具有定位和定界功能的地名（places）有別。地圖上的地名以邊界框範人事物，使之各在其位，定義及框範了每個人的社會主體性。空間則為 practiced place，是個人透過移動、作為及生命故事在自己周遭打造起來者，其間意義具有流動性和不確定性，代表了越界的可能性。地圖是是權力階級維繫社會穩定的「戰略」（strategy）之一，「空間」則是個人突圍的「戰術」（tactic）。參見德沙托《日常生活之作為》（*The Practice of Everyday Life*）一書中〈都市行〉（Walking in the City）及〈空間故事〉（Spatial Stories）兩篇論文。Silences指理性語言無計可施之處；參見德沙托著作《神祕主義的寓言故事》（*The Mystic Fable*）。

40　譯註：在《神祕主義的寓言故事》中，德沙托認為十六、七世紀的基督教神祕主義者在理性愈趨重要的歷史時刻做了一個顛覆性選擇：不滿主流政教體制的他們選擇退隱並與世隔絕，也在描述他們神祕經驗的文字中詭祕地否認文字可以描述這種上帝經驗，致使其文字似乎常在「擦除自己」（erasing itself）之際留下空白（空間），與傳統上講究邏輯及連貫性的經院派神學／哲學形成截然對比。

41　譯註：指這些論述無意間偏離邏輯的地方，也就是論述中非理性（unreason）、似自相矛盾而弔詭的所在：It is the black sun imprisoned in language, burning unbeknown to it（Heterologies，173）。在德沙托心目中，理想的後現代知識論述者應如都市行人或旅行者，是空間或空白的創造者，而非地名訂定者。

樣難以捉摸，也跟拉岡所說的「真實」一樣原始生猛。他在借用拉岡的另一說詞時說：魔鬼在吳甦樂會修女們的身體內「溜來滑去」（slipped about），似拒絕被歸類，同時又藉改變自己的名字來嘲弄它們的對話者。他贊成傅柯的說法：這個出現於修女聲音及身體中的他者所引發的種種問題讓人難以承擔，並撼動社會共同語言的基礎及掀動集體分裂，使得天父上帝的負面威權被投射到替罪之放蕩者格蘭狄耶的身上，卻讓路易十三世和樞機主教利士留佔用正面威權而得利。蘇罕——德沙托的英雄——在他為憂鬱症所苦的後半生中始終跟這些問題角力。啟蒙運動讓這些問題全消失了，但佛洛伊德的「詭異」說和拉岡的「真實」說卻為二十世紀的心理學和哲學重新撿起這些問題。著迷於十七世紀神祕主義的德沙托則為後現代主義喚回這些問題、使之復活了起來。

他異性與無可簡化言喻者

近四百年來，盧登附身事件激發了無數以政治、宗教和社會觀點做出的詮釋。這一切對心理學來講都有其可能用途，例如它們讓人看到了個人心理問題會如何遭到扭曲或利用。該事件最初就被認為是關乎天主教徒及胡格諾教徒之爭執的宗教問題。驅魔儀式被用來確認了天主教儀式的效力並駁斥了改革教派的主張，卻無能處理吳甦樂會修女們的個人心理痛苦（瑪特修女的悲慟、琴·德尚哲的情慾問題等），更不用說替罪者格蘭狄耶的痛苦。

附身語言在那時代就已具有流動性，截然不同於驅魔手冊的題庫和宗教教條的準則。神學語言把附身分為「真實的」（即出自

魔鬼的）和「偽裝的」（即故意、執拗和有目的的）兩種。在較早的瑪特·布洛西案例上，醫學說法扮演了關鍵性角色，引進第三種可能的詮釋、即臨床診斷所稱的憂鬱症，但這些說法並沒有改變盧登鎮愈趨對立的兩派立場。十八世紀時，雖然診斷準則在那之前已有所更改（例如呼吸急促不再被視為必要症狀），歇斯底里症還是進入了醫學文獻。無論是驅魔師的傳統魔鬼學語言，還是醫師的正式醫學語言，兩者都不願接納一個難以捉摸的中古世紀觀念：幻象（*fantasmata*）。馬克·鄧肯企圖從診斷醫師的觀點，把中邪者受到病態想像力控制的說法引進盧登爭論中，但基於外在的政治因素，法庭拒絕採納他的說法。

　　無意識力量所引發的附身事件把社會地位的根本差異上演了出來。中邪者展現了超自然體能、具有外國語言能力、也能預見未來或以傳心術溝通，但他們在擁有這些力量之前必須先失去意識。與他們對立的驅魔師和醫師則保持清醒並從診斷作為中獲取權力。一旦邪靈或疾病的名字被指認及說出，為之所苦的個人應逐漸從失去意識或被隔離的狀態獲得解脫、重新融入文化所接納的語言系統中，但這在盧登並沒有發生。甚至連法律論述於此都功敗垂成，而其原因——如傅柯和其他人所指出的——或許就在於宗教和法律儀式全被挪用去完成政治目的了。被指為通靈術士的那人被定罪和處決後，驅魔行動仍然持續進行了四年之久。

　　用心理學的話來講，附身事件是一個群體現象。就其功能而言，盧登的公開驅魔儀式以戲劇形式一再上演了一個集體問題。德沙托認為：

附身：榮格的比較心靈解剖學

附身的一個定義是：成為那不安的歷史時刻，並用**既古舊又新式**的語言表達方式來象徵那時刻，因而——用化學術語來講——把空間顯示[42]的過程「澱析」（precipitate）出來。（Certeau，1970，頁 27；粗體字由作者標示）[43]

　　在這層意義上，我們可藉維柯（Giambattista Vico）的觀點把盧登附身事件定義為集體上演了一齣「歷史往復」（corsi e ricorsi，見第四章）的戲碼：這歷史時刻有可能是毀滅性的倒退，也有可能是有利的天賜良機。或者我們也可從葛斯東・巴西拉（Gaston Bachelard）的觀點將之定義為知識思想似將有所突破（見第三章）的戲劇性呈現。但不幸的是，盧登表演事件的結果象徵性地預示了法國將要面臨的危機與分裂：南特敕令被撤銷、胡格諾教徒隨之受到名正言順的迫害、意義兩可的神性在向外投射時產生分裂而無法再取得集體共識、以及政治人物利用這投射來滿足私利。換句話說，盧登鎮和利士留市這兩個「劇場」預言了榮格在定義惡魔附身時所稱的「經誘導而發生的集體精神錯亂」。

　　在用心理學詮釋附身時，我們可以發現個人和集體因素同時存

42　譯註：意譯。此處原文為 a process in which positions are staked out，其中 positions 在德沙托的用法中即為 spaces。

43　譯註：德沙托深受佛洛伊德「詭異」說的影響，並贊同佛洛伊德所說：精神分析即在探討個人生命歷史（相對於集體歷史）。「詭異」經驗的一個主要特色是：早前被潛抑於無意識的心理內容如今像鬼魅般糾纏於個人此時此刻的生命。德沙托在討論盧登附身事件時，除論及其中的個人心理因素外，也論及事件發生與集體歷史正逢轉捩點有關：遭到當時主流論述（新式語言）壓抑的舊式思維或本然人性（如民間傳說、神祕主義、巫術、情慾等等；它們代表了鄉野或古舊語言）正圖謀衝破禁錮並爭取發聲權，因而衝撞主流論述、甚至與之對話，如驅魔儀式所顯示的。這一轉捩點可以帶來集體意識的躍進，但也可能帶來集體意識的分裂。如同集體歷史的關鍵時刻，個人生命史上的危機時刻也是因舊語言（無意識）闖入新語言（意識）而起。

在於個人經驗中，而個人在這經驗中既喪失了自主能力、又弔詭地「充滿靈力」。琴・德尚哲的附身經驗表達了個人與集體的困境：在她肉體所成的七年戰場上，她身為女修道院院長的自我必須對抗一個來自無意識的情慾他者；於此同時，介於修道院之守貞戒規和俗世之情慾崇拜間的戰爭也在此進行。琴・德尚哲的公開驅魔儀式加劇了這場衝突，但在揭露衝突後卻無法撫平它。蘇罕引進了兩個讓她的苦難得以全然改觀的元素：他一方面提供神祕主義和聖徒行傳的語言（其中含有可被容許的情慾表達方式），另一方面戲劇化地「概括承受」附身經驗。就像薩滿巫術中受創的療傷者，蘇罕嘗試在認同琴・德尚哲的痛苦時弔詭地維繫住自己的驅魔師身分。他並沒有設法驅逐或在心理上壓抑她的心魔，反從自己內心去正視它。

在利用字源學來解釋附身現象時，我們可以發現那掌控受苦者的佔位存體有如暴君一樣霸坐在受苦者的王座上。佛洛伊德在他的「附身精神官能症」定義中提出「逃避」之說，亦即他認為附身實際上就是自我放棄了王位——個人用自衛策略來應付難堪的經驗（如悲愴或性慾受挫），繼而裝模作樣扮演負責任成年人的角色，卻反而讓自己的生命墮入驚惶失措。同樣的，榮格在其論述中強調：情結有能力噬化自我，使此刻生命變成「暫且而不真實」（provisional）[44]。但在說到位於情結核心的原型帶有正反性質、可促成心靈平衡時，榮格也建議人應設法取得洞悉心理內容的能力。因此，從心理動力說的角度來看，驅魔師和醫師僅對抗了附身之負

44　譯註：榮格認為此種生命罔視當下現實、總用藉口和幻想來推延自我的實現，因而導致精神官能症。

面症狀的橫暴作為，但蘇罕卻調整對抗方式，一方面正視琴・德尚哲內心之愛慾原型的負面面向，一方面扶持她陷於苦戰的自我，讓她得用或具正效的終極意義觀點來看待自己的痛苦。

被視為一種心理現象後，附身經驗已可從多種論述獲得闡釋，但弔詭的是，最能讓人領會其義的卻是論述中自行出現的「空間」[45]。盧登事件之所以繼續成為爭論題目，其原因可能就在於「符號」（the signifier）與「符指」（the signified）之間缺乏自然連結性（Saussure，1916/2006）。甚至在驅魔師及醫師把該說的話塞到中邪者的嘴巴時，他們意圖規避的他者仍在他們的論述語言中留下蛛絲馬跡或「傷痕」。這印證了一點：「歇斯底里症」之診斷標準歷經無數更改的事實不僅反映了符指的善變本質，也更重要地反映了歇斯底里症之意象本身——男女皆有的「走動子宮」（womb that walks）——難用語言捉摸的性質（Micklem，1996）。這也許就是榮格因佛洛伊德認為中古世紀之魔鬼與被潛抑之意念可以相比而讚揚他的原因，但這可能也就是他批評佛洛伊德精神分析學所用之符號（語言）過於簡化現象的原因。相反的，在論及如何在明知不可為情況下去談論所謂的不可言經驗時，德沙托發現佛洛伊德的「詭異」說和拉岡的「真實」說十分有用，卻認為榮格的「集體無意識」有太多**可以簡化**（*réductible*）之處（Dosse，2002）。

要評估任何附身論述——包括榮格的附身概念，甚至還包括本書作者在此想對這概念做出的評論——是否中肯，我們可用一個問

45　譯註：參見譯註 41。

題做準則：該論述能容納、而非排斥難以言傳的非理性空間到什麼程度？德沙托對我們的後現代「他者」觀念所做的最重要和最離經叛道的貢獻，正在於他的著作常容納了這樣的空間。直到宗教改革之前、甚至在其發生後三四百年間，天主教教會都把人心受制的狀況歸因於魔鬼作祟，將之妖魔化並藉驅魔儀式來驅除痛苦。自二十世紀中葉以來，榮格從心理學觀點對惡魔附身所下的定義已以兩種方式讓人對這問題取得瞭解：他一方面區分「附身精神官能症」與「經誘導而發生之集體精神錯亂」中的個人因素和集體因素，另一方面承認「僭位」之他者所導致的心理痛苦在本質上具有潛在的未來效益。如果我們能了解榮格的附身概念是反理性的，那麼這概念——即使是非宗教概念——當能幫助我們對宗教歷史上的盧登邪靈附身事件取得某種不致簡化其複雜性的新見解。

圖 2.1　一九七六年蘇丹北部何夫里亞特村莊之扎耳儀式中的鬼魂在鼓
　　　　聲和符合其身分的樂曲召喚下以人形現身。珍妮絲・波地博士
　　　　准予刊印。

附身人類學：
他者研究

　　現代思想和現代經驗已讓我們學得對
下列問題所牽扯到的因素具有敏感度：再現
方式（representation）、他者研究、種族議
題、不加思判而接納權威和權威觀念、知識
分子所扮演的社會及政治角色、懷疑與批判
意識的重要性。如果我們記得人類經驗的研
究通常會導致或好或壞的倫理後果（更不用
說政治後果），身為學者的我們或許就不會
對自己的所作所為毫不以為意。

　　──愛德華‧薩伊德，《東方主義》
　　（Edward Said，*Orientalism*，頁 327）

　　人類學是研究雙方為何互感驚訝的科
學。

　　──安‧卡森，〈水的人類學〉（Anne
　　Carson，The Anthropology of Water，
　　　　　　　　　　　　　　　　頁 117）

榮格為附身所提供的心理學概念有其宗教脈絡，也與盧登事件歷來不斷的討論文獻有關。他的概念也有另一同等重要的來源，那就是他對人類學所抱持的興趣。然而，探討他在這一方面的興趣頗可能招來不少問題，因為榮格是用二十世紀現代人的心態來運用人類學研究的，頗不符合今天後現代倫理標準和文化相對論（relativism）[1]的價值。但可慶幸的是，對於西方人在研究他種文化資產時所面臨的問題，榮格（但願榮格分析師也一樣）展示了頗為細膩的倫理回應方式。

人類學家調查並詮釋他們稱之為「附身」的種種現象。為了更深入了解榮格的概念，我們當如何善加利用這些豐富的文獻？一個有用的方法似乎是這樣的：查看民族誌學者從其他文化找到的附身案例，然後檢視這些文化在看見自己成員因中邪而受苦時採用了什麼策略。我個人在這麼做時將會尊重人類學得來不易的文化相對論，不會為了建立一個「附身」概說去採比附作法、以致誤用這些案例，卻會依據我從當代人類學對其他文化所做之研究收集到的意象，來評估及充實榮格的附身概念。

榮格的理論有可能充實人類學嗎？至少自爾文‧哈洛威爾（Irving Hallowell）在一九五五年出版《文化與經驗》（*Culture and Experience*）以來，人類學家已不斷表示他們樂見人類學和心理學建立友好關係。但在描述非西方世界的附身現象時，許多人類學家也苦思如何避開心理學的說法；他們認為（可說是相當正確的看

1　譯註：又稱道德相對論，為後現代人類學及社會學所提出，認為深刻的道德歧見存在於不同社會及文化之間、普世道德準則並不存在、因而任一種道德準則往往僅適用於個別的文化或社會。

法）：心理學語言在本質上容易物化並以疾病觀點來解釋所研究的對象。在報告所研究的文化時，他們試圖不用病理觀點來看待這些文化本身不視為有病的現象。榮格在用意識、自我認知（self-identity）、及遇見他者這些觀念描述心靈或（更明確來講）附身現象時，也未曾認為這些現象是疾病症狀。因此我認為榮格可在概念上為人類學家提供一個他們未曾料想到的有用橋樑。

榮格的人類學選讀

人類學在十八世紀時開始被認為是研究人類的正式學問，而且很早就訂出人心一致論的概說。大多數十九世紀人類學家的論述則都採用單線式進化論（unilinear evolution）觀點（Stocking，1974）。德國民族學家阿道夫・巴斯欽（Adolf Bastian）建議在各族群思想（*Völkergedanken*，ethnic thoughts）間從事類比，藉以找出最初為人類內心共有的心理細胞核或「思想基元」（*Elementargedanken*，elementary thoughts），即使族群思想似都由各地地理環境和歷史所形成。與他同一時代的英國人類學家愛德華・泰勒（Edward Tylor）也強調所有人類在身體和心理上同屬一源，並認為各種現代文化是由原始文化逐漸進化而來。根據他的發現，所有文化的最早宗教信仰形式都是「泛靈信仰」（animism），相信神靈賦生命於或掌控一切動物、植物和無生物。他認為，原始人類之所以會創造這種信仰，原因是他們想要解釋生命體和屍體間的差異以及做夢時身魂相離的現象。榮格推崇泰勒，因為後者在「較低等人類和較高等人類的宗教信仰中都發現了

『泛靈信仰』的痕跡……〔因而顯示了〕古老習俗的原始元素仍存於世」。榮格發現巴斯欽的「思想基元」之說和泰勒的進化說都很能打動他，因而在提到他自己的原型與集體無意識理論時引述了兩人的研究，並視他們為自己的先導（Jung，1938，段89；1948，段119）。

　　一個世代後，德裔美國人類學家法蘭茲・鮑亞士（Franz Boas）批評了那些為了提倡定向進化論（orthogenesis）而以文化相較方式從事人類學探討的人。他所反對的不是達爾文進化論本身，而是定向進化觀點對達爾文著作的錯誤解讀。這些錯誤解讀視所有社會都應依同樣順序、經同樣階段、由較低層次往較高層次進化，而這誤解無異於眾人對達爾文的誤解，亦即認為後者主張人類為黑猩猩的後代（達爾文事實上主張黑猩猩和人類擁有同等進化程度）。鮑亞士最初研究巴芬島（Baffin Island）因紐特人（the Inuit）的感官知覺，例如因紐特人（他心目中的他者）如何感知冰和海水的顏色。但相較於大多數人，他並無意拿自己的研究去支持以下說法：因紐特人當前所處的發展階段是歐洲人原始祖先在進化過程中早就經歷過的。鮑亞士反而愈來愈強調人類學應視個別文化為整合的獨立體、不應以相較方式來劃分高下。

　　鮑亞士於一九〇九年在克拉克大學（Clark University）會議上宣讀的論文〈人類學與人心問題之探討〉（Psychological Problems in Anthropology）對定向進化論提出挑戰，認為個人因人種（race）而具有的心理特徵並不同於其文化特徵——後者乃來自「該個人所屬社會的慣性反應方式」（Boas，1910）。在這演講中，鮑亞士或許不怎麼自在地把他自己的文化相對論跟他導師巴斯欽的「思想基

元」說結合了起來。一方面，這篇論文中的鮑亞士可被視為生理人類學家（physical anthropologist），因他承認他對心理能力（mental capacities，如感官知覺）的演化感興趣；另一方面，他也可被視為文化人類學家，在人種和族群（ethnicity）[2] 之間——「在天賦心理能力以及由社會慣性反應方式所造就的心理特徵之間」（Shore，1996，頁 21）——創造了一組關鍵性區別項目。但鮑亞士是否只是在做學問時發揮了神來之筆，把文化和心理區隔開來，好讓自己能把文化構想成「心靈容納之物」（contents of mind），而非區分人種的「心理特徵」（attribute of mind）？鮑亞士實際上似在宣告：如果文化研究可與人心研究區隔開來，那麼人類學就能脫離心理學而宣告獨立。

鮑亞士這篇克拉克大學演講代表了精神分析學和人類學的分手時刻。在批判佛洛伊德及榮格——他們兩人也參加了這場克拉克大學會議——用比附方式詮釋民族誌學的研究（ethnographical research）時，鮑亞士顛覆了他們的策略——亦即他們想利用人類學的觀察來證明精神分析的原則是超越歷史且放諸四海而皆準的（Shamdasani，2003，頁 277）。他的批判有力顛覆了佛洛伊德及榮格兩人想藉人類學之助、使精神分析成為合法實證科學的努力。

這樣看來，也許我們對下面一事就不會太感訝異了：榮格常強調心理學家、精神醫師及心理治療師所探討的無意識現象學與人類學的發現有許多相似處（Jung，1941a，段 318），但他卻絕少提到鮑亞士。在一九一二年於美國福坦莫大學（Fordham University）

2　譯註：基本上，人種之劃分以基因遺傳、族群之劃分以文化為根據。

圖 2.2　分道揚鑣之始。法蘭茲・鮑亞士、席格蒙・佛洛伊德、
　　　　卡爾・榮格出席一九〇九年於克拉克大學舉行的心理學

RK UNIVERSITY, SEPTEMBER, 1909

tern, Leo Burgerstein, G. Stanley Hall, Sigmund Freud, Carl G. Jung, Adolf Meyer,
her, E. Katzenellenbogen, Ernest Jones, A. A. Brill, Wm. H. Burnham, A. F. Chan
rbes, E. A. Kirkpatrick, Sandor Ferenczi, E. C. Sanford, J. P. Porter, Sakyo Kanda,
hipple, Frank Drew, J. W. A. Young, L. N. Wilson, K. J. Karlson, H. H. Goddard

會議。前排最左為鮑亞士，右起第四人為佛洛伊德，右起第三人
為榮格。克拉克大學檔案資料館准予刊印。

發表的一系列演講中，榮格隨口提到鮑亞士早期對北美印地安人英雄故事所做的研究（出版於一八九五年）。另在討論環境對生理及心理之影響的兩篇論文中（Jung，1930，1931d），榮格提到鮑亞士就美國移民之頭蓋骨平均尺寸所做的生理人類學研究。例如，鮑亞士的資料指出：比起那些在母親抵達美國超過十年後才出生的小孩，那些在母親抵美十年內出生的小孩在頭蓋骨平均尺寸上與前者截然有別。但榮格從未提及那本堪稱為鮑亞士最重要的著作：《未開化人種的心靈》[3]（ *The Mind of Primitive Man*，1911）——在書中，鮑亞士斷然讓人類學擺脫了文化形式由簡入繁的單線式進化說。

探討內心經驗的跨文化心理學

雖然榮格曾遠行各地、觀察儀式和儀禮、並勤奮比較「未開化人種」的神話和夢境，但他還是過度倚賴少數幾位早期人類學家（包括巴斯欽和泰勒），以致他的說法非常相似於他們的說法。他認為未開化人種的作為像原始人或像小孩；已開化的成年個人是從未開化的集體投射心理中透過個體化過程發展出來的，而未開化人種並無這樣的發展。縱使榮格非常清楚法蘭茲‧鮑亞士在其一九〇九年克拉克大學演講中所提的觀念，他還是堅持自己的立場。他在一九一三年寫道：「未開化人種和動物不具有我們在已開化人種身上所看到的那種能力，亦即記起獨特印象的能力」（Jung，1913，

3　譯註：台灣學界將書名譯為《原始人的心靈》，但鮑亞士在使用 primitive 一字時指的是與現代西方人有別的所謂落後民族，非原始人。

段 403）。一九一六年，仍然是原始主義信徒的榮格堅稱「未開化人種尤其與其原始心智密不可分」（Jung，1916x，段 564）。

　　然而榮格開始改變了想法。他開始認為，佛洛伊德在其一九一三年出版的《圖騰與禁忌》（*Totem and Taboo*）中似乎為了支持既定理論[4]而挪用民族誌學所做的研究。他後來說：「我用的是比較方法。」

　　我有理由相信後者〔亦即使用比較方法，而非證明既定理論〕會帶來較好結果。主要的原因是：我們的新心理學根本還未進步到可提出具有普遍適用性的心靈理論。（Jung，1931b，段 1298）

佛洛伊德似乎成為了榮格的影子或代罪者，讓榮格能把自己誤用人類學的作為投射到他身上、藉此承認這作為有可能導致不良後果。在描述佛洛伊德過度認同實證科學時，榮格藉機與實證科學劃清界線。他一方面冀求這樣的科學，一方面又必須採取主觀和相對論的立場（Ellenberger，1970）。一九二一年，他在《心理類型》（*Psychological Types*）一書中認為佛洛伊德和阿德勒（Alfred Adler）有必要用他們自己的主觀經驗來建構心理學，以便最終能建立一種客觀心理學。這說法透露的訊息是：榮格自己的研究雖在本質上是主觀的，他還是相信它仍有資格被視為具備現代科學所重視的客觀性。

　　一九二九年，在發現西方人與東方人的心理差異時，榮格說出

4　譯註：指佛洛伊德的伊底帕斯情結理論。

了存在於他自己普同論（universalism）觀點中的一個問題：「西方意識絕不是人類整體意識，而是一個在歷史制約和地理侷限下產生的面向，只代表了人性一部分」（Jung，1929，段84）。這認知使他不僅修飾了他對印度、中國、西藏及日本之經典所做的心理學評論，也使他有時會謹慎地把這些評論置於適當的文化脈絡中。在一九三二年的一場研習會中，也在一九三六年一篇討論昆達里尼瑜珈術（Kundalini yoga）之心理學的論文中，他坦承自己的歐洲人觀點有所侷限。他這篇發表於《印度覺者》（*Prabuddha Bharata*）期刊的論文宣稱，他在這難題上的基本立場就是從文化情境來探討意識問題：

　　我對瑜珈在印度人心目中所具有的意義將不發一言，因我不認為自己能了解並評斷一個我無從親身經歷的問題。但我可以談一談它對西方人具有什麼意義。（Jung，1936，段866）

透過閱讀那些探討「未開化人種」之「先文明」及「先邏輯」行為的文獻並親做調查，榮格用主觀方法研究了自己的無意識以及西歐文化的集體無意識：

　　遠到非洲去尋覓歐洲之外的心靈偵測站時，我無意識地想尋見我在歐洲影響力及壓力下所失落的人格（personality）面向。這面向在我不察覺的狀況下與我對立，而我也的確試圖潛抑它。依照它的本性，它恨不得讓我失去意識（把我強壓到水面下）、以便殺了我。但我的目標是透過洞見來更瞭解它，好讓我和它找到「共存方

式」（a common *modus vivendi*）。（Jung，1962，頁 244）

　　榮格在非洲試圖脫離歐洲影響力的努力並未成功（Burleson，2005），但在晚年描述這些旅行時，他解釋說：當時他害怕「黑化」，但他怕的不是他在非洲遇見的黑人，而是怕自己有可能屈服於內心自作主張之情結的原始力量。他發現，西方特有的群眾運動和極權思想證實了他對自己之恐懼所做的詮釋。更重要的是，他早年對所謂未開化心理之集體投射所做的研究，促成他後來在煉金術題目上做出更具學術價值的精闢詮釋。他的結論是：他的詮釋從不是偽科學，而是他把心理過程投射到物質界、藉以描繪覺知浮現之現象並賦予概念的一種方法（Samuels 等人，1986，頁 112）。

　　已有人用「不斷以新方式闡述他者問題」（a progression of reformulations of the problematic of the Other，Papadopoulos，1991，頁 88）這話精準概括了榮格的生平與著作。他最好的他者理論來自他的心理分析工作，而非前者影響後者（見第五章）。在一九三二年的一場研討會及一九三七年的一篇論文中，他談到一個生於荷屬東印度群島、父母為歐洲人、奶媽為說馬來話之印尼人的二十五歲女病人的故事。身為瑞士籍分析師，榮格在處理充滿印尼文化母題的幻想及夢境時，發現自己的工作有如「傳奇故事，其中盡是跌跌撞撞、猶豫、懷疑、黑暗中的摸索、以及終帶來峰迴路轉之美好結局的錯誤線索」（Jung，1937，段 564）。他善用自己的困境，從中發現病人症狀的逐步確認與他在一九一九年對昆達里尼瑜珈術七脈輪（chakra system）所做的詮釋可能有許多重要關聯。榮格相信：這病人之所以最終能接受她內在的印尼面向——她

在童年時從馬來籍奶媽那裡初次經驗到這面向，但它在她成年後與她的歐洲意識起了衝突——就是因為他們兩個人對譚崔瑜珈地圖（Tantric map）在某些方面有一些共識。

榮格做了一個假設：像昆達里尼瑜珈術這類的修練可以在心理上啟動人格的改變過程。即使修練所提供的心靈地圖有其個別文化背景，同樣的心理過程仍可發生在所有人類心靈內並具有原型意義。榮格很想知道：心理分析的治療法在他病人身上能啟動類似的心理過程到什麼程度？我自己則想知道：在引入可做為第三種語言的七脈輪意象時——這第三種語言迥異於病人內心中對立的歐洲語和馬來語——榮格是否為病人提供了一個操作空間，使她可以在其中撮合自己人格中的對立元素。雖然榮格的原型理論似乎表達了一種具有父權思想、以原始主義為依據的普同論，他為一九三二年昆達里尼瑜珈術研討會所做的筆記也告訴我們：他當時也在思索如何發展出「一套討論內心經驗的跨文化比較心理學」（Shamdasam，1996，頁 xxix）。

人類學對非西方情境之附身現象所做的報告

歐斯特來希（T K. Oesterreich）在首次出版於一九二一年、最近出版於二〇〇二年的《附身現象：惡魔及他者》（*Possession: Demonical and Other*）中概覽了討論附身的人類學文獻。涵蓋範圍之廣有如百科全書的此書試圖從人類學觀點，為附身現象之普遍性建構理論。歐斯特來希竭盡所能，從古埃及與古希臘、基督教早期年代、中古世紀、現代、以及非西歐傳統的文化背景中收集並排列

了各種醫學、自我暗示、心理治療、驅魔儀式等等用來鑑定及矯正附身現象的方法。雖然他想利用這龐大彙編來建構理論，身為彙編者的他最終還是壓倒了身為理論家的他，只能把附身現象分成兩兩對立的類別，如「不由自主的」與「自主的」、「夢遊的」與「神智清醒的」之類。他的理論以討論暗示與多重人格為主。

　　歐斯特來希的著作明顯是其時空背景的產物。要能了解它的價值，我們有必要忽略書中的某些心態（如反猶思想），一如我們必需忽略榮格源自進化觀點的原始主義傾向一樣。歐斯特來希豐富的故事材料讓他也陷入理性客觀主義的迷思中。就像同時代的其他社會科學家（包括心理學家及精神分析師），他不加細分就把來自薩滿巫術、迷恍經驗和靈媒術的資料歸併在一起，利用這一切把非理性和超乎心理常情之事（the parapsychological）變成了有序及合理性之事。他雖承認「文明人」在某些情況下較有自我暗示的可能，但他所描繪的「未開化」心靈卻較容易因自我暗示進入附身狀態（Oesterreich，2002，頁 237）。但在幾頁之後，他又違背了自己的假設，認為未開化心靈容易被附身的現象含有較多「精心設計」的成分，因此反而變成了用心安排、透過約定俗成之形式所演出的戲劇（同前，頁 241）。換句話說，被視為未開化的文化，反比大多數西方文化更了解附身經驗中本然存在的人為操作和情感宣洩功能（expressiveness）。的確，在暗示西方人的無知和脆弱（以及傲慢）時，歐斯特來希說：

　　基督徒以驅魔者的身分現身於世界各地，而驅魔儀式變成了非常強大的傳教和宣傳武器……有趣的是，對抗惡魔附身的基督教竟

然聲稱自己比其他信仰的驅魔師更有能力征服它。（Oesterreich，
2002，頁 164）

後輩人類學家對於附身問題的大多爭議，可說都已隱然出現在歐斯
特來希的這本概覽巨作中。

　　在一九七〇年代和一九八〇年代，社會人類學家路易斯（I.
M. Lewis）和精神分析人類學家甘納斯・歐貝斯該里（Gananath
Obeyesekere）發展出互補的附身理論。路易斯的目標出自本質論
和客觀論；一九七一年時他說他的目標是要「達到一個超越文化
殊異性的結論」（Lewis，1971/1989，頁 135）。在利用比較方
法探討人種差異的過程中，他試圖從人類學觀點來建構一套人性
理論。他認為：附身和薩滿巫術是狂喜宗教（ecstatic religion）的
兩個成分，而我們最好在闡述權力地位的結構功能論（structural
functionalism）[5] 框架中詮釋它們。從這功能論來看，在高度壓迫、
以父權為主的文化中，附身是文化中失權或被邊緣化之個人——尤
其女人——所採取的一種間接攻擊策略，目的在匡正他們的政治隸
屬地位。附身所引起的痛苦與地位低下有關，因而附身儀式是懷有
社會圖謀的策略，可至少在某種程度上讓弱者提振自己的社會地
位——也就是讓他們在幻想或信念中成為「被神靈擄獲」的人、因

5　譯註：為二十世紀英國社會人類學學者馬林諾斯基（Brownislaw Malinowski，1884-1942）和雷
　　可立夫-布朗（A.R. Radcliffe-Brown，1881-1955）承繼十九世紀社會學的古典結構功能論發展
　　出來的理論。被譽為「功能論」創始者的馬林諾斯基認為：所有人類都具有相同的基本生理及
　　心理需求，他們透過各種慣行作法（如宗教信仰、法律或規範、風俗、教育、科技或工藝、政
　　經制度等等）的功能來滿足這些個人需求而形成群體文化（即社會）。雷可立夫布朗則被譽為
　　現代「結構功能論」之父，偏重於社會整體結構的討論，探討前述之各種功能（或說子結構）
　　如何整合而使整體結構得以穩定延續。

此換得新的社會角色——而獲得療癒。在追隨結構功能論的路易斯眼中，具有矯枉意圖的衝動使用了精心設計的迂迴策略，受害者可一逕把責任歸於「社會無從管束的力量」，而附身儀式及其奉行者則恆屬於社會主流的外圍。

然而路易斯到一九八六年時就已在其說法中容納了一種可能性，即附身儀式或許比他最初所假設的更為社會所看重、其參加者也可能不是那麼位於社會邊緣。在論及許多文化之附身儀式的社會矯枉功能時，他在結論中承認有另一因素存在於傳統功能論的框架外：

> 我不認為附身這一社會現象可被解釋為精神病或個人心理功能失常……〔然而〕在面對這問題時，我認為……所有具有意義的行為都有一個情感（亦即「心理」）面向。如不承認這面向，我們是不可能了解附身或一般宗教現象的。（Lewis，1986，頁74）

雖然他較喜歡用結構功能論的框架來解釋附身現象的社會功能性，他還是為自己曾認為個人情感之類的因素僅與心理學論述有關、因此把這些因素排擠到晦暗處而感到遺憾。這些因素都不曾包含在他的參照指標和討論範疇內。

甘納斯·歐貝斯該里（Obeyesekere，1981，1990）為路易斯的說法加上了情感面向，並以個人心理功能失常做為附身現象的解釋。他用佛洛伊德理論的框架來解釋斯里蘭卡（Sri Lanka）的附身儀式，並在文化與個人動機之間找到關聯性。他的精神分析論述可說是繼路易斯把社會地位納為附身因素後建立起來的：

既然斯里蘭卡女人的心理問題多起因於其社會地位（角色），我們可為其附身經歷做出若干推論。女性人格構造中的先天歇斯底里傾向，會使她們一般很容易用被附身的方式來表達心理衝突，也使她們很容易接納附身經驗（這些經驗事實上是文化因素所構成的投射系統）。（Obeyesekere，1970，頁 102）

對路易斯和歐貝斯該里兩人來講，附身具有發洩以淨化的功能，是用來回應社會地位不平等的方式。在路易斯的概念中，痛苦的附身狀態是一種在集體情境中用外向和故意的方式、間接操作權力的表現。在歐貝斯該里的概念中，它是發生於個人心靈內、內向而歇斯底里的幼化現象（regression）。兩人都把附身形容為低下的陰性策略，都未肯定被附身之女人的生命正當性，也都未充分解釋男人的附身經驗，只除了用他們視為低等和歇斯底里的陰性特質來形容這些男人。佛洛伊德曾意圖在自己的精神分析論述中建立一種實證科學，而歐貝斯該里就是受他的影響而想實現路易斯所設定的目標：在人類學研究中使概論和實證精神復活起來。歐貝斯該里不曾多走一步：去反對那無視文化殊異性而立論的社會功能論觀點。

　　布魯斯·開福若（Bruce Kapferer）、保羅·史托勒（Paul Stoller）、愛德華·席福林（Edward Schieffelin）、珍妮絲·波地（Janice Boddy）這四位晚近人類學家都因下面的原因著稱於學界：他們用民族誌學觀點描述他們在田野調查時與他者相遇的經歷，以及他們用批判精神看待自己在著述時所遇到的理論張力，得以同時出入於兩種對立理論之間。為創造更多空間來容納他者，他們再三補強並重塑自己的理論架構。

在一九八○年代及一九九○年代，開福若建構了一套附身理論，一方面抵制路易斯的社會功能論，一方面駁斥歐貝斯該里、不贊同他藉西方精神分析及心理治療的說詞來簡化斯里蘭卡人的信仰和習俗。他專門研究斯里蘭卡告爾市（Galle）凱拉瓦種姓階級（Karava）中所存在的附身現象，並審視其驅魔儀式的元素（音樂、舞蹈及喜劇表演等）在導致真實療癒時所展現的美學形式。他說：「這些設計／內在邏輯及其在表演中展現的藝術形式，並非僅是把人類共同心理過程傳達出來的文化框架或語彙；如用這麼簡單的心理學說詞來詮釋它們，它們會力加反抗的」（Kapferer，1983/1991，頁 xiv）。開福若認為：一般採用分析作法的社會科學家——如路易斯和歐貝斯該里——在本質上都喜歡把問題或現象化繁為簡；要避開這種傾向，他推薦現象學方法（phenomenological approach），因為這方法「重在說明惡靈攻擊的各個面向及處置它的方法，而不將這些面向簡化解釋為個人心理狀態，也不倚賴可能毫無根據的認定、去評斷非我文化情境中的人性」（Kapferer，1983/1991，頁 14）。

開福若較不認同克勞德‧李維-史陀（Claude Lévi-Strauss），因為後者從結構主義觀點視文化為「文本」、無視它因環境而異並成形於社會慣行作法（practice）的事實。他較認同維克多‧特納（Victor Turner）的說法。特納曾分析儀式表演中以身體表達的象徵如何展現意義（Turner，1969）；他認為：儀式中的象徵演出肯定了現有宇宙觀，但同時也提供了創意時刻，使詮釋世界的新方法可以形成。在開福若眼中，斯里蘭卡的被附身者可用支離破碎、被謫貶、充滿疏離感（受苦於 *tanikama* 或「孤獨」）這些字詞來形

容，而惡魔領域是「虛幻苛暴的集權世界，容不下任何可能性」。他發現，在斯里蘭卡人的宇宙觀中，就存有世界中的垂直尊卑架構而言，惡魔的能力並不如神祇和人類，但它們能創造幻覺，讓人以為它們狠暴非常，而使失魂喪膽的人生起病來。斯里蘭卡人必須透過驅魔儀式才得以區辨惡魔和神祇——後者也會創造幻覺，但最終是以啟發人心為目的。在認為儀式能整合身心以及它所在的閾限空間（liminal space）帶有弔詭性質時，開福若的目的是要指出：斯里蘭卡的驅魔活動公開肯定了現有的宇宙架構觀，但同時也向受苦者展示了突破的可能性：

> 驅魔師拿起惡魔籃，在病人頭上搖晃三下。之後病人必須用手摸籃並抹臉三次，再把花朵、檳榔葉和米放在籃子裡。這行動……表示病人向惡魔獻上供品，但也表示病人呼喚眾神、祈求援助。它把病人身上的邪疾轉移到盛裝供品的籃子中。就奉獻供品而言，它代表病人屈服於惡魔的意志，但它也代表病人脫離惡魔的掌控而投入神祇的懷抱。（Kapferer，1991，頁 200）

一方面，意為「驅魔」的 *yaksabhuta cidyava* 實質上把中邪病人身上的惡魔驅逐出去，將之轉移到籃子中，再從那裡轉到驅魔師身上，最後轉到一隻將成祭品的公雞身上。另一方面，意在「闡釋惡魔意義」的 *yaksabhuta vidyava* 舞劇則將區辨神魔時的判斷難度上演出來，並藉重整惡魔作亂的所在[6]來處治中邪病人的痛苦：

6　譯註：原文是指被惡魔搞亂之事，也就是中邪者的心靈。儀式演出中的惡魔王宮象徵中邪心靈，但這個所在也充滿正面可能。

在 *vilakku pade* 過程中，舞者把火炬放在惡魔王宮內，將之點亮並示之於人，惡魔王宮當即以完整的客觀意義向人呈現：它不僅是中邪混亂的所在，也是神祇居住之所。（Kapferer，1991，頁281）

到一九九七年時，開福若已多少改變了看法，部分原因是他接納了邁可·陶希格（Michael Taussig）在一篇後現代主義論文中對他所做的批評（Taussig，1987）。他發現自己之前對驅魔儀式之動能的解釋「太井然有序」並且「一言以蓋所有」。他現在認為：斯里蘭卡人的召靈法會並未強調神魔二者的位階差異，而在宣揚秩序和反秩序之間無能化解的動態關係——在這關係中，兩者皆無法最終取勝。他也把他的現象學方法從表演美學轉向到較具平民精神的社會慣行作法觀（Bourdieu，1972）。開福若怕的是，如把重點放在驅魔活動的儀式表演性質上，那會使社會慣行作法的人性面向看來充滿神祕的異國情調。他想強調的是，「有種種重要因素會影響人類——斯里蘭卡人或其他人類——用以建構自我和世界的方式；召靈法會把這些因素揭示了出來。」

我相信，我對社會慣行作法所做的討論值得大家採信，並可幫助我們了解斯里蘭卡以外的人類如何互動。透過斯里蘭卡人的召靈法會，我論及當代人類學的某些核心議題，並試圖展示召靈法會之作法在探索以下幾大問題時所具的意義：人類意識的本質、人類心理活動的身體面向、人類想像的建構力量、七情六慾的力量、暴力的動能等等。（Kapferer，1997，頁 xii）

雖然他的分析在方法上和針對性上仍不脫現象學與民族誌學的模式，但開福若把自己的主張從人類學家的文化相對論擴延出去而論及了一般「人性」。

　　保羅・史托勒也從「戲劇性」這角度來觀察尼日提拉貝里行政區桑海人（the Songhay of Tillabéri，Niger）的附身儀式。受到安德烈・謝夫涅（André Schaeffner）、米歇爾・雷利斯（Michel Leiris）、吉貝爾・盧傑（Gilbert Rouget，1980）這些法國學者以及——最重要的——民族誌學家兼電影導演尚・胡許（Jean Rouch）的啟發，史托勒偏重使用「文化劇場」的觀點來看待附身儀式。他認為，附身儀式的演出團體在功能上相似於擁有固定劇目的駐地劇團（repertory company），其中的「濟瑪」（zima）[7]是舞台導演及劇作家，被附身的靈媒（mediums）則是演員。有如表演場面的儀式透過音樂和舞蹈把人鬼世界融為一體。這形同劇場表演的事件使桑海附身儀式的演出者使出渾身解數、出自矯枉意圖地把古人世界再度演現於當下時空中[8]，其中充滿了歷史、社會和文化的主題。他也提到：與早期桑海儀式之鬼魂不同的是，後來增加的浩卡（Hauka）鬼魂在演出過程中對當前政治困境極盡諷刺和批評，而撒賽爾（Sasale）鬼魂則大肆歡慶任何有違伊斯蘭霸權之道德規範的行為[9]。於此同時，史托勒也謹慎地不讓民族誌學者

7　譯註：兼具法師、祭司及療癒者的身分。

8　譯註：根據史托勒在《人鬼世界之交融》（*Fusion of the Worlds*）書中所說，對桑海人來講，當下時空充滿不可預測的旱災、社會紛爭和個人不幸，而這一切都肇因於族人與先祖間的聯繫受到了破壞。當先人的鬼魂與人世交會時（也就是鬼魂附身），祖先和今人才得以重建關係，問題也才可能獲得解決。

9　譯註：史托勒也認為，在桑海儀式中出現的不同鬼魂類別反映了殖民主義、伊斯蘭教及國家施政者分別導致的社會與文化變遷。浩卡鬼魂最早出現於一九二〇年代的被殖民時期；撒賽爾鬼魂則出現於尼日獨立後的一九六〇年代，代表伊斯蘭信仰的入侵及其對傳統習俗和尼日人文化

受這劇場比喻的誤導而忽略病人和靈媒的身心痛苦。到一九九七年時，他已開始強調桑海人是「以感官認識世界」（sensuous epistemology），因而研究者不應再採文本詮釋的途徑。

對史托勒來講，桑海人附身儀式的核心概念是人鬼世界的融合；濟瑪不僅必須誘發這融合狀態，還必須把被附身的靈媒從這狀態中釋放出來：

第三天早上，阿達姆·賈尼東哥（Adamu Jenitongo）安排了「淨身儀式」（hannandi）……他首先收集了五根黍莖並將它們切成無數小段。他按每個靈媒身上的鬼魂數目把相同數目的黍段分給他們。再次穿上白袍和白披巾、身上有兩個鬼魂的見習濟瑪拿到兩小段……他們跟著阿達姆·賈尼東哥走出宅院，直走到村外岔路口（一條路在那兒岔成了兩條新路）的一個大蟻丘，然後阿達姆·賈尼東哥命令大家停下。這由一條路岔成兩條新路的路口象徵人世和鬼世融合的所在。阿達姆·賈尼東哥要小提琴手站在蟻丘的東邊，並要靈媒站到音樂師的背後。老濟瑪把見習濟瑪——在她身側站著她的啟蒙師及保護者——移至蟻丘北邊，自己則站到位於蟻丘及村莊之間的蟻丘西邊。〔他〕對著靈媒把指示朗誦出來：「把你的黍段丟入蟻丘，數到三，然後跑回村莊，不可往後看。」所有靈媒都把黍段丟入蟻丘並奔回阿達姆·賈尼東哥的宅院。（Stoller，1989，頁 67-68）

認同所產生的衝擊。

史托勒認為，人世和鬼世的融合意謂的是：彼此迥異的兩個元素在白熾高溫下密合為一而使雙方盡失原性，是一種主動被擄、失去靈魂、以及相互滲透的狀態。濟瑪把靈媒帶到一條路變為兩條路的岔路口，在那裡進行分離和淨化的儀式。靈媒把黍段（其數目相等於那些與他們結合的鬼魂數目）扔到岔路口的蟻丘上，然後逃離融合一體的狀態並回到被區隔和圍起的宅院中。近年來，在受到保羅·康納頓（Paul Connerton）記憶之說[10]的啟發後，史托勒據之在其人鬼世界交融的觀念中加入了一個較關乎個人的面向：個人身心如何合入集體想像所成的象徵系統中（Stoller，個人意見交換，二〇〇七年十月三十一日）。

愛德華·席福林（Edward Schieffelin）警告大家不要把象徵誤認為明喻（similes）。象徵並非單單「意表」別的事物，也不「似如」別的事物。相反的，它們不斷且積極地「把事物帶進意義中」。在探討巴布新幾內亞波撒維山區（Mount Bosavi）卡盧利人（the Kaluli）、於一九七六年出版、具有開創意義的研究中，他作序說：「把事物轉成意義是象徵過程；人之意識藉此過程不斷設法把現象轉變為可理解的形式」（Schieffelin，1976，頁 2）。二十年後，他描述了卡盧利人一場降靈會中的診病時刻；在其中，由一個鬼魂唱出的象徵性語言讓人發現小孩的疾病原來與家人的外界人際關係有關：

10　譯註：英國社會人類學家保羅·康納頓在《社會如何記憶》（*How Societies Remember*，1989）一書中指出：社會的集體記憶非全由文字記載（文本）所維繫及傳遞，也透過社會中形形色色、大大小小的儀式及風俗習慣。儀式與風俗必具表演性質，而社會成員（表演者）無不運用身體動作及身體記憶（mnemonics of the body）以參與其中。他稱文字記載為 inscribed practices，而稱儀式及風俗為 incorporated practices 或 bodily practices，原因就在於後者乃透過人的身體來體現（embody）集體記憶或想像。

圖 2.3 西非法師及驅鬼祭司阿達姆·賈尼東哥一九八七年留影於其位於提拉貝里地區的宅院中。保羅·史特勒博士准予刊印。

　　當一個女人要求瓦力阿（Walia）[11] 讓最具有治療力的鬼魂降臨、好讓她為某個病人求問時，重心開始移轉到疾病上。在眾人還在用粗話大聲笑謔以及男人大喊要去睡覺之際，新的鬼魂來到現場並唱起歌來，而說笑者也很快就安靜了下來。當大家聽出歌內有小鳥、瀑布和旅行這些詩的意象時，他們發現歌聲傳達了一個深層訊

11　譯註：此處所描述的降靈會中有兩個靈媒，其一名為瓦力阿，他因功力較高而受到歡迎和點名。

息。歌聲是針對生病小孩的家人而發的，暗指他們最近跟人發生爭執，致使吵翰的對方在憤怒之餘離開村子到別處住了一陣子。這首歌指出這爭執是小孩生病的原因，因為對峙雙方的怒氣把眾巫婆引到了家人身上。（Schieffelin，1996a，頁74）

對於有人用表演藝術的觀點來詮釋儀式，席福林質疑這觀點是否妥當。如認為卡盧利人的降靈會是一種表演藝術，這會扭曲民族誌學分析必須盡力清晰表達的某些事實。舉例來說，西方的表演理論[12]會認為卡盧利人的靈媒在**扮演**鬼魂並為觀眾創造想像世界時是戲劇表演者，但卡盧利人卻認為鬼魂本身才是表演者。席福林擔心的是：如把西方的劇場表演和非西方情境中的儀式場面混為一談，那不僅會誤解儀式的真正本質，也會曲解參加者用其積極意識參與該現象時所取得的深入體驗[13]。他反而提出一串關鍵「論題」（issues），對之做出註評，用以譯釋每一表演時刻，以便從民族誌學觀點（而非表演藝術觀點）[14]對儀式取得瞭解。在指定「形式」（form）、「權威性」（authority）、「體現」（embodiment）、「歷史性」（historicity）、「示現」

---

12 譯註：西方表演理論源自亞里斯多德詩學中的模仿說（mimesis）或再現說（representation），視戲劇為模仿之作，所模仿者是真實的人生百象。相較於真實世界，戲劇中出現的人物與場景均是假象。假象與真實之對立是柏拉圖和亞里斯多德存有論（本體論）的主題（雖兩者觀點未盡相同），對西方哲學有深遠影響。在席福林看來，卡盧利人認為降靈會所創造的不是假象世界，而是發生於人鬼之間的對談（interview）形式，足以創造新的文化意義。人類學不應先驗地用西方理論框架來探討儀式的表演性，而應從各地民族的文化經驗及儀式現象本身去做細究。

13 譯註：此半句為意譯，原文為……misconstrues the phenomenology of the experience for the participants。二十世紀現象學強調主體意識與客體現象界之間具有直接相與的關係；此種關係所形成的經驗是為 lived experience，對意識來講具有當即性（immediacy）。

14 譯註：為使文意更清楚，括號中文字為譯者加上。

（emergence）為論題[15]、而不視之為人類學的分析類項時，他可以和他的訪談對象一起討論這些論題在多大程度上影響了**他們**對所見之事的認知（Schieffelin，個人意見交換，二〇〇八年二月二十一日）。

在謹慎提出反對看法時，席福林似乎說出了他所關注的一個問題：「戲劇性」（theatricality）一詞傳達了西方人根據其本體論（存有論）在兩種世界中所做的劃分，而幻象世界在這劃分下乃是不具效力的一方。這使得西方學者在做詮釋時把附身儀式類比於西方劇場表演，因而使民族誌學的描述走偏了方向。在另一場合中，席福林也因有人認為波撒維山區居民的「野蠻人行為」具有「戲劇娛樂性」而提出批評（Schieffelin，1996b）。他拿出「模仿」（mimesis）的觀念，反把這種行為描述為「透過模仿來創造文化」（mimetic cultural creation）。艾德琳‧麥斯柯利耶（Adeline Masquelier）也強力提出類似的反對意見；她認為，就算顧及個別文化所獨具的所有特色，詮釋附身儀式還是會為了追求意義而忽略經驗的真實性：

> 這種作法的明顯缺失是容許學者忽略附身對經歷者來講「真

---

15 譯註：「形式」指表演所運用的傳統慣例（conventions），如身體在舞台上的位置、某種角色的特殊扮相與風格等，讓表演者及觀眾對演出之進行持有相似的預期心理。卡盧利人的降靈會雖為即興類型的演出，但仍以慣例維繫其連貫性。「權威性」指儀式演出者的表演能否創造效果而使人信服；成功的演出者往往會因此獲得社會地位及政治權威。「體現」指表演者透過肢體及五官動作（如舞蹈及歌唱）把象徵性事物（鬼魂、巫婆）呈現於人眼前。「歷史性」指每場儀式表演的內容都受到歷史時空背景的影響。「示現」指成功的儀式演出所導出之人鬼世界交錯或新認知產生的時刻。卡盧利人降靈會中主要的示現事件就是鬼界出現於眾人眼前。參見席福林的論文 On Failure and Performance: Throwing the Medium out of the Séance（收錄於 Carol Laderman 及 Marina Roseman 合編之 *The Performance of Healing*，1996）。

的」非常重要。附身症狀不是隨意漂流的符號——它們繫固在「具
有生命的」靈媒身上,而後者在某種程度上控制了它們的產生、
示現和演變……因此,我們的挑戰在於如何解釋附身的「真實
性」,而非僅專注在這現象的「豐富意義」上而予以解釋了事。
(Masquelier,2001,頁 14)

　　珍妮絲・波地從文化象徵系統及道德這兩方面著手,來描述蘇
丹北部何夫里亞特村的扎耳(zar)[16] 儀式如何在幾個層次上發揮治
療功能(Boddy,1989),例如:在某個女人被扎耳奪走懷孕能力
的事件中,她丈夫必須跟她身上的鬼魂進行談判,無意間也因此跟
她改變了關係。兩人在超自然的第三者扎耳面前都毫無招架之力,
因此都不認為自己向對方低了頭;權力平衡得以維繫,婚姻也得以
進入新的一頁。

　　波地認為,何夫里亞特村的扎耳儀式是以結婚儀式進行的附身
儀式。她發現,一場三至九天的扎耳儀式會要求當事人購買燃香、
古龍水、茶葉、香菸、烈酒、獻祭的牲畜、以及鬼魂所要求的其他
個別物品。無論男女,病人全被稱為扎耳的「新娘」,在儀式舉行
前必須禁慾且不可從事體力工作,並在全部過程中與外界隔絕,有
如即將出嫁的處女。到了擇訂的儀式時間,參加者和樂師聚集在新
娘／病人或師卡(shaykha)／扎耳醫師的庭院內;病人面向前門,
樂師坐在她左方,師卡坐在她右手邊,其他參加者圍成 U 字形或
圓形,大家的注意力全都放在有牆宅院的主要入口處。眾人在鼓聲

16　譯註:扎耳一詞有三層含意:惡魔或鬼魂、折磨人的疾病、驅鬼或祛病儀式。

響起時向阿拉及伊斯蘭教聖徒們祈福，隨後一群扎耳在吟唱聲中被召喚出來，樂師開始奏起一連串分別與每個扎耳身分相稱的樂曲（threads）——樂曲的順序大致按扎耳的社會地位排列（因為無形的扎耳世界跟人世十分相似）：聖者、衣索比亞人、西方人及歐洲人、沙漠遊牧民族、西非人、南蘇丹人及黑皮膚非洲人、最後是最底層的巫婆及鱷魚。扎耳一個接一個降臨在一個或多個女人身上。循規蹈矩的扎耳在屬於它的吟唱結束後就會離開寄主的身體，但如果它不願離去，師卡就必須跟它討價還價。在這些過程中，眾人期望「新娘」至少會陷入迷恍狀態一次，藉以證實或挑戰有關她病情的最初診斷。負責任的鬼魂會跟師卡對話，並透過後者的居間協助跟病人對話。在最後一個傍晚，一頭披著傳統紅色雜金色新娘面紗的綿羊或山羊被宰殺成祭品，代表扎耳和其寄主之間的盟約。師卡把牠的血抹在病人額頭上和她身體的所有疼痛處，然後——就像感謝阿拉賜福的正統作法一樣——羊肉被拿去煮成一頓大家將要共享的獻祭餐。第二天早上，大家撕開並吃起被煮過的羊頭，然後在最後的結束儀式中把頭骨帶往尼羅河並丟入其中，再用河水洗淨沾滿血塊的碗。扎耳儀式最後以病人與外界半隔絕七天告終。就這樣，何夫里亞特村民在獻供品給附身於寄主／新娘的鬼魂時演出了人鬼合作，或說以合體形式演出了關係整合。這種具有「合婚」形式的極致整合儀式是何夫里亞特文化的核心，甚至連接受割禮的男孩都被稱作「新娘」。

用社會功能論來分析扎耳附身儀式是不充分的，因為這有可能忽略「個人信念」這個面向。在上述例子中，扎耳醫師無意間讓婚姻中具有潛在破壞力的曖昧因素變成了象徵演出的內容，繼而將之

導入可能為婚姻帶來正向改變的詮釋中。儘管納入了鬼魂語言，該演出未必能解決衝突或消除曖昧因素。它潛在的療效有一部分跟下面的事實有關（開福若也這麼認為）：儀式說出了一個新的可能世界，也說出人在這新世界中自行調整方向的可能方式。在因不孕症出問題的婚姻中，如果丈夫願意相信（也就是接納）專家所闡釋的鬼魂語言，婚姻關係就有可能從自此出現的新意義和新溝通方式中取得養分。

依照波地的看法，扎耳儀式是文化中某些特殊個人才能運用的文化資源。鬼魂必須對那跟它打交道的人具有意義，而所形成的意義乃是人鬼合作的產物，因此扎耳附身的先決條件是被附身者必須能掌握全局。寄主必須具有進入迷恍狀態而同時對四周保持警覺的能力。甚至在鬼魂降臨時，他們都被要求能保持足夠的敏覺、能從別的鬼魂和人類觀眾那裡接收台詞或動作的提示。心理有嚴重困擾的人會專注在自己的意圖上而忽視鬼魂的意圖，以致會被歸類為被誤診者，並被認為陷在個人幻想中，而扎耳儀式顯然不是幻想的產物。或者，他們會被認為在玩弄鬼魂而招惹其怒氣，因而受到眾人責難。能夠成功演出這類戲劇的個人會愈來愈熟悉他們或需扮演的鬼魂「角色」。在她的評論中，波地記錄了她在何夫里亞特扎耳儀式之核心所發現到的存有弔詭（ontological paradox）：「無論扎耳對人再怎麼友好，被它們附身會讓當事人在身心上都經歷到一個弔詭：被附身者在同一時間既是自己、也是異類存有」（Boddy，1989，頁9）。更弔詭的是，被附身者能夠放下他們自己的重要關注而以扎耳鬼魂的關注為重。

在運用儀式表演理論時，波地並未認為秩序或結構高於反結

構（antistructure）[17]。她反而認為村民的鬼魂經驗一方面肯定了他們意識所知的道德宇宙，另一方面也對之做出了批判。她在採用維克多・特納的說法（Turner，1982）時主張：儀式既是「閾限」（the liminal），也是「類閾限」（the liminoid）。它們喚起一些時刻，讓人在其中脫離常態規範，藉此把規範裂解為文化單元而使解構規範成為可能，繼而用新的方式再把這些單元重新組合起來。就其「閾限」功能而言，這些儀式是社會所規定的「生命階段」儀式（rites of passage）；人進入其中，以便在儀式結束後獲得新的社會身分和責任。就其「類閾限」功能而言，它們並不指向社會責任，反含有自行抉擇及遊戲的元素[18]。扎耳鬼魂這意象的目的乃在確認文化對外來他者的看法，因而「雖具顛覆性質，最終仍發揮了社會功能」，是以屬於閾限範疇。但在批判社會、表達革命想法、或暴露社會不公不義時，扎耳鬼魂便屬於「類閾限」範疇。波地說：扎耳儀式因此頗為弔詭地同時具有支持和顛覆性質——它在反映人們對主流文化價值的效忠時具有支持性，在批判社會制約時則具有顛覆性。

17　譯註：為維克多・特納的用語，意指個人之正常人際關係結構（社會地位、社會地位所導致之多重社會身分、法律權利與義務等）的解構狀態。此種混亂、失衡的狀態有可能為個人帶來新生命或為群體帶來新文化。

18　譯註：此處所言重在對比「工作」（work）與「玩樂」（play）。特納認為：閾限儀式雖為集體共與的責任（工作）並依循慣行作法以進行，但在過程中，群體和個人都享有自由、得透過即興及具有創意的玩樂行為把具有顛覆性的新穎因素引進傳統作法中，縱使這些玩樂行為最終仍不得逾越文化所確立的某些規範。工作與玩樂之對立是西方工業革命後的產物，然而傳統部落與農業文化仍在其儀式中同時保有這兩個面向。

人類學的獻禮：使學術研究貼近生命

　　報告附身現象的人類學家都須在兩種相反的途徑間做出選擇：一是出於民族誌學家的衝動，企圖透過詮釋進入他者的概念世界；一是出於解釋現象成因的衝動，企圖建立關乎人類現象的概論。屬於第一種陣營的學者認為人類學是一種探討意義何以形成的詮釋科學（interpretative science），而非建立類科學定律（pseudo-scientific laws）的解釋科學（explanatory science）[19]。他們也認為，人類學試藉「厚描法」（thick description）走入一個最初看來難以看透而怪異的觀念世界（Geertz，1973，1988，2000）。但只要稍微瀏覽一下有關附身現象的人類學文獻，我們就會發現：無論企圖為何，人類學向來都兼用了詮釋和解釋兩種方法，至今仍是如此。

　　路易斯和歐貝斯該里試圖越過文化殊異去建立通用法則。席福林則從相對論的角度提出警告，認為充滿本體論意味的西方詞彙在被用來解釋異類文化時只會扭曲後者；他並指出作為理論基礎的「表演」譬喻——甚至附身一詞的使用——如何扭曲了卡盧利人一場慣行儀式的意義。開福若建議使用現象學方式，以避開本質主義之概論方式與民族誌學之描述方式互相對立的危險。然而，他後來還是從他對斯里蘭卡人召靈法會之作法的觀察中推演出一些想法，用以概括整體人類的意識問題。此外，受後現代主義影響的人類學雖已不再大規模流行使用類比方法，波地在提出「體現」

19　譯註：詮釋型研究著重田野調查，認為不同社會用來創造意義的慣行作法無不受其語言、價值觀及時空因素的影響。解釋型研究之重心在於為現象找出無關個別文化之特殊性的概論。

（embodiment）[20] 及「個人位格」（personhood）這些概念時仍有限度地使用了類比法並為之提出辯解：她容納一種可能性，即身與心的區別「不僅普遍存在於人類思想中，或許對人類健康也至為重要」（Boddy，1999，頁 261）。

波地並非是唯一有這種看法者。凱倫‧麥卡西‧布朗（Karen McCarthy Brown，1991）也曾多次討論過這樣的理論，並論及使用民族誌學之描述框架或不使用這框架的風險。在以民族誌學探討紐約布魯克林區海地人的巫毒教附身現象時，她在書的序言中順口提到：紐約海地人心目中的鬼魂和其他文化中的鬼魂具有非常類似而重要的「原型面向」。但她也承認，她曾特意一方面「避免在不同文化間畫上等號」、一方面又拒絕僅採相對論立場：

　　我多次認為學者們過度強調了個人與個人、文化與文化間的歧異……人類學家認為人心的理解範疇是有限的而文化是多元的。我並不想丟開他們努力於此取得的真知灼見，但我確實想用自己的經歷來平衡這些見解……我不想用理論來描畫出一個界線明確的海地文化、用以取代我自己的經歷——這些經歷無不見證了各種文化持續交疊、甚至不斷混合的情況……一旦人類學長期以來在參訪者和受訪者之間所畫出的界線被破除時，唯一的真理將會位在兩者分界上，人類學也將可能成為具有社會價值的藝術形式之一，可容許人同時用美學和道德觀點來評論它。這情形將更具挑戰性，但它卻能讓學術更貼近生命。（Brown，1991，頁 13-15）

20　譯註：「體現」在此指社會價值觀如何透過人的身體踐行出來，例如何夫里亞特人的女性割禮。施行割禮（象徵女性的靜閉美德）後，女人方能被社會承認為具有位格的個人。

二○○四年時，保羅‧史托勒完全照著布朗的建議，試圖把自己的生命和研究結合在一起。在論及自己抗癌經驗的回憶錄中，史托勒甘冒不是地運用了他從民族誌學觀點對桑海人降靈會所取得的了解，拿它來評價自己患淋巴腫瘤後所接受的診斷與治療過程。在反對西方生物醫學對此疾病所抱持的心態時——他認為那是一種偏頗的好戰心態——史托勒一方面以癌症病人的身分敘述自己所接受的診斷和治療以及繼而發生的閾限經歷，一方面也在這番敘述旁、在具有彌補功能的回憶中想起了「智者老法師」阿達姆‧賈尼東哥。他最終接納了西方醫學，但在並置西方醫學和他對阿達姆‧賈尼東哥的回憶時，他發現自己民族誌學者記憶中的桑海儀式語言擁有了新的身體意義、也深深觸及他在病痛中所面臨的困境：

　　面對一種可以「處理」、但無法「治癒」的疾病時，我開始思索人類學家的責任。我仍應試圖改進社會理論嗎？我仍應書寫「厚描」的故事嗎？癌症已改變了我對事物先後順序的認知。我現在相信人類學家的基本責任乃在運用他們的全般武藝來做見證……這轉向或能最終把我們帶向那難以捉摸而常遭人遺忘的學術終極目的：智慧，也就是能使我們在世上好好活著的識見。（Stoller，2004，頁200）

　　人類學中客觀解釋和主觀詮釋的對立情況也出現在大多數社會科學及一般西方哲學領域中。在精神分析領域，亨利‧艾倫伯格（Henri Ellenberger，1970）認為佛洛伊德的理論是十九世紀實證主義（positivism）和科學主義的繼承者（這就是歐貝斯該里在把佛洛

伊德理論運用到斯里蘭卡附身信仰時創造出概說通則的原因），而榮格心理學在這背景下就顯得較具主觀性。話雖如此，榮格心理學本身不僅用跨文化觀點描述了心靈經驗及實際心理治療工作，也同時藉名稱上具有普世意義的「原型」概念建造了一套心理學理論。在實際作法上，治療師並不會向病人解釋無意識意象存在的根本原因，卻會詮釋它們。但在分析的框架外，榮格仍藉理論不僅解釋了意識，也解釋了難以視透之異類他者的本質──這他者便是透過案主心靈、分析情境中的移情作用、以及各為主體之兩人在面對面時流露出來的無意識。要在這樣的矛盾中、在採用榮格弔詭式的知識論之際以負責任的態度進行工作，心理分析師很有可能會面臨關乎誠正（integrity）和倫理（ethics）的兩難處境（Beebe，1992；Solomon，2004）。

心靈自主的意象創造能力可以跨越自我主體意識與內在他者、或與外在非我世界間的衝突。榮格因此認為心靈具有中介功能，並認為人存在的意義繫乎心靈（*esse in anima*）[21]：

心靈意象超越其本身，不僅指向發生於我們周遭世界的「歷史現象」[22]，也指向人心所具及形上學所說的「本質」（essences）與「共通原則」（universals）⋯⋯心靈意象所發揮的最重要功能可能就在協助個人超越由意識取得的知識。在指向主體意識之外的未知事物時，心靈意象可以成為橋樑，讓我們得以前往浩瀚奧祕的所在

21　譯註：英文為 being in the psyche（the soul）。
22　譯註：原文 historical particulars 指僅發生於當下歷史時刻的種種個別現象，非共通及永恆之事。

（the sublime）。（Kugler，1997，頁 84）

在當前相對論及普同論、解構論及本質論彼此對立的情況下，榮格心理學對於心靈意象的看法可以成為有用的另類思考方式。在保羅・史托勒回想起桑海儀式的那一刹那（他想起的不是儀式演出，而是蘊藏在吟唱聲中的意象），他更提升了榮格的這一觀念。史托勒甘冒不是地認為智慧就存在於這些具有中介能力、由阿達姆・賈尼東哥傳贈給他的意象中。身為西方民族誌學者的他曾在報告中提到這些意象如何把桑海人的過去與未來連結起來，如今身為西方病患的他可以描述這些意象又如何有意義地連結了不同文化。但身為民族誌學者的史托勒對自己的這一發現應不會太感驚訝的，因為在慶祝這種中介能力時，桑海人歷史悠遠的 *genji how* 吟唱形式用語言召喚出的正是神祇恩迭比（*N'debbi*）的意象——祂是桑海人心目中眾神與人類、世界與世界間的橋樑。

可充實榮格附身概念的三個人類學意象

以上在略覽人類學文獻中的附身意象時，我希望能為榮格派分析師提供可能的共識，因為這些意象可成為類喻，能進一步充實及提升榮格的附身概念。這些意象包括卡盧利人儀式中以歌聲唱診的鬼魂、何夫里亞特人儀式中與扎耳成婚的「新娘」、以及告爾市斯里蘭卡人儀式中點亮惡魔王宮的火炬。

席福林認為卡盧利人降靈會中的診斷時刻充滿詩意和和生動的意象。鬼魂在歌詞中用「小鳥、瀑布和旅行」這些象徵回答求診

者的問題；把這唱詞內容移置到人世的觀眾則為診斷做出詮釋，期使意義益發明確，直到他們認為那是無誤的診斷。有趣的是，在席福林所描述的那場降靈會中，參與的鬼魂兼歌者有兩個，但其中之一敗下陣來。席福林用兩種方式報告後者的失敗，藉以表達他對卡盧利人認為鬼魂為實質存有的尊重：首先，他描述了一個在表演中無法吸引及說服觀眾的歌者；其次，他描述了兩個提供不同診斷的鬼魂——透過歌者的互動，這兩個鬼魂向人們展示了鑑別診斷（differential diagnosis）的缺失。以專業倫理去探討卡盧利人虛實觀念的席福林讓我想起榮格對蘇黎士伯格茲利精神病院（Burghölzli Clinic）一位幻覺病人的診斷——這病人認為自己住在月球上、身體被一個像吸血鬼般的男鬼控制著。榮格發現：視無意識意象（即她住在月球上）與外在真實世界（即她實際住在瑞士療養院中）具有同等的存有真實性，這會對治療具有關鍵意義，甚至在專業倫理上也十分站得住腳（Jung，1962，頁128-130）。

從榮格自傳所記載的軼事到目前以榮格觀點寫出的種種著作，我在思索時不禁想問：有多少病歷記述也傳達了席福林在他人類學報告中所展示的誠正精神（integrity）？舉例來說，為了面對席福林典範所帶來的挑戰，榮格學派的期刊在編輯方針中會對投稿者有所要求，即他們在收錄個案資料時要盡量納入不同材料，以遵守倫理原則。換句話說，在病人自述的病史（anamnesis）以及分析師的反向移情作用（countertransferences）外，投稿者或有義務要從位於情結核心的原型觀點去敘述該情結的故事。席福林對卡盧利人意象所做的探討對人類學的附身討論投下重要挑戰；同樣的，他的倫理立場也挑戰了依據榮格附身概念所寫的分析心理學著作。這些著作

會如何受到其作者之本體存有觀的影響而有所偏頗？

照波地的看法，何夫里亞特人認為扎耳鬼魂和其他靈體——如黑皮膚精怪（jinn）[23]——有所不同：前者可透過儀式中的婚禮與人結合，後者則須盡可能加以驅逐。這看法讓我們不禁想起把病人痛苦冠以「中邪」之名的診斷方式。找出附身靈體的正確名字並區分扎耳與黑皮膚精怪——這種診斷方式本身就具有正面意義，而且在我看來，可與榮格對分析過程之相似效果所做的描述相提並論：「真正的象徵——用來傳述心理實情的真正意象——會對無意識因素發揮奇特作用，而這作用多少是由於該因素取得了適當名字而產生」（Jung，1984，頁581）。波地的看法和榮格的描述都與第一章所提到的誤診故事形成對比——在那些故事中，名字反而曲解了悲悼祖父之死或充滿情慾幻想的心理事實，甚至還曾因情慾幻想一發不可收拾而需抹煞其事實。（第三章將討論美國精神醫學學會的《精神疾病診斷與統計手冊》是否也有相似問題。）在波地詳細的描述下，扎耳鬼魂的個別名字一旦獲得確定，與扎耳鬼魂成婚的意象便能讓受苦者在地位上取得具有弔詭意義的正面改變。在意象透過儀式被體現後，鬼魂將不單掌控受苦者，也將容許自己被召出，而這交互作用便有可能帶來正面改變。波地在這交互作用中不僅發現了參與及強化社會共同價值的閾限時刻，也發現了推翻集體價值觀的類閾限時刻。在她的描述中，何夫里亞特人的合婚意象既強化、也推翻了它自己。

開福若認為告爾市斯里蘭卡人把同樣會創造幻象、但目的不同

23　譯註：何夫里亞特人將精怪分為三類：於人無害的白皮膚精怪、危害人類的黑皮膚精怪（惡魔）、以及最常見的紅皮膚精怪（或稱扎耳；紅色象徵血與繁殖力）。

的惡魔和神祇做出區分。惡魔無法轉化，也無法在宇宙尊卑秩階上換取較高地位，只會強化那發生於低層次宇宙的混亂。被稱為「惡魔意義闡釋者」（scientists of spirits）的斯里蘭卡驅魔師點亮惡魔王宮，藉此改變受苦者對自己痛苦所持的看法；他們所看重的不是驅逐暴虐的惡魔，而是把它置於神界中，讓人發現疾病與健康、混亂與秩序之間的關係。開福若認為斯里蘭卡人的這一意象對西方理論別具意義：

在寫此書時，我知道非西方的儀式及療癒方式對西方人具有很大的吸引力。它們提供了解決人心苦惱的另類方法以及解開個人束縛的另類途徑。此外，它們也挑戰了西方的科學理性主義——許多人都認為這理性主義不僅是個人痛苦的起源，也是多數由西方人所導致之破壞現象的根由。出現於當前人類學研究中的一些後現代主義思維延續了這類批判。無可置疑的，由維克多‧特納所啟發、繼而影響我的人類學研究，已開始聚勢攻擊科學理性主義，並要求我們採行其他途徑，例如佛洛伊德和榮格的途徑——後者尤其重要，因為他從西方以外的文明汲取了極為豐富的材料。（Kapferer，1991，p. xx）。

就像開福若，榮格認為：在某種程度上，西方人對非西方儀式的著迷意謂他們在生命本質上撞遇了外在「異我者」。他同時思索的一個問題是：這種著迷要到何時才會被發現是一種逃避、也就是不願克服困難去接納內在「異我者」，如我們在自相矛盾的西方意識中所見到的？在結合人類學研究時，佛洛伊德和榮格企圖把心理

學變成實證科學，藉以鞏固心理學。但開福若指出，人類學也啟發了他們，使他們發現自己的心理學可如何治療西方文化、發揮彌補作用。在人類學以想像力回應不同文化經驗的作法當中，佛洛伊德和榮格發現那種回應方式也可被運用在集體人心的治療上，因為它所顯示的正是精神／心理分析師所稱的反向移情作用，可用來回應並治療西方社會中具有破壞性的偏頗心態。

克勞德・李維-史陀在思索這偏頗的文化心態時說：

我們會忍不住〔把社會類型〕分為相反的兩種：一是有食人風俗的社會，認為唯有吸納危險人物才能抵消其危險力量、甚至使之變為有益；一是像我們一樣的社會，採行的是吐人風俗（anthropemy；本字字尾出自意為「嘔吐」的希臘文 *emein*）。在遇到同樣問題時，後一種社會選擇相反的解決之道，也就是把危險人物逐出社會生命共同體，使他們暫時或永遠被隔絕在特設機構中、無法接觸其他社會成員。（Lévi-Strauss，1955，頁 388）

在用拉岡心理學探討盧登附身事件時（見第一章），米歇爾・德沙托運用了李維-史陀從結構主義觀點在吞食和嘔吐之間所做的區分（Michel de Certeau，1970，1975）。對於附身所導致的痛苦，德沙托建議兩種回應方式：吐出並驅逐那被視為他者的靈體，或者吸收、實質上包容並整合該靈體到己身，藉以抵消並甚至利用其危險力量。西方基督教世界的大多數宗教圖像證實了偏向排吐的心態。但在盧登附身事件中，不依常規行事的蘇罕神父賦予自己一個中介者的身分，承擔（吃下）附身的魔鬼並同時引入宗教神祕主義的語

彙，讓琴‧德尚哲最終得以重寫（並包容）她的附身經驗。

　　李維‧史陀所做的區分以及德沙托所做的建議使我生出如下想法。一方面，身為佛洛伊德主要詮釋者的拉岡把精神分析學從實證醫學的詮釋中解放了出來——在該詮釋下，佛洛伊德對無意識的探討顯得以排他為重，把所有難以應付的心理症狀視為必須逐出的異類成分。在另一方面，榮格用「個體化」來稱呼心理的生命過程；在這過程中，個人必需辨認及盡可能整合原本具有危險性及挾制力的無意識情結，使之成為意識的一部分。榮格曾認為煉金術中「兩極合婚」（marriage of opposites）的意象是這目標的最佳象徵。然而，在一九五二年開始寫《基督紀元》（Aion）一書的當時，他雖費盡力氣來擴大和修飾這想法，卻未再使用「合婚」意象來象徵秩序和完整，而認為「合婚」代表了對立事物間錯綜複雜、永無終止的交互作用現象（Henderson，2003）。

　　布魯斯‧開福若、保羅‧史托勒、愛德華‧席福林以及珍妮絲‧波地這幾位人類學家所做的研究令人佩服並具有啟發性，使其他領域中研究附身現象的學者受益良多。使他們能夠重設框架而為閾限及類閾限、秩序及混亂、意義及無意義、旁觀詮釋及以身親驗（interpretation and embodiment）這些相對觀念創造並存空間的，就是他們在田野工作中與他者交遇的經驗、以及他們面對自己領域中爭持不下的理論時不抱守定見的態度。從他們對附身所做的研究中，榮格學派的分析師及理論家都可學到許多東西，其中最重要的就是如何不畏困難、持守專業倫理去對抗偏頗心態、並繼續開啟更多可讓雙方互感驚訝的空間。

克拉克會議之後：恢復友好的可能性

在一九〇九年的克拉克會議上，法蘭茲‧鮑亞士（Franz Boas）謹慎地把人類學從心理學及精神分析學的本質主義傾向移開。一個世紀後，在描述非西方情境的附身現象時，許多西方人類學家也同樣試圖不去採用心理學的觀點，因為他們發現心理學語言喜歡把現象解讀為疾病。席福林說：在他廣泛的田野經驗中，靈媒的迷恍狀態「並未被視為病態。事實上，他們自動進入這狀態，利用它來向鬼魂討教治療方法」（Schieffelin，個人意見交換，二〇〇四年六月二日）。因此，在報告自己的觀察時，他會盡量小心、不在某文化不以為病的現象上冠以疾病之稱。頗具反諷意味的是，常用本質論觀點探討現象的榮格在他立論的核心也不認為附身是種疾病（Jung，1973，卷二，頁 104）。在探討各種被他們稱為「附身」的舉止、疾病和意識變異狀態時，開福若和席福林這些人類學家發現榮格心理學頗值得參考，因為榮格在描述中邪的心理經驗時雖利用原型意象來表述意識、自我認知、以及無意識在心靈內以他者身分出現時所導致的個人感受，但他並未判定中邪經驗就是疾病症狀。

不同領域恢復友好並不等於合併。就像在國與國之間建立溝通管道一樣，彼此接近的過程雖充滿困難，但困難反能修正雙方的連結和差異。開福若之所以不認同歐貝斯該里把佛洛伊德理論應用到斯里蘭卡人的附身現象，原因是這會導致普同論主張。他也同時從表演理論（performance theory）轉向到慣行作法理論（practice theory），不想讓他的研究沾上異國奇特文化和神祕主義的色彩，

　　　　　　　　附身：榮格的比較心靈解剖學

因為他發現表演理論的運用常會帶來這些色彩。席福林也排斥佛洛伊德理論和表演理論，因為無意識和戲劇表演這兩個觀念曾使他的報告有所偏頗，致使表演者似比鬼魂更具存有真實性。在賦予兩種領域——身與心、形物世界與想像世界——相等的存有真實性時，榮格曾面對被人斥為神祕主義者的風險，但他還是依照這看法去琢磨他的心理學、思索西方意識的問題、以及處理自主情結在挾制人心時所造成的痛苦。跟德沙托一樣，榮格所探討的是無意識——西方文化所稱的「他者」——的動態本質。也跟現今人類學家一樣，他認為西方人不加思索就從文化他者挪用它們的慣行作法是出自逃避心態、企圖迴避西方社會常見之分裂意識所帶來的「兩難困境」。由於現今的榮格派理論家及分析師依然置身在這困境中，他們應跟人類學家交換意見，因為後者在蒐集他們用民族誌學寫出的他者「厚描」、述說他們在田野工作中所產生的「反向移情作用」、改進他們結論的同時，也必須在兩難矛盾間確守一條倫理防線。

　　鮑亞士在主張人本觀點（personalistic perspective）[24] 和本質論觀點（essentialist perspective）互不相容時有其目的，致使人類學、心理學和精神分析學在一九〇九年克拉克會議上終於分道揚鑣。在回顧鮑亞士的演講時，人類學家布萊德・蕭爾（Bradd Shore）試圖一面採用人文主義的修辭來詮釋文化，一面又依循實證科學方法做出關乎人心的概論。對他來講，「在描述人性特質時，心理一

24　譯註：指鮑亞士在其文化相對論中強調研究者需用感同身受的同理心去了解他者、進而充實自我了解（包括對自我所屬文化的了解），有別於講究「客觀」、不涉情感的實證科學方法。本質論和實證科學所強調的即為可涵蓋一切現象的通則。

致性或心理多元性這兩種相反說法事實上乃源自一種假的二分法和一種過度偏重本質論的生物學」，因此他把人類認知的地域性差異和人類認知的普同處全都歸因於「人類神經系統的共有構造」（Shore，1996，頁312）。例如，在利用拉可夫和詹森之認知科學所提出的隱喻理論時（theory of metaphor，Lakoff and Johnson，1980/2003），蕭爾認為有許多「作為認知基礎的意象基模（image schemas）」存在於人心。他利用它們來建構一套理論，視文化差異為人心在組構世界時製造出來的東西。依照他的看法，相異的文化模式其實同出一源而具有相似處，「因為它們都是根據〔這些〕共同的基模組構起來的」（Shore，1996，頁312）。

對於極可能具有普同論意味的「原型」概念，榮格派分析師（Jungians）曾利用同樣的認知學研究來澄清其中岐義，試圖為先驗的固有結構（pre-experiential innate structures）和後驗的心理運作模式（post-experiential internal working models）分別給予不同定義（Knox，2001，頁629；2004a，2004b）。後榮格派分析師（post-Jungians）也曾以清晰論述說明榮格在多大程度上認為原型是具有組構功能的人心天然傾向，而非繼承而來、不變的基因結構。因此，大致說來，榮格派分析師和後榮格派分析師應都會認為蕭爾根據認知學研究在人類學中提出的「意象基模」觀念非常有用。同時，相較於「意象基模」，「原型」一詞可以讓榮格派分析師較精確地把整體組構過程中的靈啟或情感面向傳述出來。正如蕭爾自己所說，「社會成員並無法清楚認知」這些靈啟或情感面向，「親身體驗過它們的人也無法用語言清晰表達它們」，而它們「一般也只出現在傳統宗教的神話和儀式中」（Shore，1996，頁366）。對此

有相同看法的榮格派分析師和人類學家應能找到對話基礎，並在討論各自的用詞如何運作時可以互相切磋受惠（見第四章）。

認知學研究在啟發人類學時也使後者重新思考「神祕相與」（participation mystique）這個由法國哲學家暨民族學家魯祥‧李維-布魯（Lucien Lévy-Bruhl）在二十世紀早期提出的概念。「相與」意指主客體間因相互認同（史托勒會稱之為「交融」）而具有的直接關係。英國人類學家們——除了著名的愛德華‧埃凡斯-普利查（Edward Evans-Pritchard）和羅德尼‧倪登（Rodney Needham）之外——無不猛力抨擊李維-布魯，認為他在描述這概念時所涉及的演化論（evolutionism）既「原始」又「邏輯未開」（prelogical）。他因而最終揚棄了自己對這概念的的大部分想法。然而，最早在一九五五年，榮格就開始為李維-布魯辯護，認為他在人類學中所提的「神祕相與」在心理學上是站得住腳的。對榮格來講，比起心理上的「缺乏理性」或「違反理性」（也就是違離亞里斯多德的無矛盾法則），「相與」較不那麼邏輯未開或缺乏邏輯。榮格也為李維-布魯向批評者低頭並拿掉「神祕」這個形容詞感到遺憾，因為這兩個字恰能把主客體相互認同中的情感特色表達出來：

「神祕相與」受到民族學家的駁斥，因為他們認為未開化人類頗知如何分別事物。沒有人能否認這一點，但我們也不能否認一件事：對未開化人類來講，無從相比的事物之間或存在著同樣

於理不合的可相比基準（*tertium comparationis*）[25]……此外，「無意識認同」（unconscious identity）是心理治療師每天都需面對的心理現象。某些民族學家也曾排斥李維-布魯所提、跟「相與」有密切關係的「邏輯未開狀態」（état prelogique）這概念。這用詞聽來讓人很不舒服，因為未開化的野蠻人自有他獨特的、但跟我們一樣合乎邏輯的思考方式。在我跟李維-布魯的私下談話中，我發現他深知這一點。他所說的「邏輯未開」是指未開化人類的信念往往極端怪異——雖不應被稱作「邏輯未開」，但這些信念的確「不合理性」。（Jung，1955，段336，註662）。

在榮格派分析師的圈子裡，許多爭議都因榮格挪用了人類學所棄置的這一概念而起（參見 Shamdasani，2003；Segal，2007；Bishop，2008）。有些榮格派分析師仍然借用「神祕相與」這用語，其他人則採用梅蘭妮・克萊恩（Melanie Klein）的「投射認同」（projective identification）概念，視之與前者同義。根據史提芬・佛勞爾的看法（Steven Flower，2006），克萊恩的用詞之所以會在探討人格發展的榮格學派著述中取代榮格的用詞，有一部分原因是：榮格派分析師試圖用更具有科學嚴謹度的論述來重寫他們的

25　譯註：作者所引用的本段文字取自榮格的《神祕合體》（*Mysterium Coniunctionis*）一書。榮格用本段文字註釋其書中的第 336 段文，而該段文係從心理學角度解釋為何煉金術師會在不能相比的化學物質和靈性之間畫上等號：由於化學物質極難令人理解，它們立刻成為了煉金術師心理投射的對象並染上無意識內容的性質，因而在人心與物質之間發生了無意識認同、「神祕相與」之事。榮格隨即以此註釋說明「神祕相與」一詞是他從李維-布魯那裡借來的，並指出這用詞受到民族學家的駁斥。為求文意清楚，譯者把原文 that incommensurable things can have, for them, an equally incommensurable *tertium comparationis* 中 incommensurable 一字分別譯為「無從相比」及「於理不合」。在牛津字典中，incommensurable 一字有兩個字義：「無法相比」和「不合理性」。

概念而使之具有正當性。在談到自己的臨床經驗時，佛勞爾做了一個假設，認為克萊恩和榮格的用語或許描述了兩種不同的相與。投射認同用迴避心理把無法忍受的無意識內容投射到外在他者身上；如接收的他者能適當改變其訊頻，這些內容就有可能在受到調整後反射回去。「相與」所描述的主客體交融事實上是一種單方的片面認同，有可能是迴避性質的，也有可能是具有積極意義的靈啟經驗（在利用夢象探討移情及反向移情關係中的兩難情況時，榮格曾對此詳加描述）。當威弗烈・比昂（Wilfred Bion）這位研究「他我關係」（object relations）[26] 的理論家把人際元素或「互為主體」之概念引進克萊恩的投射認同概念（此概念視投射認同僅發生於個人內心）、認為投射經常詭異或命中註定地落在某個恰恰好的對象身上時，他或許就在承認這兩種相與形式的存在。

要在人類學中重新肯定李維-布魯，我們就須擺脫一個觀念，不再認為「相與」這種心理功能僅跟單一人群（即未開化人類）有關，也不再認為它是一種「低等於」我們稱為理性的人類認知形式。蕭爾說：「相與」類似於以類比方式進行的基模組構過程（process of analogical schematization），而這過程就是人類用以建構意義的共同基礎。在討論李維-布魯的「相與」概念及它可能就是認知（perception）最大特色的事實時，現象學家莫里斯・梅洛-龐蒂（Maurice Merleau-Ponty，1945/2002，頁 162）及哲學家大衛・亞伯拉罕（David Abram）同意了這一見解：「就其本質而言，認

26　譯註：本理論強調嬰兒與父母或主要照顧者──亦即重要他者（object）──的互動關係對個人人格的未來發展具有決定性影響力。中文譯者多將之譯為「客體關係理論」，字意不明確，譯者在此予以改譯。

知經驗總離不開身體感官與身體所感知之事物間的交互作用和合而為一」（Abram，1996，頁75）。此外，人類學也讓我們看到某些文化比其他文化更看重這種認知過程（Shore，1996，頁28, 314）。人類學現在可以問榮格派分析師的問題是：為何西方文化會認為它們所不看重的某些認知方式是病態的？這種視人有病的作法會造成什麼心理效應（見第三章）？

　　人類學和分析心理學也可在飲食失調症（eating disorder）的研究中彼此切磋互惠。珍妮絲‧波地在教學時發現：如果她把人類學對何夫里亞特人扎耳儀式之體現問題所做的探討相比於西方社會對神經性厭食症（anorexia nervosa）所做的分析，學生就較容易掌握要點。她認為：在厭食症患者身上，自我與身體疏離的感受反而特別透過身體表現出來——他們感受到的不僅是飢餓，還有其他身體知覺，如疼痛、寒冷和高溫，而這一切都從外面侵犯自我。她認為這現象與扎耳儀式入門者體驗鬼魂的情形有相似之處，並說：「附身與厭食症的一個差異，可能就在於西方缺乏足以正視這病症背後之複雜文化意義的治療儀式。」她的感嘆是，這種治療儀式原可經由反向模仿（counter-mimesis）來抗衡習見的身心症現象，也原可「在『身』與『心』之間開發出較健康的距離」（Boddy，1999，頁262-263）。

　　如果波地把她人類學家的凝視投到分析心理學治療方法的聖所（temenos）、模仿（mimesis）和統合（synthesis）這三個要素（見第五章），她會不會發現分析心理學的治療方式就是西方的「治療儀式」？畢竟，榮格的附身概念就是建立在一個重於創造安全空間及儀式化空間、分析者與被分析者在其中互為主體的實際作法

上，而這樣的空間讓人可透過「積極想像」（active imagination）[27] 及分析過程中的移情作用取得具有療效的分辨能力，繼而重新整合「身」（body）、「心智」（mind）、「靈魂」（soul）和「精神」（spirit）。曾著述討論神經性厭食症的榮格派分析師們也用過類似的說法描述他們的工作（參見 Woodman，1980，1982；Schaverien，1995），而醫療人類學家羅倫·利托伍德（Roland Littlewood）也堅稱，如要描述西方特殊文化背景所致的飲食失調症，西方精神病學應會發現「附身」是一個最為有用的詞彙（見第三章）。

人類學家暨藝術家吉娜·阿先娜·尤里西（Gina Athena Ulysse）想像了另一種形式的恢復友好，即介於論述（the discursive）[28] 與抒情（the expressive）之間的人類學著述。在她的民族誌學研究《市集中心的女人們：自僱的商品進口商，一個海地人類學家，以及牙買加人的自我建構》（*Downtown Ladies: Informal Commercial Importers, A Haitian Anthropologist, and Self-Making in Jamaica*，2008）中，尤里西探討現代牙買加市場女商販被文化所賦予的角色、以及她們如何在複雜的政經環境中為自己再造新的角色。在重繪這些女人時，尤里西採取了路易斯在探討扎耳儀式時所用的結構功能論觀點，視她們遠比傳統看法所認為的更具有社會影響力和心理能力。尤里西也寫自傳性小說，記錄及反映她所承襲

27　譯註：為榮格用語，指透過隨興之舞蹈、繪畫、寫作、雕刻、音樂等行為將個人無意識中某些內容傳達出來、藉以轉化意識的方法。

28　譯註：此為法國哲學家傅柯的用語，指構成各類知識之權力架構的語言及書寫形式。傅柯的英文譯者以 discursive 一字做為傅柯所用之 discourse 一字的形容詞。參見傅柯著作 *The Archeology of Knowledge*。

的海地文化，尤其與她家族成員有關的那一部分——根據巫毒教的說法，這些家族成員都曾是「鬼魂的僕人」。不久前，尤里西說她的作品具有跨領域和表演性質，目的在質疑後殖民時代中的政治與經濟、評估她自己在使用自傳作法時所預設的立場、以及連結非我（the objective）與我（the subjective）。

　　二〇一四年在加拿大蒙特婁市（Montreal），尤里西初次演出她的作品〈巫毒娃娃：假若海地是個女人：論 *ti Travay sou 21 Pwen* 或非虛構現象中的一個異類化本地人／一個異類選項〉（VooDooDoll: What if Haiti Were a Woman: On Ti Travay Sou 21 Pwen, or An Alter [ed] native in Something Other Than Fiction），在其中運用了她在女孩時期從名為安瑪莉・哲輝的法國天主教教會學校學到的十字形刺繡技巧。她在祖母的一件衣服上繡上使用過voodoo 一字之所有紐約時報文章的刊登日期，用以演出她所說的「vodou 母音的改寫現象」。這些母音曾遭歐洲殖民主義的貶抑，因此尤里西希望用這方式在集體想像中重新啟動 vodou，讓它成為一種具有潛在療癒功用的附身儀式。她希望她的觀眾——就像研讀她民族誌學著作的讀者一樣——能發現她並非在發表「新的還擊之道或另類見解」，卻在面對殖民者的立場，以便把分散於四處的被肢解之苦縫合為一整片，以喚起對完整的渴望：「我收集了我稱之為民族誌學可收藏品的各種東西（也就是那些太具私人性質、太不成熟或看來太瑣碎、因而不適合出版的多餘零星資料），然後回收利用它們」（Ulysse，2015）。透過一系列表演，尤里西以自觀意識把一條綿長不斷的線織入祖母衣服所代表的文化傳承中，不認為自己是巫毒儀式的法師，卻自視為一個造橋者或「修補者」

圖 2.4 〈巫毒娃娃：假若海地是個女人：論 *ti Travay sou 21 Pwen* 或非虛構現象中的一個異類化本地人／一個異類選項〉。露西・古利安諾（Lucy Guiliano）攝影，吉娜・阿先娜・尤里西准予刊印。

（redresser）、一個試圖扮演學者的搞怪藝術家（或倒過來講）。

　　若從榮格的觀點來看，我們會發現，人類學可說在社會中一直扮演了發揮彌補作用的整合者角色。當人類學家在他們的民族誌學描述中細究文化他者以及他們的個人回應和詮釋時，他們非常類似於寫下病人夢境及自己的反向移情作用、並視之皆為無意識（即他者）形現的分析師。人類學家和分析師都朝完整做努力，而前者可在下面兩個問題上對後者多所啟發：分析師所要上演之「治療儀式」的文化脈絡，以及他們在面對未知事物時應如何確立倫理態度。對榮格派分析師而言，他們的挑戰並不在於誤用人類學，因為就這點而言，榮格常能告訴我們不該做什麼。在心理治療的權力愈來愈移轉到心理治療師、臨床心理學家和保險公司的當前，最能教導心理治療師有效作法的就是人類學家。

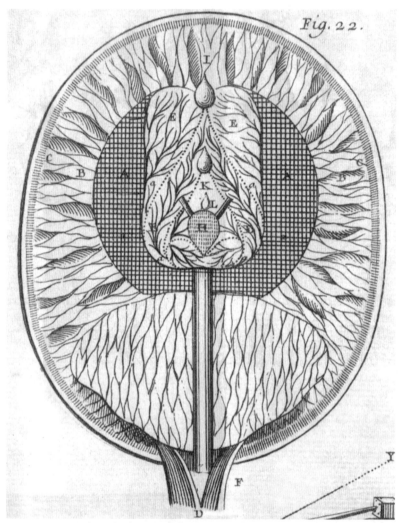

圖 3.1 笛卡爾所繪之人腦圖。《笛卡爾論人體及胎兒之成形》
（*L'Homme de René Descartes, et la formation du foetus*，1729 年巴黎
Compagnie des Libraires 書店印行）書中第二十二圖。美國維琴
尼亞大學克勞德摩爾公共健康科學圖書館歷史文庫（Historical
Collections, Claude Moore Health Sciences Library, University of
Virginia）准予刊印。

「附身」一詞進入精神醫學：
認知突破，抑或挪用兼併

　　本質上，科學精神就是在導正知識、擴大知識體系、並在非難自己過去的歷史中對之作出評斷……科學認為真理就是在歷史某階段糾正某一長久存在的錯誤，並認為經驗即意謂糾正最初的集體錯覺。整體而言，科學的思辨活動就在用辯證方式創造這種知識差異、開拓已知世界的疆界。反思的本質就是瞭解自己尚未瞭解之事。

　　──葛斯東・巴西拉，《新科學精神》（Gaston Bachelard，*Le Nouvel Esprit scientifique*，Mary Tiles 英譯，1984，頁 177-178）

診所不一定是觀察疾病的最好地點……
診所、實驗室和病房的設計全是為了約束行
為、使行為調整於一定的目標，但其設計的
真正目的卻是要完全消除那個行為。這些地
點是為有系統、講究科學、僅重固定檢測及
作業的神經科學研究設計的，而非為開放、
重視自然形式的神經科學研究……詹姆斯·
巴金森（James Parkinson）並非在他的辦公
室內畫出那以他為名之疾病的輪廓，而是在
倫敦人來人往的街道上。要全盤瞭解巴金森
氏症，醫師必須走入世界去觀察它。如果這
就巴金森氏症來講是正確的，那麼對妥瑞氏
症、尤其極端形式的妥瑞氏症（也就是病人
幾乎完全受制於強迫性模仿動作的狀況）來
講豈不更為真確？

　　　　　　　──奧利佛·薩克斯，〈附身〉

　　　　　　　（Oliver Sacks，Possessed，

　　　　　　　　　　　　頁 18-19）

在人類學家布魯斯・開福若的著作中，告爾市斯里蘭卡人的惡魔意義闡釋者透過診斷儀式，在點亮惡魔王宮後改變了被附身者對己身痛苦的看法。他們並未驅逐惡魔，反而把惡魔置於神界中，讓人發現疾病與健康、混亂與秩序之間的相關性。歷史學家米歇爾・德沙托則強調：盧登鎮驅魔師在做診斷時把他們想要減輕的痛苦置於既定框架中，利用他們的主要診斷工具《邪巫之槌》去非難被邪靈附身者的某些經驗，同時又強力支持（但也扭曲了）其他經驗。當今的西方精神醫學評估是否也在做同樣的事？精神醫學論述能否充分說明精神疾病中的混亂情況？在不認可某些痛苦形式時，它的語言又如何認可卻同時扭曲了其他形式？「附身」這用詞可以幫助精神醫學反思並匡正它的診斷方式嗎？

美國精神醫學學會（American Psychiatric Association，APA）出版的《精神疾病診斷與統計手冊》（*Diagnostic and Statistical Manual of Mental Disorders*，DSM）是訂立標準的法典，目的在解決精神疾病分類系統之建立（classifying）及疾病類別之鑑定（categorizing）必會遇到的難題。*DSM* 自述的宗旨是「廣納所有疾病種類」（nosological completeness）和「兼顧文化差異」（inclusiveness），因而其論述會反映這宗旨蘊含的對話性或矛盾性[1]。但在運用 *DSM* 的對話性論述時，精神醫學卻仍沿用了實證主義的偏頗觀點來鑑識精神疾病，視它們為人類所共有而不與個別文化相干。*DSM-IV*（APA，2000）在其所列的解離障礙症（dissociative disorder）類別

1　譯註：這裡說的矛盾性存在於「廣納所有疾病種類」和「兼顧文化差異」這兩個概念之間，因前者勢必會忽略文化差異。對話性則指「兼顧文化差異」而言。參見本章「榮格的情結理論」部分第一段。

下引進了「附身」一詞[2]、視之為一種精神疾病。這意謂了認知突破的可能性，原本可讓精神醫學對其論述中的主觀認定、以及它做為一種文化實踐而必有侷限的事實取得更好的了解和評估。榮格的附身概念原也可能有助於這一知識導正及認知改變的過程。但不幸的是，為了某種政治意圖，*DSM-5*（APA，2013）在論及「附身」一詞時所做出的修訂挪用兼併了這個用詞，因而消弭了它對精神醫學診斷所具有的顛覆性挑戰，且使之變成了成規下的一個慣常用語。

「附身」一詞進入 *DSM*

一九九二年，*DSM-IV* 的編輯委員會建議在〈附錄 B：有待進一步研究的準則組軸〉（Appendix B: Criteria Sets and Axes for Further Study）中加入一種新的解離障礙症並名之為「解離迷恍症」（Dissociative Trance Disorder），試將它並行於世界衛生組織於同年先行出版之《國際疾病分類手冊第十版：精神與行為障礙症》（*ICD-10 Classification of Mental and Behavioural Disorders*）所舉列的一個類似疾病項別。

被建議列出的解離迷恍症基本上以非出自病人本意為主要特

2　譯註：「附身」一詞於 *DSM-IV* 被歸類在 Dissociative Disorder Not Otherwise Specified（DDNOS）下，被稱作解離迷恍症（Dissociative Trance Disorder，DTD）或附身迷恍現象（Possession Trance），並被認為是亞洲最常見的解離障礙症（Dissociative Disorder）形式。*DSM-5* 對此所做的修訂是：附身迷恍現象被更名為病態附身迷恍現象（Pathological Possession Trance，PPT），隸屬於 DTD 之下，類似於身分解離障礙症（Dissociative Identity Disorder，DID）或傳統所說的多重人格障礙症，而有別於心智未受挾制的解離式迷恍現象（Dissociative Trance Without Possession）。由於 PPT 發生於三百六十多個社會中，而 DID 或多重人格障礙症多見於西方世界，因而其診斷準則多根據西方現象而訂，致批評者對此種以西方觀點做出的分類產生疑慮。

徵，是神恍或被附身者身上所常見的。編輯委員會首先強調：這種障礙症是自然發生而非個人有意造成，並且「不為集體文化或宗教習俗所容，會造成臨床所說的重大痛苦或功能受損」。但委員會又補充了一句：「曾經歷社會規範所允許之迷恍狀態或附身迷恍狀態的某些個人，也有可能發展出痛苦和功能受損的症狀，因此〔也〕可被納入這被建議的障礙症類別中」。他們認為，「病態附身迷恍現象」（pathological possession trance）的典型特徵乃在於「少數幾個（一至五個）接續出現、而非同時出現的作因（agents）」。在接下來的描述中，這些作因大體上就是具有靈性本質、源出病人體外、並被病人覺得對他懷有敵意（APA，2000，頁 783-785）的存體。

艾哲・卡德納（Etzel Cardeña）是 *DSM-IV* 解離障礙症工作小組的一員。他在為解離迷恍症的診斷準則調字遣詞時提到：這些準則同時適用於迷恍症（意識狀態雖然改變，但身體之身分並未被取代）及附身精神官能症（身體身分一部分或全部被取代，並有失憶現象）（Cardeña，1992）。這套準則後來又在文化認可的意識變異狀態（如宗教神啟及／或某種治療方式所導致者）以及偶發的病態意識變異（peripheral pathological alterations of consciousness，自然發生並發生於儀式框架外，不受個人意識掌控，因而造成適應不良和痛苦）兩者間做出明確劃分。這套準則將在多重人格／身分解離障礙症的慢性過程（病人在幼年時曾遭身體虐待和性虐待）、以及病態附身現象所常見的急性發作之間做出劃分，也將劃分附身精神官能症的妄想和精神病病人的附身妄想，並把思覺失調症（schizophrenia）、具有精神病特徵的情緒障礙症（mood disorder）、短暫精神病發作（brief psychotic disorder）分列在不同的疾病類別下，而卡德納在做如此分類時全賴他自己一人之力。在主張把解離迷恍症納入 *DSM* 的未來版本時，卡德納最主要的論點是：我們有必要區分所有這些精神病態；如果區分是可能的，那麼所提議的診斷準則就能描述某種獨特的障礙症。

羅伯托‧路易斯-弗南德茲（Roberto Lewis-Fernandez）也是

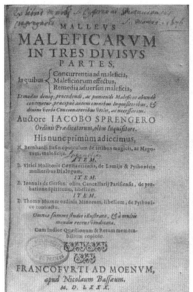

圖 3.2，3.3　左圖為一五八〇年於德國法蘭克福市（Frankfurt am Main）再版之一四八六年版邪靈附身診斷手冊《邪巫之槌》的扉頁；弗朗索瓦‧密特朗媒體圖書館（Médiathèque François-Mitterrand de Poitiers）奧利佛‧努易（Olivier Neuillé）先生准予刊印。右圖為《*DSM-IV* 精神疾病的診斷與統計》修訂版中文版封面，本圖版權屬於合記圖書出版社（原書圖片版權所有者為美國精神醫學學會）。

　　　　　　　　　　附身：榮格的比較心靈解剖學

DSM-IV 解離障礙症工作小組的一員。他說：精神醫學的診斷必會偏重官方所訂的病症定義，但診斷解離迷恍症的準則應不止於此（Lewis-Fernandez，1992）。他把西方的精神醫學對比於「在地」分類法（indigenous classifications）——後者既從文化脈絡、也從正式的疾病特徵描述中尋找證據，以區別病態與常態。路易斯-弗南德茲在做此對比時援用了相對立的「觀察者」與「被觀察者」視角之說（etic versus emic perspectives）——這是語言人類學家肯尼斯·派克的首創之見（Kenneth L. Pike，1954；詳見 Pike & Janowsky，1996）。路易斯-弗南德茲認為：要讓「觀察者視角」成為全球性作法，西方精神醫學必須透過臨床經驗來描述及評估每種精神病態可能存在的特徵；為求完備，它的疾病分類學必須為附身精神官能症保留一個診位。但他也指出，肯尼斯·派克在說到「觀察者視角」時認為與之相反的視角——以被觀察者視角來發現文化本然的複雜性與殊異性——也是必要的。這位民族誌學分析家在他身歷其境所做的研究中明示了「被觀察者視角」的重要性，視之與正式疾病分類學的視角互補。路易斯-弗南德茲因此認為，若無「個別在地文化」所提供的互補角度，臨床醫師就有使用集權式疾病分類學的危險。他建議精神醫學在概念上應保留「觀察者視角」以及「被觀察者視角」、正式（或描述性）疾病分類學以及在地（或文化情境）疾病分類學之間的區別。然而，在為解離迷恍症設定診斷準則時，路易斯-弗南德茲所支持的 *DSM-IV* 並沒有區分這兩種疾病分類法，也沒有提醒讀者它事實上仍偏重正式分類法而忽略文化差異性。

　　路易斯-弗南德茲的主張讓我們留意到 *DSM* 編輯方針的問

題。在眾多批判聲音中，最具有說服力的是克里斯多夫・連恩（Christopher Lane，2007）以及艾倫・霍維茲與傑若米・威克菲爾（Allen Horwitz & Jerome Wakefield，2008）所蒐集的資料，讓我們發現精神醫學的論述竟認為平常的羞怯和悲傷是精神違常的表現。不過，麥可・坎尼的一個說法倒點出了這問題的複雜性（Michael Kenny，1992）。羅伯特・史匹哲（Robert Spitzer）曾在一九八〇年提到：他屬下的 *DSM-III* 編輯委員在試圖為疾病分類時並非根據公認具有效力的客觀標準，卻根據了北美精神醫師的實際治療作法。也就是說，北美文化顯然是這些準則產生的背景。十二年後，*DSM-IV* 的編輯方針顯然想從現象學角度、不以病因學（etiology）或理論角度來從事分類。麥可・坎尼指出精神醫學在使用 *DSM* 時仍舊擺脫不了其矛盾本質。*DSM* 論述的理論架構雖或明顯與美國現象有關，但美國精神醫學學會的基本信念卻屬於科學實證主義。換句話說，精神醫師——也就是 *DSM* 所針對的讀者——相信被描述的精神疾病是具有病因、（在某些病案中）可以獲治、自然發生[3]、與身體疾病類似的病症。在用實證主義觀點研讀 *DSM* 的診斷準則時，他們事實上是以地域性的美國作法為出發點去總括所有人類的精神問題。

　　自從凱博文（Arthur Kleinman，1980）出版他那本論療癒與文化因素、具有前導性的著作以來，美國精神醫學已不得不至少在實際治療上面對其病人愈趨文化多元的現象、更不用說全世界都在使用 *DSM* 的事實。凱博文說：

3　譯註：即無涉文化或其他人為因素。

精神醫師容易對其治療工作抱有過分單純的想法。他們的實證科學傾向以及不重理論的實用心態，使他們並不想知道疾病及其醫治都深受社會與文化的影響。他們對「常識判斷」（common sense）的倚賴常掩飾了他們對相關行為科學及社會科學概念一無所知的事實——這些概念理應成為臨床科學和臨床工作的部分基礎。基於這原因，我們有必要把社會科學引進醫學和精神醫學中，視之為一種臨床應用科學，以便有系統地分析社會文化因素在臨床上對疾病與醫治所發揮的影響力。（Kleinman，1980，頁 xii-xiii）

到一九九二年時，*DSM-IV* 的編輯委員已經重訂了他們的編輯方針，希望使新的版本比舊版本更具包容性。他們表明不僅要納入史匹哲所強調的美國作法和路易斯-弗南德茲所說的觀察者視角全球觀（etic globalism），也要納入凱博文在「解釋科學」內加入文化因素的做法。他們也想使這版本與 *ICD-10* 有所交流。表面上看來，把解離迷恍症引進 *DSM-IV* 似乎證明了這版本的確具有包容性和文化敏感度。

　　不幸的是，許多批評者都認為診斷解離迷恍症的準則在這兩方面特別令人失望。例如，在麥吉爾大學（McGill University）所出版的一期《跨文化精神醫學》（*Transcultural Psychiatry*）特刊上，麥可‧藍貝克（Michael Lambek，1992）就認為被自然化[4]的疾病種類（*DSM* 即為其總錄）和文化所致的情結（如附身現象）基本上是不能相提並論的。為了說明其中矛盾，藍貝克援引凱博文在

4　譯註：見上註。此處所說仍在強調天然病因與文化因素間的對比。

「疾病」（disease）與「病苦」（illness）、「治療」（curing）與「療癒」（healing）之間所做的區分。在凱博文的定義中，「疾病」是「生理或心理過程中的功能障礙」，而病苦「是指疾病所生的心理意義及感受」，兩者「將同一臨床現象用不同詮釋表達出來」（Kleinman，1980，頁 72-73）。藍貝克強調：正如路易斯 - 弗南德茲所建議的，保留自然化（或觀察者）視角（naturalizing / etic perspective）以及文化（或被觀察者）視角（cultural / emic perspective）兩者間的不可相較性和對立性至為重要。藍貝克並不認為自己採取的是文化相對論立場，但他也不願意支持那存在於 *DSM* 正式診斷語言中的本質論傾向。我相信，藍貝克之所以反對解離迷恍症的診斷準則，其原因在於：文化視角在對立於精神醫學的正式疾病分類學時已無從激發創意，反而被收編、被利用。

在同一期《跨文化精神醫學》中，保羅・安哲（Paul Antze，1992）解釋他為何在描述附身現象時寧用「痛苦」之詞彙（idioms of distress）、而不用「疾病」或「障礙症」之詞彙。與藍貝克不同的是，安哲偏重 *DSM* 準則所提及的文化情境因素，而非正式疾病分類學，因為「從這些努力〔即竭盡所能去熟悉地方文化細節〕中所取得的意義，會比精神病理學所取得的更為深遠」（Antze，1992，頁 321）。另外，他認為卡德納的主張不具說服力，因為診斷準則 B 對診斷者來講根本是做不到的：他們要如何區分被集體文化或宗教所授權的附身迷恍狀態和自行出現、發生於（如該準則所暗示）正常文化作法之外的病態附身迷恍現象？安哲之所以反對準則 B 的文字，原因是「只要一個文化的全體成員認為某種迷恍狀態是迷恍狀態而賦予意義，它便擁有文化的『授權』，儘管它僅

是一種病苦」（Antze，1992，頁322）。

珍妮絲・波地指出：表面看來，視附身現象為一種障礙症而將之引進 *DSM-IV* 的做法似乎透過納入方式證實了心理痛苦有其正當性，然而這做法卻暗藏了一個會誤導人的想法：文化視為正常的附身狀態並不令人痛苦。波地堅稱，見於民族誌學文獻中的大部分附身經驗都帶有痛苦成分。更重要的，她認為：視附身為一種障礙症會使當權者更容易（雖非有意）漠視那些促使附身現象發生的社會與政治因素（Boddy，1992，頁326）。在我的了解中，她的意思是（舉個例來講）：一個被扎耳鬼魂附身之蘇丹女人的痛苦不僅對她個人，也對她的婚姻、她的家人和她的社會具有深層意義；如果她的丈夫和家人以及整體父權文化都認為她的行為是心因性問題，他們就無需理會和處理她的痛苦。波地和開福若這兩位人類學家已證明了一件事：令人痛苦和喪失功能的附身現象常是一種極富創意、具有政治意圖的回應方式，而其回應的對象就是令人忍無可忍的集體文化。波地問：「因此，把附身經驗定義為『障礙症』，這對誰最為有利？」（1992，頁326）。

頗具意義的是，參加《跨文化精神醫學》問卷調查的許多批評家都相信：*DSM-IV* 用來把附身迷恍定義為障礙症的準則忽略了當代某些重要議題，例如意識之本質以及社會如何建構個人位格或個人身分。波地的總結極具說服力：「在試圖了解及回答附身現象是否正常時，我們必須放棄或至少重新評估如下的西方觀念：在任何文化內，一個正常健康的自我必具內在一致性及相對而言的完整性。」（1992，頁325）

批判 *DSM-IV* 所述的解離式障礙症

　　羅倫‧利托伍德（Roland Littlewood）、伊安‧海金（Ian Hacking）和勞倫斯‧柯梅爾（Laurence Kirmayer）全都對作為社會論述的西方精神醫學提出批判，認為它不曾承認及有意義地思考個人心理功能會隨不同因素而改變的本質（variability）。利托伍德把自己的批評（2001，2004）架構在科學及人文學科的傳統對立上，認為精神醫學過度認同自然科學的生物決定論（biological determinism），而把相對人文學科的人本思想驅逐出它的參考範疇。結果，精神醫學完全採納了先天論（naturalism）[5]和生理機能論（mechanism）的模型，用以描述西方社會中的心靈痛苦，同時似無自覺地以帝國殖民主義者的觀點記錄異國風俗，在其中描述其他社會的「文化專屬症候群」（culture-bound syndromes），也就是 *DSM-IV* 的編輯們認為僅能被分類在附錄下的那些症候群。

　　比較精神醫學及文化精神醫學已試圖把精神治療連結到它曾貶至他者範疇及附錄內容的那些症候群。但利托伍德認為當今精神醫學的診斷學仍堅持「撥開那一層層讓他們不解的奇特文化外膜，〔企圖〕揭發疾病實情」（2004，頁7）。他指出，學術在運作上依然把學門劃分為科學和人文學兩類，儘管這二分法早就在理論上受到批判。同樣的，臨床精神醫學也仍在採用十九世紀德國疾病分類學在「形式」與「內容」間所做的區分，即使藝術學門——這一區分的源起處——早已發現它並無什麼用處。換句話說，精神醫學

5　譯註：相對於後天文化（nurture）而言。

在概念上認為決定精神疾病的本質性生理原因是「形式」，並自稱可用治療策略來解釋及處置這些病因。它也在概念上認為個人及文化因素是「內容」，是它只能盡力瞭解的對象。在強調「形式」重於「內容」時，精神醫學得以維護其認為適用於全人類的疾病分類學，並把不同症狀的種種成因變數歸納到單一障礙症的診斷準則下。強大的經濟和政治動機促使精神醫學持續採取這個立場，甚至把建立在生物論（而非文化論）上的疾病分類學推廣到全世界。利托伍德建議，與其透過解離障礙症的診斷準則來檢視附身痛苦，不如透過附身現象的描述來檢視西方文化中的解離障礙症。他說，印度梭拉（Sora）部落的某場儀式之所以具有明顯的診斷功能，是因為個人可透過附身狀態來找出其家人的死亡原因。死者的亡靈以活人的「記憶」形式被召喚出來，而這記憶是「一組被視為來自身外的能量和價值觀，卻因實際成為活人之經歷和人格的一部分而影響他的身心」（Littlewood，2004，頁147）。若依照一九九二年的診斷準則，這種附身狀態（尤其當它令人痛苦時）會被視為一種障礙症而被冠以解離迷恍症的名稱，因為分裂的、被捆綁的個我只覺得自己被無形無體的靈性作因所取代，並未自覺啟動了某種內在心理功能。利托伍德建議採用相反策略：利用民族誌學有關梭拉儀式和其他附身現象的文獻來建立一個有用框架，用以詮釋及評估西方的某些精神疾病現象。

利托伍德重新描繪了三種精神痛苦，稱它們為三種「痛苦語言」，並提出假設，認為它們在某種程度上批判了西方的「完整自我」觀念以及精神醫學的生物機能論偏見，就像波地（1989）認為北蘇丹的扎耳鬼魂信仰批判了強勢伊斯蘭文化的傲慢定見一樣。

在利托伍德的分類下，多重人格障礙症、暴力挾持家人（domestic siege，經常是父親挾持妻兒並以暴力威脅他們）、以及神經質厭食症這三種歐美常見的精神疾病變得較不像 *DSM* 所列的障礙症，而較像其附錄所列的文化專屬症候群。他建議使用一個分為三階段、以社會功能論觀點建立的結構來檢視它們（這結構類似人類學家路易斯用社會功能論觀點對附身儀式所做的描述；參見第二章）。常因年齡、性別、個性、或次等社會地位而自覺無力的個人，多會在某個特殊時刻發現自己比以往更被邊緣化和更加無助，這是第一階段。到第二階段，他們因感覺自己更無能為力而開始經歷疾病之苦。到第三階段，由於他們被認為不需為這痛苦負全部責任，其他較有權能的人便採取回應行動，試圖讓這些受苦無助者可以重新融入日常生活。

利托伍德視這由三階段組成的精神痛苦結構具有儀式意義。從皮耶・布迪厄（Pierre Bourdieu）的實作理論（theory of practice，1972）以及維克多・特納的儀式理論（theory of ritual，1982）來看，我認為利托伍德的意思是：這些病苦描述法可使集體願意負起責任、透過共同行動來使受苦者重新融入社會並重新定位。在這三階段的作法或儀式中，受苦者首先會多少屈服於集體權威，而這權威——就這裡所說的三種痛苦而言——包括了精神醫學的生物論偏見以及精神醫學對人之「自我」所持的特定見解。之後，這種屈服在進入第二階段時變成了病苦（無論它是多重人格障礙症、暴力挾持家人、還是神經質厭食症），有如進入閾限狀態，以致——十分弔詭地——痛苦一方面變得更加嚴重和混亂，另一方面卻擁有了靈啟性質。但正如波地曾大力證明過的，由於這作法或儀式同時具有

閾限和類閾限性質，它暗中也對集體提出了批判。這即是利托伍德想要傳達的重點——多重人格障礙症、暴力挾持家人和神經質厭食症這三種經診斷確定的痛苦，事實上挑戰並對抗了受苦者所屈從、視他們為醫治對象的精神醫學認知方式。

對利托伍德來講，醫學／精神醫學診斷架構中的先天論偏見使它們無從承認一個可能性：在這些痛苦中，「生理因素與其說是原因，不如說是劇目供應者」。他寫道：

如果——如我在此所主張的——這些被醫學稱為精神官能症患者的人在玩遊戲，那麼（且讓我淺釋恩格斯[6]說過的話）這遊戲的規則是由他人訂定的，而當事人並未選擇參加這遊戲，只不過參加是當時情況下的最好選擇……我所心怡的作法與人類學所說的儀式相似：它是一套呈現核心語彙的標準化流程，規範及轉變我們對自己的感受，但也容許我們有機會遇見某種其他力量，因而不會要求我們負起全部責任。透過這種模稜兩可，我們所做出的回應可讓社會其他成員重新肯定日常生活的意義。（Littlewood，2004，頁xvi）

利托伍德在力陳他的意見時並沒有偏重人本論。在他提到許多二十世紀的研究領域（如精神分析、現象學和社會生物學）都已試圖結合先天論和人本論時，他特別對精神分析提出指責，因為它「無法讓先天論和人本論一起發揮作用」。利托伍德認為精神分析

6　譯註：Friedrich Engels（1820-1895），德國哲學家，與馬克思（Karl Marx）共創馬克思主義。

的論述完全偏重人本論，即使它挪用了解釋病因的精神醫學用語來當「精神譬喻」。結果——舉例來說——精神分析反讓「神經質」個人必須為自己的痛苦負起全責，而這結果是社會成因論之框架（sociogenic framework）不可能導致的。他認為同樣有問題的是，若無視精神疾病與生理有關而提倡「去醫藥」（demedicalization）的作法，西方後現代精神醫學便過度強調了文化因素而忽略先天因素。一旦精神分析自認是詮釋學（也就是在詮釋過程中只發現意義、而不解釋病因），它便和精神醫學一樣，在把一種知識變成另一種知識的僕傭時，無法讓兩種知識都能發揮其應有的功能。

因此不足為奇的，利托伍德從未提及托比‧奈同（Tobie Nathan）顯然屬於人本論模型的族群精神醫學（ethnopsychiatry）。師承喬治‧德夫若（George Devereux）的奈同最初以法國境內的移民族群為研究對象；這些人把自己長期失能的痛苦歸咎到不足為道的身體傷口上，而事實上痛苦似都被觸發於他們與法國醫師及醫療當局面對面的時刻。奈同（1988，1994，2001）建議使用的心理治療法以精神分析為重，兼採病人原屬之傳統社會的群體參與形式和傳統療癒作法。他在理論上有種傾向，認為文化具有至高價值而因此貶抑先天因素的重要性。利托伍德（以及前述的藍貝克）則主張「過程二元形式」（procedural dualism），讓心理探討滑入先天論和人本論的中間地帶。利托伍德的模型必然帶有對話性，因為一般而言任一時刻應只有一種做法是正確的。他力陳：「在滑入先天論和人本論的中間地帶時……『上帝』經驗就出現了」（Littlewood，2001，頁146）。這個結論跟德沙托用結構主義觀點對一六三〇年盧登附身事件所做的詮釋頗有相同處，亦即：琴‧德

尚哲為「真實」（the Real）所做的見證即是拉岡所說的「滑入」（slippage），也就是滑入神學情慾語言和鬼魔情慾語言之間。它也與席福林對卡盧利人之降靈會及其「過程二元形式」所做的詮釋頗有相同之處：在報告被附身之表演者和附身之鬼魂的兩方經驗時，席福林的民族誌學可說就傳達了這二元形式的內容。

利托伍德的醫療人類學主張可跟伊安・海金從哲學觀點對 *DSM* 之解離障礙症所做的批判形成對照。海金（Hacking，1995）重新把多重人格這種解離障礙症定義為發生於某一時空的「短暫性精神疾病」（transient mental illnesses）。他所舉的例子（1998）如下：在菲利浦・提席耶（Phillipe Tissié）於一八八七年描述波爾多港瓦斯工人艾貝爾・達達斯（Albert Dadas）的發瘋病案後，「歇斯底里漫遊症」（hysterical fugue）便在法國蔓延了開來。在突發的大眾旅遊熱潮以及病態流浪癮的席捲下，提席耶在達達斯身上診斷出的「歇斯底里漫遊症」順勢成為了官方所承認的一種障礙症。海金用生態棲位（ecological niche）[7] 的比方來解釋這種短暫性精神疾病如何以「兩頭方式」在文化中找到一席之位。在從精神病房選出達達斯、讓後者成為自己的對等者和對立者時，熱愛腳踏車旅行的提席耶是從一個新生態棲位或集體矛盾中做出他的選擇。海金對達達斯所例示之障礙症做出描述，頗類似利托伍德從社會結構論觀點對多重人格、暴力挾持家人以及神經質厭食症所做的描述，也頗類似波地從人類學觀點對扎耳附身者所做的描述：

7　譯註：指物種在特定環境條件下表現出來的行為模式，在此比喻影響精神疾病的文化生態。

漫遊症者是相對來講自覺無能的男人；他們在漫遊中找到逃避的可能性，但既無法自主這逃避行為，事後也對之毫無記憶。我在這些個案上看不到任何嚴重的詐欺或偽裝行為，倒看到：那令他們短暫精神崩潰的無力感，就在他們無需為之負責的精神疾病中獲得了紓解。（Hacking，1998，頁50）

波地在北蘇丹扎耳儀式中最終看到的是令女性有可能重獲力量的儀式作法，但海金卻發現提席耶和達達斯的故事是一場醫師與病人之間的瘋狂雙人舞，而它之所以帶有悲劇性，原因（至少有一部分原因）就在達達斯的痛苦只獲得醫藥治療而已。

從「歇斯底里漫遊症」轉到當代美國的治療場景時，海金藉實用論（pragmatism）和懷疑論（skepticism）的哲學觀點提出一個看法：雖然思覺失調症這類精神疾病是「真實的」（也就是說，它們是神經性和生物化學性的功能失調症），但 DSM 所列的解離障礙症卻是「不真實的」。海金認為「流行」於二十世紀末的多重人格障礙症具有來自文化生態的成因，因為它含有兩個對立元素：一是童年受虐的負面原因，另一則是某種「頗為浪漫」的挑戰精神，所挑戰的乃是一九七○年後盛行於北美的自我和個人身分概念——海金稱這些概念為後現代用來顛破現代當道思維的顛峰之作[8]。但在

8　譯註：此為意譯。海金的原文為 One positive element on which multiplicity fastened was the rather romantic challenge to ideas of identity and selfhood that are going the rounds at the same time. These were taken to be liberating. They overthrew the hegemony of the modern by the splintering glory of the purely post–（*Mad Travelers: Reflections on the Reality of Transient Mental Illnesses*，頁 96）。本書作者在引用時則將最後半句改為 the splintering glory of the purely post-modern，意義頗不相同。根據海金的下文，後現代文化推翻了近代及現代思想中人有靈魂及個別屬性（不變之核心自我）的觀念，而認為人的自我認知具有流動性（個人性別的流動性即為一例）。海金認為一九七○年後多重人格障礙症一時成為風氣即與此種文化氛圍有關。

描述他核心看法中相反的先天與人文面向（如利托伍德所說）時，海金只提到生物論與社會結構論的對立，顯然不願思考精神疾病是否可能與生理、化學或神經因素無關，而是心因性（psychogenic）問題。他認為，為解離障礙症立論或治療它只會讓病人最終變得更加無力。他並預言解離障礙症——如同其他短暫性精神疾病——終會消失，而且越快越好（他的口吻讓人無法忽視他的說法）。

勞倫斯‧柯梅爾（Kirmayer，1994，1996）用兩個假設來解釋近年精神醫學對解離障礙症愈趨重視的原因。「歇斯底里」之所以已被正式疾病分類學排除，其原因在於這名詞在大眾心目中帶有負面意含、以及大家對它是否為生理疾病有所爭論。海金認為，美國精神醫學之所以承認「身分解離障礙症」（Dissociative Identity Disorder）為正式疾病（甚至視「漫遊症」為其祖先而把它納入 DSM 以做歷史證據，且仍把它放在 DSM-5 中），原因很單純：他們屈服在唐納‧史匹格（Donald Spiegel）這批創傷精神科醫師的強大遊說之下。但柯梅爾認為，在確定催眠狀態為可複製於實驗室的解離現象之前、以及在證明並確定催眠術為治療心因性身體病症（somatic problems）的有效方法之前，精神醫學並不想納入這些另換名稱的解離障礙症。更重要的是，由於解離症狀在精神醫學史上常被人懷疑其真實性，因此要一直等到後創傷壓力障礙症（Posttraumatic Stress Disorder）及多重人格障礙症被訂為新的疾病類別後，解離障礙症的病患和精神醫學對解離障礙症的研究才正式獲得精神醫學的承認。換句話說，在二十世紀末，美國精神醫師必須把這些標籤貼在戰爭創傷及童年受虐或遭性侵的痛苦上，才能設法不讓他們的病人被指為「裝病」或被加上「自找的」這類負面字

眼——在精神醫學史上，這些字眼就曾被用在歇斯底里或其他被診斷為解離障礙症患者的身上。與海金不同的是，柯梅爾認為「解離障礙症」使用次數的漸增是種合理現象，但他建議把 *DSM* 中建立在本質論上的解離障礙症概念予以「解體」，以便促進複雜多類之解離現象的研究。

柯梅爾認為，我們可以拿催眠術在心理學研究中所佔的地位為例，來說明目前解離障礙症概念中的一些問題。一方面，社會心理學理論家主張催眠術是一種有目的的共同演出、一種受他人誘引而發生的表演行為。對這些理論家來講，皮耶・詹內（Pierre Janet）把十九世紀法國歇斯底里現象和催眠術結合起來的研究就如同提席耶對漫遊症所做的研究，可讓我們發現病人如何與醫師的期望串通共謀。另一方面，認知心理學家則主張催眠術必需依賴某些特殊人格特質和顯然可以測量及量化的想像過程。舉例來說（根據柯梅爾的引述），在評估接受催眠暗示者的痛苦承受力時，鮑爾斯（Bowers，1991）就曾在想像（imaging）及解離間做出區分，指出之前僅被概泛論及之兩種認知過程的差異。柯梅爾也提到幾份討論史楚普顏色作業（the Stroop task）中可催眠性和文字識別的報告（Sheehan 等人，1988；Nadon 等人，1991；Dixon & Laurence，1992），用以證明某些認知心理學的研究已經超越、甚至結合了以上討論催眠術的兩種對立模型——即人際因素模型與自身心理因素模型（sociogenic and psychogenic models）。

柯梅爾自己提出了一個連結四種心理狀態——自我意識、外界意識、自動反應（automacity）、以及幻想（reverie）——的研究模型。這些心理狀態雖然互異，卻無高下之分；也就是說，自我意識

並未主宰認知過程，僅是四種認知模式之一，而所有模式均可主宰意識的注意力，但多半時候都是在背景中不為人知地發揮作用。柯梅爾用這模型來定義解離狀態，認為它所指的就是任一種移出自我意識的心理狀態：

> 心緒移轉到不帶自覺的知覺（也就是只感知到外物），這是分心狀態；心緒移轉到作為中自動出現的知識（procedural knowledge），這是無心狀態（mindlessness）──如果我們當時知道如何保留足夠的知覺去感受它的話，它也可被稱為**流動狀態**（flow；參見 Csikszentmihalyi，1990）；心緒移轉到幻想，這是神入狀態（absorption），類似於催眠時的迷恍狀態（至少在臨床醫師的概念中是如此）。（Kirmayer，1994，頁102）

柯梅爾也摘述 J. R. Hilgard（1970），E. R. Hilgard（1977）以及 F. J. Evans（1991）三人的研究，用以證明個人會展現一個主要認知模式，但同時也擁有或多或少的能力、可迅速移轉於不同模式之間。極易被催眠的人展現了某些認知特徵，足以強化他們自動回應複雜刺激源的能力而使他們不受自我意識的干擾。有趣的是，這些同樣的特徵也使人容易陷入如下的解離經驗：不由自主、變異的自我知覺、以及用失憶來回應情緒或心理創傷。

根據這個模型以及催眠術的其他研究，柯梅爾認為解離在某種程度上是種不斷發生的現象（1994）。於此他顯然與波地站在同一邊，反對西方人視「自我」具有整體連貫性的本質論看法，同時也顯然不認同海金視解離經驗為「假意識」（false consciousness）的

說法。柯梅爾細述了一串彼此順接的心理過程；使人能忍受自我存在感中無所不在之意識空隙的，就是這些順接過程──它們始於注意力的移轉，然後經過因果串連去編織情感記憶而使之成為具有連貫性的故事架構，最後在社會論述中演練這些故事架構、使之獲得大於個人的社會認可。柯梅爾相信，如果這些具有複雜面向、可撫平「正常」解離經驗的順接過程有中斷處，那麼在 DSM 中被歸納在「障礙症」之下的種種「痛苦」就會出現。

柯梅爾的心理功能模型同時具有認知心理學和社會成因論的面向。他認為，社會該為其儀式及其論述的品質或效益負責。根據我的了解，他曾反對 DSM-IV 中為解離迷恍症所訂的診斷準則。他甚至或曾贊同用文化或社會因素的角度、而非精神醫學的正式疾病分類法來詮釋解離迷恍症（Kirmayer，1992）。我的了解乃來自以下的觀察：跟利托伍德一樣，他認為美國臨床治療之所以會發現重度解離障礙症病患的人數劇增，其原因應在精神醫學（以及一般西方文化）在整體上無能提供故事架構和有效益的社會論述，以致無法讓個人在經歷多重自我之痛苦時獲得平撫及有意義的圈護。

附身、解離迷恍症、認知心理學及神經科學

一九八七年，約翰・基爾斯屯（John Kihlstrom）建議用認知心理學的模型取代精神分析的無意識模型。蓋・克萊克斯頓（Guy Claxton）則在二〇〇五年利用神經科學的研究來接續他的主張。他批評精神分析的理論，認為它在描述各種一再出現、但未必能被意識了解或無法在同時間全被意識了解的複雜心理功能時，採用了

附身：榮格的比較心靈解剖學

「浪漫」論述，亦即一種被「不精確之譬喻前提」歪曲了的論述。他建議用功能論述來取代譬喻論述，不要問「大腦像什麼」，而要問「大腦的功能為何」。但不幸的是，他沒有察覺到：在用科學和生物科技定義無意識時，他自己也使用了譬喻，而原因或許就在於這些譬喻多半為科技用語，因而他覺得最足以表達他的想法。舉例來講，在追隨基爾斯屯、試圖了解或描述愈來愈複雜的人類心理過程時，他把這些過程比喻成一部電腦的各種功能。當他說大腦是一部根據某些「設計規格」建造的「無意識機動生物電腦」（unconscious onboard biocomputer）時，與其說他提出了功能描述，不如說他用譬喻做了描述。

在建議用具有神經科學基礎的認知心理學取代精神分析模型時，克萊克斯頓不過是把人本論納為先天論的一部分罷了。這個策略跟其相反者——也就是把神經科學理想化後加以挪用、藉為自己謀取正當性的精神分析（參見 Jonathan Lear 二○○三年著作及本書第二章對佛洛伊德與榮格誤用人類學所做的討論）——有相同的問題。儘管如此，就附身現象的人本論說法以及 *DSM* 為解離迷恍症所訂的先天論準則來講，用「自動過程」（automatic processes）、「閾下知覺」（subliminal perception）以及「內隱記憶」（implicit memory）這些名詞來證明認知現象存在於無意識的研究還是頗具意義。讓我們思考一下下面的例子：

- 當可怕的刺激源在受測者的下意識中閃現時，他們大腦中的情緒中心——尤其那些被稱為扁桃體（amygdala）的邊緣構造——會以特有的「害怕」方式做出回應，即便意識並未覺察到這種反應的必要性（Whalen 等人，1998；Phelps，2005）。這研究可幫助

我們分辨（舉例來講）柯梅爾解離模型中的「自我意識」和「外界意識」。

• 在指認快閃於其眼前的文字時，比起中性字眼，許多受測者都要求用三倍長的顯字時間來「看出」禁忌字眼。無意識認出了那個字，大腦便立即部署抑制模式，藉以加高意識門檻或阻止某些經驗從無意識範疇浮現出來（Price，2001）。除了證明「外界意識」不受「自我意識」的影響而自行發揮作用外，這研究也告訴我們：在大腦額葉發生的抑制活動有效地阻絕了「外界意識」，或把從它而起的資訊延緩傳遞到「自我意識」那裡。

• 在接受功能測驗（performance test）時，接收聲音資訊的麻醉病人所顯示出的改變讓我們發現：即使病人在恢復意識後回想不起來，資訊還是受到了處理（Sebel，1995，被引述於 Knox，2004a）。這研究支持了但尼爾·沙克特（Daniel Schacter）所假設的內隱記憶——在這種記憶中，那些被個人在無知覺中譯成密碼的經驗會超出意識記憶範圍，並在無意識中形成籠統的意義模式。

• 在大腦額葉底部並與之緊連的是位於大腦兩側、名為前扣帶迴（anterior cingulate）的區域。腦部攝像的研究發現：在大腦右半球，當受測者聽見真實聲音以及當他們處於幻覺的時候，前扣帶迴都會活躍起來；但當他們想像相同的聲音時，前扣帶迴卻毫無動靜。因此，當人在想像事物時，這個區域一般似都受到抑制，但在壓力狀況下它就會掙脫抑制、使被想像的事物變成全然幻覺（Richard Bentall，被引述於 Begley，2001）。這研究把腦右半球前扣帶迴中的抑制活動連結到了柯梅爾對「外界意識」及「幻

想」所做的區分。克萊克斯頓指出，不同文化在區別真實與幻想時有相當大的差異。某些文化顯然會將「壓力狀況」儀式化，使人掙脫抑制並將「外界意識」和「幻想」結合在迷恍和附身狀態中；其他文化則不接受幻覺經驗並視之為病。柯梅爾或會認為：貶抑「幻想」心理功能的文化在體驗到幻想時會視之為「負面的斷裂狀態」，因而必須利用社會論述來「平撫」幻想。利托伍德認為，精神醫學疾病分類下的多重人格障礙症事實上是社會導致之痛苦所發出的強烈批判聲音，所批判者就是西方精神醫學本身在平撫這些負面斷裂時所獲致的所謂成效。

• 自我範疇的感受有所變異時，大腦新皮質（cerebral neocortex）的頂葉皮層區會降低活動力。針對超覺靜坐者所做的研究顯示這些人的腦電圖較具平穩性；換句話說，寧靜至樂的感覺會為腦部活動帶來更大連貫性（Newberg & d'Aquili，1999；Newberg 等人，2001，被引述於 Claxton，2005）。這研究平衡了柯梅爾視解離為常態經驗的多重心理功能模型，認為：恰好相反的，某些「打坐」形式是文化所尊重並透過文化學習而得的行為；「自我意識」在其中被特意降低，使人得以更加強烈體驗到「心」之整體具有多重功能性。

　　神經科學家和認知心理學家都以解離現象為其認知功能論的重點。格雷瑟和基爾斯屯在其研究中（Glaser & Kihlstrom，2005，頁190）做出一個結論：具有認知功能的無意識有能力設法用後設認知（metacognition）方式處理資訊，在隨時自作調整之餘甚至會因預期其目標受到威脅而動用補償功能。一般概念都認為無意識是被動和反動的，但我們從他們的研究中卻發現：無意識頗為弔詭地既

與意識相背、又具有「知覺」。約翰・巴格（John Bargh）甚至認為意識弔詭地創造了與它自己有別的對立者。他假設：

意識在處理資訊時的一個主要目標或許就是：盡力使學得的技能變為自動反應，以便讓自己在未來沒有存在的必要……演化後的意識竟然志在創造更為複雜的非意識過程。（Bargh，2005，頁53）

在詮釋以上這些論及無所不在之解離現象的認知心理學及神經科學報告時，我們或會認為它們支持了精神分析的無意識概念，甚至認為它們看來就是如此。但我們必須記住：跟精神醫師一樣，認知心理學家和神經科學家也認為精神分析所說的無意識沒什麼科學根據，既無法觀察、也無法測量。不過蘇珊・安德生（Susan Anderson）、英佳・瑞茲尼克（Inga Reznik）以及挪亞・格萊斯曼（Noah Glassman）這幾位是顯著的例外。他們在合寫的論文（2005）中記錄實例，用以說明一個事實：個人為其生命中重要他者所建構的意象會在無意識中影響他對陌生人的回應方式。他們透過實際驗證對移情作用做出如下的說明：自我是由無數與他人相關、立足於重要人際關係網中的「我」所組成，而所有重要的人際關係都是透過無意識投射作用進行的。詹姆斯・烏勒曼（James Uleman）認為這幾位的研究試圖使精神分析理論「可透過實際驗證被人理解」，但在他眼中，精神分析「老掉牙」的無意識理論「雖無法被証明為假，也未必為真」。他的結論是：他們的報告「無法在學術界和科學界就無意識過程這題目提供一個具有影響力

的理解架構」（Uleman，2005，頁5）。

在此我要請大家注意一件事情。當利托伍德批評精神分析只使用人本論的論述而無法成為科學論述時，喬納森・李爾（Jonathan Lear，2003）則以下面的理由批評精神分析：為了替自己的人本論說法辯解並使之具有正當性，精神分析才去與認知心理學及神經科學掛勾並挪用它們的研究。但李爾也稱讚精神分析中的一個弔詭：精神分析在治療作法上力求客觀（objectivity），但目的卻在促使病人發展其主體性（subjectivity）。因此他樂不可支地把精神分析歸類為充滿反諷的人本論論述，因為精神分析努力想把病人帶到他們可以客觀感受自己主體性的位置上[9]。他說：精神醫學犯錯之處在於從客觀立場視病人僅為有機生物、因而建議用抗憂鬱症藥物取代精神分析；精神分析犯錯之處則在自稱用客觀方法為憂鬱症提供了治療。

這樣看來，DSM 作者們所犯的錯誤就是他們僅用先天論來解釋附身現象、然後就將之歸類到障礙症之下——也就是說，只根據它對身體機能造成的影響，而未考慮它的文化脈絡。但若反對 DSM-IV 作者們試圖保留一個研究角落、藉先天論模型來討論附身解離現象，那也會是個錯誤。

那麼，也許我們用相反的方式犯錯會比較好——就讓我們相信一九九二年出現於 DSM-IV 附錄中的這個小角落代表了重大認知突破的可能性吧。根據葛斯東・巴西拉（Gaston Bachelard）和喬治・康濟瀾（Georges Canguilhem）所下的定義，認知突破是指某一破

9　譯註：此處所說的反諷是指主體（subject）的自我感受與客觀性（objectivity）本無法並存。

裂時刻，其時一種知識從其過去被扳起、進而發現這過去充滿陳舊意識型態因而摒棄它。特別對巴西拉來講，科學的歷史就是征服認知障礙及阻撓、達到新知的歷史（Tiles，1984）。巴西拉說：

認知突破並非僅是實驗觀察上的新發現或科學事實的累積，而是在概念上重整知識的整體範疇。歐姆電阻理論就是用抽象的數學說法（歐姆定律）改寫了較早的理論——這較早理論在描述電「流」如何通過物質時用了有機生命體的、或貼近感官經驗的詞彙。他藉自己的理論把這些「流體」改寫到新的概念系統中。（Macey，2000，頁113）

利托伍德和柯梅爾認為：從歷史來看，西方精神醫學的疾病分類學一向對常態解離功能採取一概而論的態度，並在忽略文化脈絡之餘也將它貶謫為異類之他者文化所專有的症候群。如果他們說得沒錯，那我們可以說：一九九二年所訂的解離迷恍症準則代表了精神醫學自行創造的一個機會，讓他們有可能面對解離式障礙症的心理和社會面向——他們的本質論和先天論意識型態曾錯誤地摒除了這些面向。我將在第四章中用維柯（Giambattista Vico）的語言模型來解釋這可能的認知突破。藉由這模型，精神醫學的論述語言原可一方面重新連結到西方歷史上的附身概念（見第一章的略述），另一方面藉當代認知心理學的解離現象研究來重新詮釋附身現象，因而成為更有效之社會論述。

榮格的情結理論：榮格及榮格派分析師對解離現象的看法

在回顧歷史、視 *DSM-IV* 的解離迷恍症論述本有可能帶來認知突破時（因這論述恰好跨於「廣納所有疾病種類」以及「兼顧文化差異」的矛盾上），我們可從榮格的理論獲得一些幫助。在他去世前，榮格曾對國際精神科醫師大會發出認知挑戰：

> 若冀望腦部生理學和腦部病理學去跟無意識心理學攜手合作，我們勢必要等上長久時間。在那發生之前，它們必會各走各的路。但無論兩者間有多大鴻溝，以整體個人為其關注的精神醫學在了解及治療病人時仍有必要從雙方面來做思考。（Jung，1958，段584）

在榮格心目中，為病人服務的精神醫學應腳踏在認知心理學和精神分析這兩條船上。由於榮格最初接受的是精神醫師的訓練，因此他的這個想法既顯得獨出心裁，也具有標範作用。當他對著一群醫師聽眾為心理治療之臨床工作提出辯護時，他同時也向他們提出挑戰、要求他們重新思考醫學領域的極限：

> 至為重要的是，若要成功，一個心理治療師在任何情況下都不應失去他最初所持的醫學立場。這是因為他工作所具有的特殊性質必會賦予他獨特的思考方式和關注，然而這些思考和關注在現今的醫學領域已無法——或說**還未**——找到適當的棲身處。（Jung，

1945b，段 192；粗體字為作者所加）

榮格在這裡用類似維柯的說法確切表明了心理治療對精神醫學所提出的認知挑戰。（維柯認為權力論述 [discursive discourse] 如想避免在自己的意識型態中兜圈子，就必須同時向後和向前躍出 [見第四章]。）

　　解離心理學以及在心理學出現前原為一門哲學的解離論 [10] 都具有精神醫學避之唯恐不及、但為榮格（他既是精神醫師、也是心理治療師）所認同的長遠歷史。解離障礙症要到一九八〇年才正式被納入 *DSM*，但亨利‧艾倫柏哲（Henri Ellenberger，1970）卻指出：十九世紀末尚-馬丁‧夏柯（Jean-Martin Charcot）與其學生皮耶‧詹內及阿佛德‧畢奈（Alfred Binet）根據解離論所做的研究是動力精神醫學（dynamic psychiatry）[11] 的源起，但這源起通常都遭人漠視了。他們三人的研究最終被精神分析的性慾模型（sexual model）和行為論的反射模型（reflex model of behaviorism）所取代。佛洛伊德雖推崇畢奈和詹內，但他還是用「性慾發展階段」的時間譬喻取代了解離論的空間譬喻——根據這空間譬喻，對立於意識的情結也是意識的一部分。更重要的是，佛洛伊德認為「正常」的心理是完整的，並把「解離」變成了「病態」的同義詞（Haule，1984）。

10　譯註：這種哲學認為人之意識不具一元性，每個人都是由無數或多或少不相連的意識次面向所組成並受其控制。

11　譯註：動力精神醫學所探討者為症狀與行為背後的心理功能及其動態過程，不同於只觀察症狀表象的描述型精神醫學（descriptive psychiatry）。十九世紀動力精神醫學探討的主題為歇斯底里症、催眠術、無意識心理活動等。

約翰・郝爾（John Haule）繼艾倫柏哲的說法認為榮格的情結心理學——視情結為具有自主性和某種意識、與意識對立但未來可能成為意識元素的人格碎片——難脫榮格與法國的淵源。榮格曾在一九〇二至一九〇三年的冬季學期在巴黎受教於詹內門下，並曾在日內瓦拜訪過席爾多・福盧努瓦（Théodore Flournoy）[12]。郝爾認為，榮格對解離論的最大貢獻是：他在詹內所說的個人分裂現象中置入普世原型（archetypal patterns）的可能性。這些原型使某種盟友關係[13]有可能在心理治療過程中發生，也使具有連結功能的意義有可能出現以對抗分裂。連結會以兩種方式發生：一是透過移情作用、發生在分析師和被分析者之間，一是發生在分析師和被分析者的個人心靈內。郝爾說：「跟精神分析一樣，榮格心理學是建立關係的『作法』（praxis）。但它也是基於原型觀念的解離論；精神分析卻代表了解離論以外的選項」（Haule，1984，頁 257）。

在把附身現象列入 *DSM-IV* 並視之為解離障礙症時，編輯們原可同時在榮格的理論和認知心理學及神經科學中發現他們所需的論據。榮格的情結理論提供了一個區分明確的多重心理功能模型，可以說明平日常見的解離經驗以及極端的解離病態。例如，榮格理論認為自我只是多種意識中的一種；作為一種與個人身分故事有關的知覺，自我會經歷到不是與它互補、就是與它對立的自主情結。羅傑・布魯克（Roger Brooke，1991）在描述自我的反思功能時（它所反思的就是它與情結打交道的經驗），他的說法與柯梅爾的觀念

---

12 譯註：席爾多・福盧努瓦（1854-1920）為日內瓦大學心理學教授，以靈媒研究著稱。榮格以靈媒為題的博士論文即受到他的影響。他另論及的自動暗示功能（autosuggestion）也促使榮格寫成 *Psychology of the Unconscious*。

13 譯註：指分析師和被分析者間的盟友關係。

十分相似——根據這觀念，故事「撫平」了認知功能中的矛盾間隙。布魯克說，當自我意識不強大和不具彈性時，人所經歷到的自主無意識情結就會製造壓迫感，也就是說，自我會感到被附身或被纏念所擾。琴‧諾克斯（Jean Knox，2004b）認為，榮格的情結理論足以說明認知心理學家所描述的常見心理解離功能，也足以說明精神病態。她在山德納（Donald Sandner）及畢比（John Beebe）對情結的描述中找到佐證：

> 榮格認為，無論精神官能症是否源自過去的經驗，它之所以發作是因為個人在當下拒絕接受、也無能承擔生命理所當然的痛苦（legitimate suffering）。這痛苦的感覺或它的某種意象反而從人的知覺分裂出去，以致最初的完整——原始的自性——遭到破壞。這種分裂「最終是因為個人似乎無法接受他自己的全部天性」（Jung，1934[a]，段980），因而導致各種解離和衝突狀況，而這些狀況無不出自帶有感覺色彩的情結。這分裂是生命的正常現象；最初的完整註定要破損，但唯當分離出去的情結造成太寬或太深的裂隙以及過分強烈的衝突時，病態或可診斷的疾病才會出現。那時，痛苦便會導致精神官能症的衝突或精神病人的破碎自我。（Sandner & Beebe，1982，頁298）

諾克斯詳述了榮格情結理論與心理學家約翰‧鮑比（John Bowlby）內在運作模型理論（theory of internal working models）之間的相似處——在這些運作模型中，重要的依附對象經內化後形成無意識基模（unconscious schemas），然後個人會不自覺運用它們來預期

和了解新的狀況。諾克斯說：比起佛洛伊德和克萊恩的「驅力」（drives）與「死亡本能」（death instinct）理論，榮格在做文字聯想研究時對情結及依附形式之跨代傳遞所取得的結論更符合當今的依附理論（attachment theory）。依附理論的研究資料看來頗能印證榮格為研究家人互動結構所做之文字聯想測驗的圖表結論，也頗能印證（舉例來講）他針對父親酗酒、其女兒在面對新情勢時會如何從母親接收無意識基模這一問題所做出的結論：

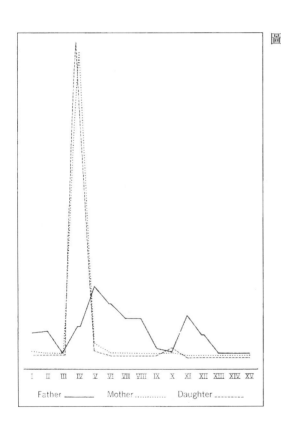

圖 3.4　榮格在某家庭的成員接受文字聯想測驗後做出的圖表，從中可見十六歲女兒的測驗結果令人心驚地複製了母親的測驗結果（Tavistock Lectures，1935，圖 8）。蘇黎世榮格著作基金會（Stiftung der Werke von C. G. Jung，Zurich）准予刊印。

如果這樣的女孩在進入社會後成為了一個嫁給酒鬼的四十五歲女人，試想她會掉入何等糟糕的情況中！這種認同可以解釋為何酒鬼的女兒在經歷可怕的青少年期後也會嫁給一個酒鬼；如果他意外地不是酒鬼，她也會使他變成酒鬼，只因為她對某個家人持有那種奇特的認同感。（Jung，1935a，段156）

約翰‧畢比（John Beebe）延伸了榮格所劃分的八種心理類型，把彼此有別、構成意識功能的情結分為「與自我共振」（ego-syntonic）及「與自我不搭調」（ego-dystonic）的情結。畢比（1992）認為所謂的「心理完整」端賴病人「具有意識」的程度而定，也就是說他們是否愈來愈能在任何時刻體驗意識功能：

在榮格派的精神分析以及麥布二氏人格類型指標（Myers-Briggs Type Indicator）的心理輔導中，一旦能把觀念從「良好類型」的發展轉移到「完整類型」的八功能模型（在這模型中，榮格八種意識類型中的任一種意識都同時具有「與自我共振」的功能及陰影功能），人格發展的倫理面向便會變得更為明顯，而意識或許就逐漸能實現其成為良知的可能性。（Beebe，2004，頁112）

這個榮格模型中的「完整」既不出於本質論、也不出於人心進化論（progressivism）的觀點。「良知」和榮格個體化過程的倫理面向非僅是出現於某一特別時刻的某一特別心理功能；它們乃在多項功能同時運作的自我感受中創造連貫性。

柯梅爾發現後榮格派分析師安德魯‧沙繆斯（Andrew

Samuels）的「複數心靈」觀念與他自己的解離治療模型可以互補（Kirmayer，1994，頁114）。利托伍德則發現他自己和榮格可以互補：

> 醫學對於催眠術及靈媒術（spiritism）中常見之多重意識所做的詮釋，多建立在下面的假定上：在人生一般過程中，每個人都擁有一個定義明確、具有意志的單一自我；這自我與它所源自的身體共有相同的生平故事，但後來卻由它來反映及指導這身體的經驗。這自我擁有一種特殊及持久的身分，也就是一種由他人感知及觀察到的（以及個人自己也可能知覺到的）舉止、反應、習慣、情感、能力及記憶所形成的身分……但這身分在夢中或在正常遺忘及心不在焉的狀況中會解體，以致過去經驗的某些片段未必能在同一時間被回想起來。這類分裂出去的「情結」（榮格會這樣稱呼它們）雖通常包括不相干的記憶和意念，但在某些恰好情況下（腦損、先天體質、情感創傷、催眠），這些碎片有可能遍布心靈各處，以致實際構成一個平行的第二自我。（Littlewood，2004，頁152）

我在第一章中提到：精神醫學剔除了「纏念」（obsession）一詞原有的宗教意涵（即「魔鬼圍攻人的身體」），而用它來指稱那些試圖進入人心的怪異思想、意象或衝動、以及人在試圖阻擋它們時必然會經歷到的掙扎。同樣的，解離迷恍症的診斷準則A在提到「附身」時認為它意指「慣常的個人身分被新身分所取代」而伴有完全或部分的失憶狀態，但診斷準則B卻去除了「附身」的宗教意涵和文化因素。根據維柯的語言理論（見本書第四章），論述語

言一般都需要丟棄它最初複雜的神話與譬喻涵義；這丟棄過程是無可避免的，甚至意謂了進步，但也弔詭地使論述語言轉趨貧乏膚淺，因為它縮限了文化可運用之社會論述的深度、複雜度和效度。柯梅爾和利托伍德之所以會認為西方文化貧乏膚淺，原因就在於社會論述再也無法有效或有意義地對尋常解離經驗發揮撫平功能。

在失去深刻意義的「附身」被納入 *DSM-IV* 的同時，為文討論「歇斯底里症」從官方醫學論述消失及其對二十世紀西方文化有何影響的榮格學者——無論他們是傳統派、後榮格派、還是原型派——卻增多了。正如「歇斯底里」非「解離現象」，「附身」也不是「歇斯底里現象」，但它們具有許多共同元素。尼爾·米克倫（Niel Micklem）把「歇斯底里」定義為：

一種具有「易受暗示」之明顯特徵的精神官能症，並具有情緒不穩及隨時陷入心靈解離狀態的特點，以致心理衝突常在無意識中被轉換成身體病症。其他的特點為：事有不順時習於透過疾病尋求逃避、表情誇張並過度冀求旁人注意（主要原因是患者不顧一切冀望自己「站在舞台中央」）。（Micklem，1996，頁 5）

他把這個疾病類別重新連結到其文化根源上，並在千百年來的西方信仰及文獻中追溯歇斯底里的意象。在把歇斯底里重新連結到它的神話和歷史時，米克倫開始為榮格對歇斯底里所做的評論提出辯護。榮格認為歇斯底里「非僅是需要治療的疾病；它是人格的必要成分，也是我們用心理情結之詞就能立即了解的心理狀態」（Micklem，1996，頁 13）。米克倫認為：過度認同醫學見解的西

方文化僅因醫學將歇斯底里排除在其論述外、視之為非生理問題，就否認並詆毀它。他主張我們應採弔詭思維來了解歇斯底里令人痛苦及混亂的種種情狀。

格雷格·莫根生（Greg Mogenson，2003）在佛洛伊德的本能驅力潛抑理論和榮格認為無意識自主情結易從自我解離的說法之間做了一番比較，特別強調歇斯底里在這兩種理論中所佔的中心位置。他在克里斯多夫·波拉斯（Christopher Bollas）的建議中——把「靈」（spirit）這個字引進精神分析——發現了認知突破的可能性，就如我在「附身」一詞被引進 *DSM* 論述這事上所發現的：

在特殊情況下，「靈」這個字應被引進精神分析內，縱使它在精神分析時代之前所取得的種種意義會引起各種反對聲浪。如果我們能了解個人終其一生都與「靈」所意謂的情感表達有密切關係，那麼我們就可以說：我們每個人都是一個靈並能對他人發揮靈性影響力——事實上，他人會在他們的心中帶著我們的靈，我們也會讓他們的靈入住於我們的心。靈並不同於心中意象（internal representation），雖然我認為它的確與我們所說的被內化他者（internal object）[14] 非常相似。但較諸後者，它更深入、更複雜、無法以心象呈現、但就是在那裡。（Bollas，1992，頁 64）

莫根生認為精神分析的論述充滿實證科學和客觀主義的色彩、因

14　譯註：指他者呈現在心靈的形式，通常以三種形式呈現：自我感受到的他者（母親很慈愛）、自我與他者的相對關係（她照顧我，這代表我很乖）、關係本身（我愛我母親）。這些呈現都為心象（意象）。

而欠缺人本論和詮釋研究法 [15] 的觀點。由於站在邏輯立場的精神分析貶低了「靈」的價值並認為它不屬感官經驗、不具物質性、純出於主觀感受而對人「有害」，莫根生因此認為波拉斯的建議——在精神分析論述中納入「靈」這個字——是「離開感官驗證論（empiricism）[16] 和外向思考方式的關鍵一步」（Mogenson，2003，頁 116）。但莫根生最後認為波拉斯對精神分析所提出的認知挑戰未竟其功；他並充滿敵意地指責波拉斯在接著討論歇斯底里現象時（Bollas，2000）並未採用「靈」這個主觀性字詞、卻採用了「他我關係」（object relations）[17] 的理論。在批判波拉斯討論歇斯底里現象時所用的精神分析方法之際，莫根生呼籲大家要能分辨什麼是了無生氣與病態的歇斯底里人格異常，什麼又是由阿尼姆斯／阿尼瑪所激起、對精神分析論述及醫學論述兩者提出創意性挑戰的歇斯底里現象。他認為歇斯底里具有正面意義的這一見解，很像波地就扎耳儀式類閾限面向如何對北蘇丹主流社會發出批判所做的描述：

　　病人很可能會被當成一個心懷惡意的歇斯底里患者，但實際情況是：被分析師的自欺（*mauvaise foi*）[18]（儘管如此，他們仍稱得上盡本分而為）激怒的阿尼姆斯／阿尼瑪召集了所有力量，藉負面的治療反應來批判分析師及精神分析之理論所依據的知識論……波拉斯所屬的分析傳統所犯的重大錯誤是：它不曾在源自阿尼姆斯／阿尼瑪的歇斯底里現象及源自「戀母情結」（mother-fixation）的

15　譯註：參見第二章譯註 19。
16　譯註：此種理論認為感官經驗是知識的主要或唯一來源。
17　譯註：參見第二章譯註 26。
18　譯註：此為法國哲學家沙特（Jean-Paul Sartre）的用語，英譯為 bad faith。

歇斯底里人格異常症候群間做出區別。（Mogenson，2003，頁 24-25）

對莫根生來講，原型派的分析心理學論述是唯一還未向主流精神分析之實證主義論述投降的榮格心理學論述。他自認屬於原型派而不願正視榮格對感官驗證主義的興趣，也不願正視榮格公開認為自己的論述介於先天論和人本論之間的事實。事實上，榮格不是純粹的主觀論者。我非常贊成路易吉·奧利吉馬（Luigi Aurigemma）的說法：榮格所自述的經驗「在本質上既不是分析方法，也不是科學方法……〔但它〕貫穿了他幾十年的治療工作和科學研究」（Aurigemma，1992，頁 15；作者英譯）。無論如何，跟米克倫一樣，莫根生主張：儘管歇斯底里現象目前不受人重視，它仍對精神疾病的醫學視野具有可貴及正當的重要性，因為一旦它被納入該視野，它當能站在對立位置上挑戰這視野而使之有機會創新。這樣說來，任何榮格學派都會同意：在 DSM 將「附身」納入解離障礙症時，其編輯方針所說的文化包容性隨即面臨了認知突破的挑戰。

　　因此，正如 DSM-IV 的作者們原本可利用榮格的情結理論來為附身在解離障礙症的疾病分類中創造一個角落，他們原也可以發現榮格的理論強調任何「附身」經驗都與文化和社會因素有關。柯梅爾和利托伍德視多重人格障礙症和厭食症為某些文化所特有的症候群、會在它們出現的文化中挑戰和批判集體價值觀。這見解就如同波地認為扎耳信仰有一部分也在挑戰和批判不久前附加在蘇丹文化上的伊斯蘭父權思想。同樣的，榮格的理論應會假設解離迷恍症的病因不僅與個人有關、也與社會因素有關，並會以集體無意識或文

化無意識的說法來描述這些社會因素（Singer & Kimbles，2004）。
榮格的理論也應會試著為那至少在某種程度上相當痛苦的「附身經
驗」找出意義，而這意義就在於它未來對個人、也對集體所能發揮
的轉化功能。

DSM-5 中的「附身形式身分解離障礙症」

不幸的是，美國精神醫學學會並沒有把握機會在 DSM 中重寫
「附身」的意義。相反的，在納入「附身形式身分解離障礙症」
（Possession-form dissociative identity disorder） 時，DSM-5（APA，
2013）要醫師設法認出的是一種與文化內容無關、而與先天因素有
關的障礙症，似認為這種辨認是可能的：

身分解離障礙症中以附身為形式的多重身分一般以如下行為
表現出來：在舉止上似被「魂靈」、超自然物、或外人所掌控，以
致個人開始以截然不同的方式說話或行動。例如，某個女人的身分
似被住在同一街坊、幾年前自殺身亡的一個女孩鬼魂所取代，一言
一行都跟女孩生前相仿。或者，某人似被惡魔或神祇「接管」，以
致神智異常；惡魔或神祇並要求該人或其親屬為過去的行為接受懲
罰，之後患者會陸續再經歷微妙的身分轉換。然而在世界各地，大
部分附身狀態都是正常現象，通常是靈性儀式的一部分，而且並不
符合身分解離障礙症的診斷準則。在附身形式身分解離障礙症中出
現的不同身分會定期再現、非為個人所願、非為個人意志所指使、
會造成臨床上明顯的痛苦或神智異常（準則 C）、而且不為集體

附身：榮格的比較心靈解剖學

文化或宗教風俗所認可（準則 D）……「附身形式身分解離障礙症」與文化所接受之附身狀態的差異是：前者並非出於個人意志，會令人痛苦及束手無策，會定期或持續發生，與個人及其家人、親友或同事之間的衝突有關，並且多發作於文化或宗教規範所不認可的時間和地點。（APA，2013：292-5）

在這個「附身形式身分解離障礙症」的診斷定義中，與自我之消失相附而生的是自我被鬼魂、社區記憶碎塊、神祇或惡魔接管的感覺。但這定義卻要求診斷者完成一件不可能的任務：在文化認可的附身經驗和非文化認可的附身經驗之間做出分辨。它同時否定了無數人類學文獻對附身現象所做的描述：根據這些描述，受苦者之所以尋求幫助，是因他們的奇特經歷一方面為常規所接受（亦即為文化或宗教風俗的一部分），另一方面卻造成痛苦且非出於個人意志。正如利托伍德和波地所強調的，大部分所謂的「正常」附身經驗都與衝突有關，都會要求匡正個人與其家人或社會的關係，並且——根據這些經驗同時具有類閾限及閾限元素的程度而定——會弔詭地既肯定、也顛覆它們所依附的文化或宗教規範。正如德沙托在重讀盧登歷史時所強調的，若否定附身現象中所出現之無法單純解釋、非理性、但充滿對話性的空間，任何診斷論述都將犯下過於簡化現象的錯誤。

在當代法語中，名詞 *récupération*[19] 的政治意義是：一個當權的強大政府用來收編並吸收無政府主義元素、使它們轉變為無害之

19　譯註：即「挪用兼併」之意。

社會作法的方式。*DSM-5* 的作者們挪用並兼併了「附身」一詞，剝奪了它的宗教意義及顛覆功能，使它屈從於權力擁有者的政治意圖——也就是要讓 *DSM* 的疾病分類學看來無所不包而且完備。他們在列出「文化問題一覽」（Cultural Formulation，APA，2013，頁 749-759）時並未真心誠意謀求「文化包容性」，僅再度納入內容貧乏的「不同文化之痛苦概念」附錄（Cultural Concepts of Distress，APA，2013，頁 833-837）。*DSM* 的作者們不僅忽略「附身」在被視為解離障礙症時對美國精神醫學學會之編輯方針所發出的認知挑戰，還抵制這挑戰可能為 *DSM* 所帶來的知識導正，致使 *DSM* 最終無法成為充分有效的診斷工具。正如榮格於一九五八年對精神醫師所強調的，心理治療——也就是 *DSM* 建議用來治療大多數身分解離障礙症的方法——是否能發揮效用，端賴解離痛苦的生理面向、心因面向、社會面向、以及未來面向可在多大程度上全部整合起來。

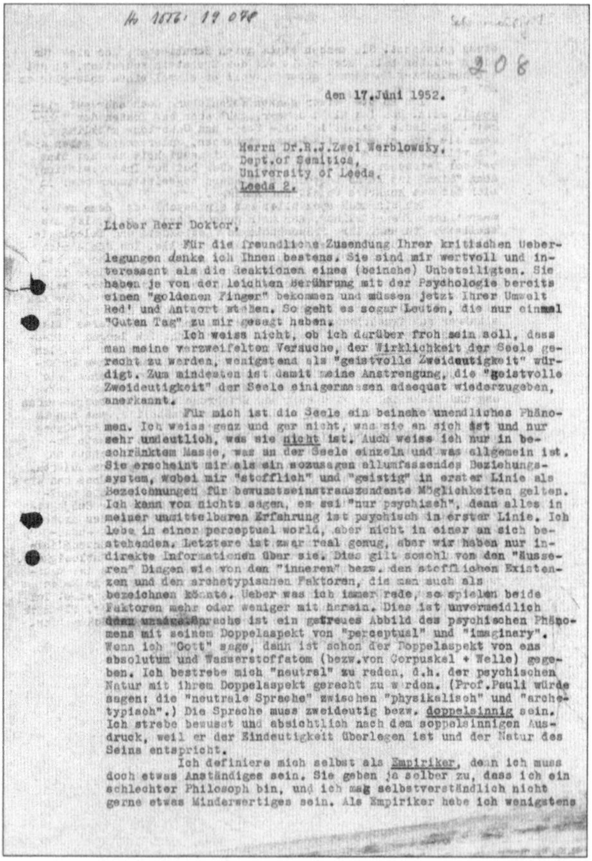

圖 4.1 　榮格在一九五二年六月十七日致茲維‧渥布勞斯基博士的信函中論及他自己模稜兩可的論述。存於蘇黎世瑞士聯邦理工學院（Eidgenössische Technische Hochschule Zürich，ETHZ）圖書館榮格全集典藏室。蘇黎世榮格著作基金會（Stiftung der Werke von C. G. Jung）之代表蘇黎世保羅-彼得弗利茲文學經紀人公司（Paul & Peter Fritz AG Literary Agency）准予刊印。

榮格模稜兩可的用詞

隱喻可說是療癒的手勢──它把我們的
語言能力在我們和世界之間開啟的裂隙縫合
起來。隱喻斷不承認事物的最基本存有特色
是它們的獨特性，卻認為其獨特性**只是它們
最基本的存有特色之一**（其他特色包括它們
的相互滲透性和連結性）。

　　　　──珍·茲維奇，《智慧與隱喻》

（Jan Zwicky，*Wisdom and Metaphor*，

頁 59）

大腦──比蒼天更寬廣，

因為──只要將它們並列，

其一就會輕易

容下另一個──以及你。

　　　　──艾蜜莉·狄金遜，《詩全集》

（Emily Dickinson，*The Complete Poems*，

第 632 首）

要分析榮格的附身概念，我們必須先從修辭學角度把這概念擺在他那（據他自己說）「故意模稜兩可」的論述中。榮格特別強調意象的存有意義[1]；在這一點上，特別看重神話語言的維柯是榮格的先驅。我希望這點關聯可以幫助讀者在閱讀榮格的文字時調整他們的期望。我將用維柯的觀點來把榮格的附身概念重新連結到它的字源意象、即人安坐於位的具體觀念上，並根據榮格的弔詭知識論來討論這概念。利用《榮格全集》來探溯「附身」一詞的蹤跡也可使這概念變得明確並具有實用性。

榮格的模稜兩可

一九五一年，里茲大學（Leeds University）及曼徹斯特市猶太學研究中心（the Institute of Jewish Studies of Manchester）的茲維・渥布勞斯基博士（R. J. Zwi Werblowsky）把一本名為《路西弗與普羅米修斯》（*Lucifer and Prometheus*）的書稿交給榮格，要求他為之寫序。榮格擔心身為精神醫師的自己為這本米爾頓史詩《失樂園》的研究寫序，會讓人覺得十分不適當，但他還是完成對方所託，寫了幾段文字來解釋「魔鬼如何以及為何〔已〕走進了精神醫師的診療室」，藉以強調路西弗[2]這個具有多重意義的角色對當代讀者而言可能代表的實際臨床意義。

榮格認為：米爾頓（John Milton）的魔鬼代表了尋求獨立自我

1　譯註：意象的英文原字 images 是指心象，在西方存有論（或本體論）中一向屬於想像範疇，而非實體。

2　譯註：即魔鬼撒旦。

的驅力，而一百四十年後在歌德《浮士德》中被描繪為善於欺騙、語意模稜兩可的魔鬼則是煉金術師之子（*filius*）[3]的黑暗面向、亦即無所不能之墨丘利（Mercurius）[4]的一個樣貌，但這時在歌德作品中已淪為浮士德的個人心魔（personal familiar），不過是米爾頓筆下之奮戰英雄的影子而已。榮格然後說出他所認為的心理法則：在原型意象失去其形上基礎以及其實質意義或重要性後，它就會與個人的意識心結合為一，並因具有靈啟性質而能導致膨脹的自我。榮格的結論是，由於魔鬼已變得微不足道，因此歌德稱浮士德為超人以及尼采之後的西方世界歷經集體中邪[5]，這一切發展可說都毫不令人感到意外和驚訝（Jung，1952，段 472）。

幾個月後，在寫給渥布勞斯基的一封信中，榮格重提他對米爾頓筆下意義模稜兩可之路西弗的看法。他提到馬丁·布伯（Martin Buber）曾以「諾斯底教義」（Gnosticism）[6]稱呼及嘲笑他的著作、指他犯了「弄巧以模稜兩可」的謬誤。榮格隨即把這批評變成了於己有利的褒語，指布伯的說法恰好表揚了他一向對心靈「弄巧以模稜兩可」之本質所懷有的敬重之心。他告訴渥布勞斯基，他是有意

3　譯註：拉丁文為 *filius philosophorum*，即智慧尋求者（煉金術師）的終極造詣（正果），或稱賢者之石（*lapis philosophorum*）。

4　譯註：Mercurius 為羅馬神話中的主神之一，取材自希臘神話中的 Hermes，主司「界線」和「轉化」，代表溝通和旅行，游移於神界與凡間，是凡人與神的中介者，並引導死者進入地府。煉金術用此神名稱呼金屬水銀（mercury），認為水銀是受困或隱藏於物質的世界創造者，其性質模稜兩可，可神可魔，是地獄之火與振奮萬物的風、男與女、助人者與騙子，兼具並統合二元，因此是始點與終點匯聚而成的完滿之圓。它既是形成世界的原始物質或原始石材（prima material），也是煉金術致力追求的最終目標「賢者之石」。

5　譯註：指二十世紀初開始遍行歐陸的狂熱群眾運動和政治人物崇拜，終導致第一、第二次世界大戰的集體殘殺和猶太人大屠殺。

6　譯註：諾斯底教義於西元二世紀後出現於基督教內，強調人需倚賴神祕靈知才能擺脫物質及肉體的拘羈而贖回靈性。馬丁·布伯認為榮格即屬此種神祕靈知論。

使自己的語言變為模稜兩可的：

> 我的語言必須模稜兩可，以便對得起吾人心靈的二元本質。我相當用心地追求意義雙重的表達方式，因為這優於明確的表達方式並能反映生命的本質。我的氣質稟賦的確會使我自然而然選用明確的說詞，但那會對不起實情真相。我之所以故意讓所有弦外之音和潛音被人聽見，一部分原因是它們本來就存在，另一部分原因是它們更能描繪真相實情的全貌……那就是我偏愛模稜兩可語言的原因，因為這種語言既對主觀的原型意念、也對具有自主性的原型做了最貼切表述……無限廣大的心靈領域是個充滿生命力的真實世界；精神與物質的奧祕就徘徊於其邊緣上 [7]……對我來講，這就是我用來表達經驗的語言框架。（Jung，1973，卷 2，頁 69-71）

由於榮格用來寫作的這個「框架」本質上具有模稜兩可性，它持續使臨床界和學術界的榮格讀者深感受挫。如榮格在其他信件中所做的解釋，他也知道這修辭框架的難度常使人對他的著作敬而遠之，因而使他發出不平之鳴。但也正如他的書信全集所示於人的，他依然決定用此框架書寫並不斷為之提出辯護。

在榮格多數的著作中，比語言考量更重要的寫作動力是榮格口中所說的「道德諭命」[8]（moral imperative，Jung，1916b/1958，頁68）。在他的回憶錄中，他描述了早年出現於其內心的一場對話，

---

7 譯註：意指其奧祕有溢出而顯示的可能。榮格在此用「精神」（spirit）和「物質」（matter）代表心靈版圖上的兩個對立面向：意識和無意識。

8 譯註：根據榮格的說法，道德諭命指人心本具的一種敦促力，能促使人面對自己的低等心理功能及陰影原型以整合心靈對立面向、透過個體化過程趨近自性。

在其中與他面對面的阿尼瑪出聲堅稱他的異想記錄是「藝術」。他在反駁這指責時說：記錄這些異想是為了報告客觀的「自然」[9]。換言之，他在這段描述中說自己受到低等功能（inferior function）[10]的誘引，在視自己的異想記錄為藝術時很可能同時高估及低估它，因此他抗拒無意識內容可能給他帶來的膨脹自我及洩氣自我。他說，為了追隨道德諭命，他必須客觀看待他的心靈經驗並將之記錄於紙上，以便讓它經得起科學的檢驗（Jung，1962，頁 186；另見Shamdasani，1995，頁 115-37；1998，頁 56-71）。在面遇自己的無意識時，如果僅以藝術意圖及美學詮釋為鎧甲，榮格害怕他的自我會被無意識壓垮、身為心理治療師的他會失去行動能力、身為常人的他會失去平衡的（甚至正常理性的）心靈。

榮格常認為文字的益處在於它們有能力削弱無意識內容的力量，也就是它們在把這些內容客觀呈現於紙上時可以帶來心理治療效益。但他也有所警覺，擔心文字的驅邪功能[11]會與人的自大結合成一種自我防衛形式，也擔心文字本身就帶有危險因子。因此──舉例來講──在某位醫師寄給他一篇有關象徵學（symbology）的文章後，他在回信中提出勸誡：

　　為了你的心理健康，千萬要記得：一方面你必須關心自己的心

9　譯註：見《榮格回憶錄》（*Memories, Dreams, Reflections*，1962），頁 186。在西方思想中，「藝術」（人為之作）與「自然」是常見的對比觀念。

10　譯註：依據他所區分的四種心理功能（感官 vs. 直覺，以及思考 vs. 情感），榮格認為自己的主要心理功能是內向思考，最不擅長的功能是情感（見 *C.G. Jung Speaking*，Princeton University Press，1987，頁 256-257 及 435-436）。照此，他的低等心理功能應是外向情感（extraverted feeling）。

11　譯註：即削弱無意識力量；見前句。

靈材料，另一方面你在這麼做時也必須盡求嚴謹和精確，否則你就會冒上極大的危險！不要忘了，所有字母和數字的原始意義都帶有魔法，因此它們有可能給靈魂帶來危險！（Jung，1973，卷 1，頁 528-529）

根據榮格的看法，文字之所以會造成問題，一方面是因為它們源起於魔法，一方面則是因為它們似可在其本身與魔法之間創造距離。他企圖用感官驗證主義的術語來檢視他自己及他病人心靈本質的種種現象，但他並不願接受純粹臨床術語在保持距離時造成的簡化效應。早在一九〇九年時，他寫信給山多·佛倫奇（Sándor Ferenczi）[12]，指出佛洛伊德的風格使他感到不安。佛洛伊德在一篇討論強迫性精神官能症的文章中使用了「『全能』症狀」（symptom of omnipotence）之語；榮格認為這用詞「太具臨床意味」而不可取。他在同一天寫信給佛洛伊德：「若不論及神話和文明史，我們將無從揭發精神官能症和精神病的最終祕密……因此我撻伐『臨床術語』」（Jung，1973，卷 1，頁 14-15）。在晚年回想佛洛伊德時，榮格用「精確而束縛人心」來評價他的語言：

　　雖然佛洛伊德認為性慾無疑具有靈啟功能，但他的術語和理論卻似乎認為它僅是一種生物功能。唯當他帶著感情提到它時，我們才發現有許多更深的意義元素迴盪於他內心。他基本上想告訴人的是（至少我這麼認為）：從人心來看，性慾包含靈性並自有內在

12　譯註：為匈牙利精神醫師及精神分析師（1873-1933）。

　　　　　　　　　　　　附身：榮格的比較心靈解剖學

意義。但他所使用之具體明確的術語卻過於狹隘，以致無法把這想法表達出來……他一直不知他的「單調詮釋」把他逃避自己——或說逃避他身上可稱神祕的那個面向——的事實表達了出來……他無法看到無意識內容的弔詭性和模稜兩可性，也不知道來自無意識的所有事物都有頂部和底部、內部和外部。（Jung，1962，頁 152-153）

即使榮格自己的思考功能不能缺少那些可以用概念「掌握事物」的文字，他的直覺功能似乎並不信任哲學式的概念文字，認為它們「對我們施以詛咒，使我們有能力思考一件事並想像自己擁有它，但事實上我們距離它仍有幾哩路之遙」（Jung，1973，卷 1，頁 96）。為避免這在他眼中為西方所特有的認知問題[13]，榮格覺得他最好把文字固泊於真正的感官驗證主義內，把他所使用的語言貼附在具體的感官經驗上，並把用詞掛勾在心靈本質的可觀察現象上。他說：「由於我徹底奉行感官驗證主義，我從不輕易相信哲學概念。對我而言，一個字必須能指稱有形及可觀察的事物，否則就毫無意義可言」（Jung，1973，卷 1，頁 465）。

但即使榮格想追隨感官驗證主義，他的主題——幻想、夢、異象、超自然心理事件（parapsychological events）、心靈生命的所有非理性現象——以及他的心理治療目標使他不得不跟其他用科學方法研究人心痛苦的人士劃清界線。他的這個決心極為堅定，以致他

13　譯註：即偏重理性（邏輯）思考、以概念來認知現象世界而導致的問題。作者在這前後幾段中似藉榮格的四種心理功能說，來解說榮格如何在其著作中試圖平衡所有功能（即非理性而對立的感官和直覺功能、以及從事判斷而對立的思考和情感功能），藉以寫出模稜兩可的語言形式。

竟然宣稱：「在確保心理治療獨立於精神醫學和神經醫學之外時，我一向冒著生命的危險」（Jung，1973，卷1，頁163）。榮格雖自稱是感官驗證主義者，但他的這個自稱一直引發爭議。在這爭議中，最寬容他的看法或許是：當時現象學的某些形式——如威廉・詹姆士（William James）所提到的「激進感官驗證主義」（radical empiricism）[14]——擴延了感官驗證主義，因而使感官驗證主義也涵蓋了主觀知識論[15]（Dourley，2002）。

在否認自己描繪生命的文字具有任何藝術創意時，榮格說他對擁有工匠細作風格的傳統語言至感滿意（Jung，1973，卷1，頁324）。他說他的文字既不理性、也沒有理論系統，只不過是用來指述非理性之感官經驗現象的名稱而已（Jung，1973，卷2，頁302）。

如果我曾發明一套系統，我當然應曾建立起更好、更有哲學價值的概念……〔但〕當事物彼此相合而成篇章時，它們未必就會形成一套哲學系統——有時候，各項事實不過恰好相合在一起罷了。神話母題是事實；它們永不改變，會改變的只有理論。否認神話母題存在的時代是不可能存在的……但跟它們有關的理論卻在任何時代都會發生重大改變。（Jung，1973，卷2，頁192）

---

14 譯註：威廉・詹姆士（1842-1910）為美國實用主義（pragmatism）哲學家及心理學家。其激進感官驗證主義認為知識除建立在感官經驗外，也有可能來自先驗之理性、直覺或神啟，但這些知識來源並不值得哲學家討論，因無人能用感官詞彙來定義它們。

15 譯註：本處原文為 the subjective，指的是 subjectivism，認為人的世界觀或事物觀都建立在其內在心智知覺、而非外在感官知覺上。

附身：榮格的比較心靈解剖學

神話母題是榮格志在探討的事實，目的在為比較心靈解剖學以及與之對應的實際心理治療工作建立理論。他並不排斥理性；他使用理性，但在寫作時也使用與德爾斐神諭[16]或夢之語言同樣模稜兩可、具有神話創造功能的語言。因此，他一方面選擇使用「無意識」之詞，因為「它是為科學目的鑄造出來的字詞」、因而「最適用於不提出形上學結論的冷靜觀察中」。在另一方面，他發現「無意識」是個「過於中性及理性、無法激動想像力的用語」（的確，它甚至剝奪了想像能力），而「神靈」（daimon）或「神」卻能包含或召喚出靈啟的情感特質——只要這類神話詞彙不過度充滿情感能量、致使其語言所表達的概念在召喚意義時也同樣挑動了爭議（甚至狂熱）（Jung，1962，頁341）。榮格於此可說將自己擺在一個相當尷尬的位置上，也就是位於他那時代中科學與人文之文化分野的的中間。而且，由於他想要寫出心靈的全貌（頂部與底部、具體與抽象、內與外、理性與本能、科學與人文），他選擇了模稜兩可而具有歧義性的語言。

維柯在《新知識論》中
對創造神話之語言的重視

榮格的字彙和知識論都源自十八世紀早期哲學家及修辭學家詹巴蒂斯塔・維柯（Giambattista Vico）。身為啟蒙運動重要批判者的維柯發展出一套知識論，認為自然科學及人文學為對立領域。在

16　譯註：德爾斐（Delphi）山谷為古希臘阿波羅神廟的所在地。

區分「觀察外在世界」及「了解人類經驗」的差異時，維柯開始反對笛卡爾所持有的時代偏見，認為：把自然科學的規則和語言用在意志和情感領域上，是一種謬誤。在西方文化已日趨俗世化和講究科學理性的情況下，他或許是第一個認為神話母題仍將是西方文化基石的思想家。他也是第一個主張西方文化有必要看重及復興神話語言的人。

維柯《新知識論》（1725 年初版，彼時書名為 *Scienza Nuova*）的核心是 *verum factum* 原則，意謂「真理是創造出來的，而非由觀察取得」。這原則讓他發現 *certum*（從外界取得的事實知識，如自然科學）與 *verum*（從內心取得的真理知識，如歷史和純數學）之間的差異。維柯之所以攻擊其他理論家，原因就在於這些理論家的偏頗立場貶抑了人類內在洞見或自我知識的價值：

　　但在包圍遠古世界──離我們何其遙遠──的極黑夜晚中，不容置疑的真理已在那裡散發著永恆不朽的光芒。這真理就是：文明世界確實是人類所造，因而我們只能在不斷調整的人心中去發現這世界的原理。任何思索此事的人不得不對以下兩個現象大感訝異：一是哲學家們竟然用盡力氣去研究上帝所造、因而唯上帝才能了解的自然世界，另一則是他們竟然不去研究由人所造、因而可為人知的萬國世界或文明世界。（Vico，1744/1948，頁 96）

根據維柯的知識論，真理（*verum*）以及透過想像力（imagination 或 *fantasia*）所取得的知識屬於人文學。他認為哲學思維的主要出發點是意象和故事，而非概念（Verene，1981，頁 180）。傳統兩

圖4.2 詹巴蒂斯塔‧維柯《新知識論》第三版（*Principj di Scienza nuova, d'intorno alla comune natura delle Nazioni*，Naples，1744）扉頁上的寓意畫。本書提出「神話原型」為新知識領域，用以補正笛卡爾科學理性主義的偏見。

種知識類別——具有演繹功能的知識（如邏輯與文法）[17]以及感官觀察所得者——的最主要差異是前者會導出與人所建構者無關

17　譯註：邏輯、文法與修辭是文藝復興時期人文主義者所專攻之知識。

的真理，而後者乃與人所感知的自然現象及外在事實有關。維柯認為別種知識類別也可能存在，例如觸及柏拉圖所說之抽象理型（Platonic Forms）[18] 的形上知識，但這種知識多具神啟性質，正如基督徒的信心所導致者。他特別看重的知識是人透過想像力所取得的自我知識 [19]。他認為：具有想像力的內視可使人根據內心事實創造真理，因此人文知識也有提出真理的能力，即使這類真理並不倚賴笛卡爾口中之「清晰明確的觀念」[20]。想像力也讓某一時代或文化的人能夠透過同理心去嘗試進入另一時代或文化的價值觀、想法及生活形式，以便從內透過其語言和神話來試圖了解它。

維柯承認這種想像力也使人易犯一種錯誤：把自然界人性化（anthropomorphosis），也就是錯誤地把自我知識投射到自然界、然後用人性說詞去誤釋它。但他也指責笛卡爾犯了正好相反的錯誤：斷然不承認想像力具有認知功能，並把人文知識歸於不具人性的自然領域 [21]。在維護我們今日所稱的自我知識時，維柯成為了崇奉想像力之浪漫主義文學 [22] 及二十世紀思潮——如精神分析、存在主義和結構主義——的關鍵性先驅人物（Burke，1985，頁 8），

18　譯註：在哲學術語中，Platonic Forms 亦稱 Platonic Ideas，指永恆的抽象理念，為現象界萬物之本。中古世紀的基督教神學認為這些理念源自上帝。

19　譯註：維柯認為在數學與邏輯（先驗而具演繹性）、自然科學（由感官觀察所取得）、形上學（由理性直覺所取得）這三種傳統知識類別之外必須加上自我知識（由想像力所取得）。

20　譯註：書中原文為 pure and fixed ideas，但其他討論笛卡爾知識論的英文著作多以 clear and distinct ideas 指稱這些觀念，乃與邏輯的、數學的、以及分析的理性思考能力息息相關。笛卡爾認為任何可被稱為真理的知識都是由這些觀念組成，否則即為虛幻知識。虛幻知識所根據的觀念多源自感官經驗、心理經驗、或任何無可量化的現象。

21　譯註：指笛卡爾視倫理問題以及紛雜之歷史與文化現象亦如自然現象，試圖用抽象的邏輯推理為所有現象找出唯一原因，而忽略紛雜之人文現象肇因於各種變數、難以用單一通則來做解釋。參見康乃爾大學出版之維柯著作 *On the Study Methods of Our time*（*De nostri temporis studiorum ratione*）。

22　譯註：西方浪漫主義思潮盛行於十八世紀末至十九世紀中期。

雖然他這關鍵性角色通常都被人忽略了。

　　維柯試圖為他同時代哲學家的主張找出歷史脈絡，所用的方法就是以三階段歷史往復之說來為理性主義定位。根據他的理論，文明發展在歷經神話時代、貴族英雄時代、以及平民時代後又會在危然不安中躍回神話時代。在暫時擱置這歷史觀並視自己的時代為「第三階段」時，他承認啟蒙運動[23]具有相對可取之處，並認為理性主義是當時知識氛圍的一部分。他陳述理性主義的益處，質疑其觀點的缺失，並臆測它的邏輯最終會把它導向何方。這種終極歸宿論（teleology）[24]使他繪出「歷史往復」（*corsi e ricorsi*）的圖形：在時間中行進的文明若不是螺旋進步，就是原地踏步，一切都有賴於第三階段躍回第一階段時的性質為何。頗為弔詭的是，最佳的跳躍形式在同一時間內既是躍前、也是躍後。在維柯這歷史往復論的描繪下，人類文化是一個不斷改變、但必須透過人心反思能力和直覺力察知的認知領域，就像自然界必須用感官觀察一樣[25]。

　　在英語世界，在二十世紀中期思想家及論文作家以撒‧柏林（Isaiah Berlin）推廣維柯的觀念之前，這些觀念可說曾在相當程度上受到埋沒。在看待存在於維柯人文歷史觀及其基督教末世論之間的矛盾張力時，柏林自己也滿是矛盾。他在一篇論文中提到：不完美趨於完美的進程並不存在於維柯的往復意象中，「僅見舊需要被滿足後，新需要在人類無止盡的自我創造和自我轉化中流動的情

23　譯註：十八世紀西方啟蒙運動（the Enlightenment）的中心思想即是理性主義。
24　譯註：西方的終極歸宿論通常與基督教末世論有關，指人類歷史的最終去向。
25　譯註：本句原文為 Vico portrayed human culture as an intelligible, constantly changing reality that must be intuited, in much the same way as nature must be observed empirically，其中的 intelligible...reality（透過反思而知的世界）在西方哲學中與 sensible reality（藉感官察知的世界）相對。

形」（Berlin，2001，頁348）。這種世界觀可說採取了文化及道德相對論的立場，但柏林寧可認為它採取了多元觀點（pluralism）的立場，因為維柯說過：一個文化的成員可藉想像力和洞察力來了解另一個文化（Berlin，2001，頁9）。但柏林在別處也曾說維柯口中的三階段並非為人類無心導致，也不是機械式的因果序列；相反的，它們反映了人類在邁向集體明確目標時的必經階段。一個具有智慧的聖神在維柯的世界觀裡扮演了極重要角色；祂就是維柯在用「神之旨意」（Lilla，1992）稱呼第三階段後的危險一躍時想要取悅、使之息怒的那位造物主。再且，在用戲劇手法描述文明階段、視其形式最終是由集體「人心」所賦予時，他似乎指出了人類跟神一樣具有創造世界的能力（Mali，1992）。無論如何，有各種證據顯示維柯是基督教末世論者；在他眼中，宗教是唯一可凝聚社會的真正力量，而人類所具有的某種神性——那是他們共同珍惜的一點「微光」或「火花」——可以弔詭轉化他們獸性的最黑暗面向而使之成為他們的利器：

從他們共有的兇猛、貪婪和野心這三種惡性中，人類創造了軍隊、商人以及統治階級，並因此創造了國家的力量、財富和智慧。從這三大無疑會消滅地球人類的惡性中，人類創造了文明幸福。（Vico，1948，頁62）

柏林甚至指出，維柯對人類經驗的見解可說就是現象學的起源——在這見解中，人類經驗的形成始於無意識目的，而後在有意識目的的牽引下逐漸前進（Berlin，2000，頁55）。

更確切來講，維柯認為一個文明的每個時代都會創造它自己的語言，因而每個文化都運用到三種語言表達方式：詩、英雄語言和平民白話文。與柏拉圖及新柏拉圖學派人士相反的是，維柯堅稱人性的基礎是詩，而非白話文的哲學論述：文化是從一個最初的神話母題（或「神話原型」[26]）框架中發展出來的，而非從理性所導致之定理發展出來（Vico，1948，頁143），是以所有概念都含有意象在其中：

　　詩的風格出現得比散文風格要早，正如──根據相同的必然律──寓言故事或神話原型要比由散文語言所形成的理性或哲學概念更早出現一樣。在詩人把個別意念連結起來而形成詩的語言後……族群才進而把詩所連結的各部分縮簡成一個具有總括意味的單字，就此形成散文語言。例如，「我的心血在沸騰」這個詩語是根據人性共有的某種自然和永恆特色說出的。人們接著拿血、沸騰和心來組成一個總括性單字：希臘字為 *stomachos*，拉丁字為 *ira*，義大利字為 *collera*。依照同樣模式，象形文字和英雄字母〔或圖像〕被簡化成了幾個具有總括功能、把無數相異而清晰的聲音同化掉的平民字母──這樣的壯舉若無全備的天才是絕對無法完成的！藉著這些平凡的總括性文字和字母，族群心靈變得敏捷起來並發展出抽象思維的能力，就此鋪路迎來那些建構出明確概念的哲學家

26　譯註：英文為 imaginative universals，在維柯學說中與 intelligible universals 相反。前者為古老神話中出現的眾神，其名字表徵了人性及自然界的諸般面向，榮格的原型概念即受到這說法的影響。後者則指數學或哲學的抽象定理及概念。下段引文中用到 genus 與 genera 兩字，原都為「類屬」之意，亦即總括個體的類屬名稱，如動物、植物等等有別於、但總括個別具體事物或現象的文字。為求文意清楚，譯者在此將這兩字分別譯為「總括性單字」和「概念」。

們。（Vico，1948，頁 154）

維柯之所以特別重視詩的語言，不僅是因為他的歷史觀認為意象和故事先於概念或詩先於散文（Vico，1948，頁 131），也是因為：如要理解及善用概念，我們必須從字源學和語言史下手，並用想像力去追溯一個概念的原始意象，以便在追溯途中發現它的意義如何衍生變化。維柯最具革命性的一個發現是：就像觀念一樣，文字也直接受到感官所察之事及人類生存所賴之具體環境的影響，因而最足以證明這些事物確實存在（Berlin，2000，頁 67）。維柯社會語言學式的文化觀並不屬於文化散播論（diffusionism[27]，Vico，1948，頁 29）。他並不想知道 herculean 這概念如何從傑森一個探險夥伴的故事[28] 衍生而來（這故事在各文化中流傳甚廣），反而蒐集了一堆「可信的不可能之事」（credible impossibilities），在其中我們可看到每個文化中的 Hercules 如何完成艱巨異常的重責大任。他認為這些故事共以一個「神話原型」為中心，用以傳達「建國始祖的英勇特質」。維柯關注的重點並不是這些原型本身，而是人類思想的演化過程。他拿這些原型做為字源及語言史探討的起點，再經由這些探討去研究每個文化在透過其語言、神話及儀式而流露時所呈現的獨特風格或生活形式。

維柯說：尚未具備抽象思維能力的第一階段文化就是拿占悉

27　譯註：為人類學的一個學派，主張世界所有文化都源於一個地區（即所謂的文明搖籃）、該地區的文化發明會因人類互相模仿而散播到其他地區。

28　譯註：指希臘神話中不畏艱難、完成十二項不可能任務的的大力士 Hercules，曾與另一位英雄人物傑森（Jason）同往考克斯（Colchis）探險尋求金色羊毛。形容詞 herculean 可廣泛運用到所有與他具有相同特質的人身上。

神意的「詩性邏輯」來建構較抽象之「理性邏輯」的。「詩性邏輯」和「理性反思」兩者都未必能把維柯心目中的文化從野蠻中救拔出來。第一階段的人類因無知而極為殘暴，第三階段的人類——在他看來——則活得「有如心靈與意志都孤單無比的野獸；由於每個人都追隨自己的歡愉或反覆無常的想法，幾乎沒人會與他人持有相同意見」（Vico，1948，頁424）。雖然維柯的歷史往復圖確實暗示理性反思是促動進步的力量，但「往復」也意謂文明無可避免地——或如他所說，依循上帝旨意地——必須一再回歸到第一階段詩性邏輯的殘忍當中；也就是說，殘忍在某種程度上就是文明活力的泉源。在維柯建構他的想法時，理性主義早已貶抑了從想像力取得的知識領域。因此我在維柯用來彌補理性主義的主張中讀到他的一種倫理關注：如果他同時代的人以及未來世代的人仍將停留在這謬誤中，那麼人類就將面臨一個危險：他們將僅能把自己擲回到與現階段對立的第一階段、無從保有啟蒙運動所帶來的洞見——這樣的繞回原地只會把參與者打入盲目的惡性循環中，而不能使他們在生命現象上走進向上的或上帝美意所指定的螺轉之中。對現代讀者來講，維柯指出了詩性邏輯和理性邏輯彼此本然互補的事實，也指出偏頗的理性主義語言在物化人類主體、使自我知識最終無法把其潛在效益施展在生命現象上時，如何危害了人文知識。

如何藉維柯的語言觀來詮釋榮格

已有學者認為榮格心理學中的新柏拉圖主義思想曾受到柏羅丁（Plotinus）、斐奇諾（Marsilio Ficino）、以至維柯這些人文主義

思想家的影響（Hillman，1975a）。榮格否定因果論的共時性原則也被認為與維柯的自我形上學（自我在歷史或時間中一再與其本質相遇）有許多相似處（Verene，2002）。的確，如用維柯的修辭哲學來表述榮格的思想，我們會發現維柯與榮格有許多相似處，其中最重要的就是他們都從修辭學角度特別重視詩性邏輯（Gardner，2013）和弔詭。

維柯定義了三種語言：詩、英雄語言、及白話文。第一種語言創造了神話並以隱喻組成，其充滿靈啟能量的字彙極其具體、毫不抽象。在其句法上，主詞（主體，subject）和補語（客體，object）是由彼此共具的某種特性連綴起來的，使人可以說「這是那」。隱喻在本質上總會說「X是Y」，即使事實上X不是Y；若「X不是Y」不為真，「X是Y」就不能算是隱喻（Zwicky，2003，頁5）。要能顯示意義，隱喻必須使異態事物彼此能夠交遇。維柯把這種語言跟瘋狂連結起來——更重要的，他也把它跟核心之運作意象為「融合」的占卜語言連結了起來。在占卜論述中，意為「氣息」的「神靈」是發佈語言的存體，而把這語言書寫出來的文字常是「一連串糾結難解、無可爭論、必須由領會其力量的信徒或讀者接受並思索的警語或神論」（Frye，1990，頁7）[29]。如果說出一字就能融合主體和客體，這樣的語言對群體來講顯然意義非凡。試舉一例：一個知道神名或自然界某一靈體（elemental spirit）[30]之名的人就有

29　譯註：本句引文出自 Northrop Frye 討論聖經的著作 *The Great Code*（暫譯《宏偉密碼》）。聖經一向被信徒稱為上帝的聖言（the Word of God）。Frye 認為新舊約整部聖經非史實記載，而為神話，其通篇語言模式是隱喻。

30　譯註：本詞出自新約聖經英譯本，意指在上空中掌權的撒旦（見新約以弗所書，*The Epistle to the Ehesians*）或象徵邪惡力量的大自然現象及事物。

可能與該神靈建立特殊的密合關係；獲知名字就能使說話者具備召喚神靈的能力。

英雄語言[31]介於聖神與凡人之間，屬於類比（analogy）和寓言（allegory）[32]的性質；其使用者與其說是「神靈」，不如說是存在於人身「之內」的個人「靈魂」。英雄故事反映了這種以人為形、不傳達神喻之文字的內在動能，而許多故事的英雄都是神與人結合後的產物。英雄語言扮演的角色是橋樑，而不是融合者；它透過外在文字呈現內在經驗。隱喻——在其「這是那」的表述中，主體同化於某種生命驅動力、掌權神靈或自然能量——於此被代喻（metonymy，這代表那）所取代。用來「代表」思想的文字從外表達內在靈魂的實情；同時，由於人在感受靈魂所思時覺得這些思想也指向了「外在」的某個超越世界，文字因而只是讓人前往這層次崇高之世界的橋樑。就這樣，人類在使用英雄語言時所要模擬的世界既存於人心，也遠在人心以外。換句話說，代喻語言只是類比、平行、和近似的表達形式。

---

31 譯註：作者在解釋維柯的三種語言時所用的術語多出自加拿大籍文學理論宗師 Northrop Frye（1912-1991）的著作 *Anatomy of Criticsm* 及 *The Great Code*。深受維柯影響的 Frye 稱英雄語言為教士語言（the hieratic），認為它始於柏拉圖的哲學，在中古世紀時則以貴族與教士所訂立的法律與神學（上帝在其中成為了抽象的「道」）為形式，在文學上則相繼出現了傳奇文學（romance，如 *Beowulf*、*The Nibelungenlied*）、寓言式史詩（如但丁神曲、米爾頓失樂園）、以及隨後演變至今的各種文學形式，作品概有一位英雄式（或反英雄式）主角（hero 或 anti-hero）。

32 譯註：作者在此採用了 Northrop Frye 對 allegory（寓言）所下的定義。Frye 認為：所有非為神話信仰的文字或文學一概可稱為 allegory，其作者意在透過文字的表面意義傳達更深的主題思想，因而在其文字（意象及敘事情節）與其中心主題之間劃出間隔並以後者為依歸，這與神話創造者深信自己當下所言就是神論大為不同。Frye 甚至認為文學評論也一樣是寓言（見 Frye 所著 *Anatomy of Criticsm* 第二篇論文），因為文學評論在詮釋文學作品如何用意象及結構導出作品的抽象主題時，其使用的說理過程最終也以呈現評論者自己的題目主旨為目的，正如文學家藉意象與故事情節來鋪陳作品主題一樣。

張力無可避免會存在於隱喻論述和代喻論述之間。荷馬隱喻故事中那些行為不檢、道德矛盾的眾神後來被寓言——「一種特別的類比形式，一種並置隱喻語言和概念語言、但以後者為尊的技巧」——所解構。從字源學來講，allegory（寓言）一字起源於希臘文 *allegoria*，而後者又源自意為「其他」的 *allos* 以及意為「在大庭廣眾前說話」的 *agoria*[33]。在英雄時代，神話情節對作品主旨（argument）[34]「言聽計從」；故事不再位於中心位置，卻須為概念性的主旨服務。結果，人類雖因此增加了智慧，卻難免感到失落。在寓言中，概念不僅平行於、更凌駕在隱喻字彙及隱喻結構之上；概念掌控了敘述並統合它以使之產生意義，以致代喻性文類的登峰造極之作就是以評論（commentary）形式出現的文字。

　　維柯稱他的第三種語言為「白話文」[35]。這種語言含有彼此明顯不同的主語和補語，兩者一般多以明喻（simile）建立關係：「這像那」。於此，近似其所描述對象、並能完美或翔實反映自然世界的語言架構才是真實的。這「白話文」的使用者不是「靈魂」，而是「心智」（mind），其語言既不能祈求神靈庇護，也無法召喚神靈，但能描述真實現象或從幻象中分辨出真實現象。白話文不承認第一階段的形上存有和第二階段崇高的內在思想。凡是「客觀的」就是真實的，因為人們對這才可能擁有共識。「主觀

33　譯註：兩字相合後原指人在大庭廣眾前說話時為求謹慎、不得罪權勢所使用的迂迴或反諷說詞，在這些說詞中詞與意是有隔的。

34　譯註：西方傳統文學的作者常會在作品起頭處簡述其作品的主旨或宗旨，此稱 argument。如米爾頓（John Milton）在失樂園（*Paradise Lost*）一開始就說出他為文的宗旨在「為上帝加諸人類的懲罰提出辯護」。

35　譯註：Northrop Frye 稱之為平民語言（demotic language），也是現代科學用來描述自然世界的語言，因而亦稱描述性語言（descriptive language）。

的」則等同「非真實的」或「虛幻的」。

在字源上，英文字 subject 原具政治意含，意謂隸屬社會權威或統治者的個人（臣民），但如今字義已改為客體世界的觀察主體。那麼，第三階段的語言會在多大程度上使說話者臣屬於（subject to）或受制於客體世界？文學批評之理論學者諾梭普‧弗萊（Northrop Frye）用維柯的語言分類來證明維柯的知識論最能反映的不是我們自認知道的事，而是我們經歷到的事：

> 正如神話並不反歷史、但與歷史無干，隱喻——也就是任何明說或暗指兩個相異事物可以完全一樣的文字——既不合邏輯、也非不合邏輯、但與邏輯無干。它所呈現的是經驗中不斷出現的弔詭，也就是說，人在經驗中所遇到的任何事情既是他自己、也不是他自己。（Frye，2000，頁 179）

大多數近代及當代的臨床與學術語言都是「以心智為取向」、用來表達「智性概念」（intelligible universals）[36] 的白話散文。榮格卻反而用別種語言來表達「神話原型」（imaginative universals，Verene，1981，頁 69）；這至少在某種程度上解釋了榮格著作遭人詆毀的原因，尤其是他晚年被人視為「神祕」、以「靈」為主題的作品。

榮格認為自己模稜兩可的語言屬於詩：他的文字多在命名和敘事，而不在形構概念或闡述概念。在他的弔詭知識論中，他和維

36　譯註：在哲學用語中，intelligible 意指「可用智性瞭解的」。

柯一樣偏重創造神話的語言以及隱喻語言。根據這種知識論,「文字只有在弔詭形式中才能為我們發揮最大功能」(Frye,2000,頁179),而「X是Y」與「X不是Y」同時為真就是弔詭。榮格提出了「一種用語言呈現人類內在生命的知識」(Verene,1981,頁165),頗類似維柯的「敘事學」(science of narrative)。他也跟維柯一樣認為哲學和理論來自神話、而神話並不來自哲學或理論:「我認為哲學不可能創造神話。哲學可以創造寓言,但無法創造真正的神話,因為神話遠比哲學古老」(Jung,1973,卷1,頁55)。隱喻語言不會為事物建立新關係,只會把既存的交融關係呈現出來。

對榮格和維柯兩人來講,創造神話的語言並不具有浪漫主義所說之「宏大無限而令人顫慄」(sublime)的作用力,反而是文明必須與之保持距離、繼而設法再行連結的原始事物。榮格把這集體社會的兩難轉換為個人心理痛苦之治療法的基礎。他認為,唯在個人能重新發現神話意象和隱喻語言的時刻,唯當他們能修復那原可連結其創造力和自我認知、但如今被切斷的神話故事時,心理治療才有可能發揮效用(見第五章)。

我在這裡並不想就一個重要的問題、亦即榮格是否「成功」運用了模稜兩可的語言提出討論。蘇珊・羅蘭(Susan Rowland,2005)以極詳細且令人佩服的方式分析過榮格在不同論文中的修辭形式,視之為真正能展示心靈多重面向的故事語言,而非論理的工具。她說,榮格的語言「在描述療癒的必要時,也完美地將之上演了出來」(Rowland,2005,頁151)。但榮格對自己早年發表的創新語言頗感不安。他論到自己所寫的《致亡者七訓》(*Seven*

Sermons to the Dead）：

　　這經驗必須依其實情或依其表象被看待。它無疑與我當時對超自然心理現象感興趣的心境有關。它聚集了許多無意識元素，形成一種我認為具有原型靈力的奇特氛圍……理智當然想用科學或物理知識來瞭解這事情，甚至想以「違悖常理」為由把它一筆抹煞掉。但如果我們不能有時違悖常理，這會是一個多麼無趣的世界！（Jung，1962，頁 190-191）

偏重模稜兩可的語言曾讓榮格偏向他自承曾「失足滑入」的種族主義和法西斯主義，也曾使某些人（如 Richard Noll，1994）在詮釋他的著作時認為他的寓言式故事（allegorical narrative）[37] 是在為政治基本教義的概念主張服務。這當然會讓我們想起維柯說過：歷史第一階段的語言和邏輯在本質上是殘酷的，而其弱點和危險也正在於此。就這點而言，柏林對維柯自己語言中的危險傾向也曾做過類似的描述：

　　〔《新知識》〕把道理和非道理擺在一起，混雜了一大堆互不搭調的觀念──有的清晰引人，有的無形無狀或艱澀難懂，有的大膽新穎、卻塞滿了零零雜雜而沒有生命力的傳統經院哲學……〔他的想法〕最終充滿了嘈雜聲，一方面太豐富，一方面又太明確，以致無法與既有的文章架構相合。它們飛散四方，在那冗長多餘並

37　譯註：「寓言」之義請見本章譯註 32。

時時不相干到令人發瘋、滿佈作者直覺和胡思亂想的文字中各尋出路，然而它們的內在力量和獨特性還是不知不覺流露了出來。維柯除了缺乏文才外，他在用盡心思為全然不合其時代精神的新穎觀念創造適當詞彙時也往往徒勞無功……如果我們把這一切都納入考量，那麼《新知識》之所以有某些缺陷和沒有多少讀者的原因就不難了解了。但無論如何它仍是一本天才之作。（Berlin，2000，頁89）

我認為柏林對維柯最成熟作品的評價在許多地方與我對榮格《神祕合體》（*Mysterium Coniunctionis*，1955）的看法十分相似。讀者絕對有必要調整心態，以便適應榮格用以表達其理論的語言、也就是他那具有奇特內在構造的文本，就像適應具有特殊規格的物件一樣。當榮格決定利用藏於煉金術意象中的神話母題來書寫〈移情心理學〉（The Psychology of the Transference，1946）時，作為精神醫師的他極有可能因此名譽掃地。但由於他的弔詭知識論，他那時不僅要針對屬於歷史第三階段、集全體之力以物化心靈[38]的多數精神分析論文提出反向修正，也同時下了一個賭注：那些必然早就用理性來建立移情理論的作者們（他的讀者）會願意從倫理角度、藉煉金術的意象來使他們的理論重新充滿活力嗎？在強調神話母題不會改變、理論卻會改變時，榮格是在邀請我們不斷重新立論、不斷成為「後榮格派分析師」；但他同時也提出要求：我們所使用的方式和語言不可排斥、也不可傷害我們自己與原型意象之活力連結及再

38　譯註：也就是將心靈視為科學觀察及研究的對象、如同自然界事物。

連結的能力。

當布伯指榮格犯了「弄巧以模稜兩可」的錯誤時，榮格對於神話語言的信心卻轉而把這指控變成了他反擊對方的利器。他宣稱：是當代人心的偏見使人反對他的語言及其所指稱的經驗（Jung，1962，頁188）。他要求別人在閱讀他模稜兩可的文字時，要視這閱讀為一種療癒儀式、用以擺脫執一心態而終能尊重心靈的不可捉摸性。

榮格的「附身」概念：具有補正功能的宗教用語，抑或模稜兩可之詞？

在最初為文討論「附身」觀念時，榮格視之為可以顯示過去與現代精神疾病之關聯性的歷史遺物。早在一九○八年，在〈精神病心理內容〉（The Content of the Psychoses）一文中，他提到西方文化的精神疾病史，指出在靈魂具有實質、精神疾病被歸咎於邪靈作祟的時代裡，精神疾病的治療方法如何從「融合」這一具體隱喻的語言、也就是「病人被附身」的意象中延伸出來（Jung，1908，段321）。他同時在回顧情結理論時舉出一些例子，用以闡釋那些藉「魂靈」隱喻來說明心理痛苦的古早語言或第一階段語言：

「什麼東西今天跑到他心裡去了？」、「他被魔鬼駕馭著」、「被巫婆騎著」等等。我們在使用這些陳腐的隱喻時自然不會去思考它們的原始意義，即使這原始意義並不難辨認而且還向我們指出了一個明確事實：較天真、較未開化的群體並未像我們一樣「用心

理學說詞去解釋」令人不安的情結，反而視它們為獨立存體、也就是惡魔。（Jung，1934a，段 204）

對榮格來講，「附身」一詞使他的情結理論具有了歷史脈絡，最能傳達無意識情結以「心靈碎片」型態自主運作的實情：

我要表達一個事實：一個或幾個本能（或說由多個意念構成的情結）總會在其本身聚集最大心靈能量，以迫使「自我」（ego）服從它。一般來講，受到這能量之核心強大吸引的自我會與之認同，並認為這能量就是自己所欲所需者。某種狂熱、半瘋或鬼迷心竅、或急性偏執便由此發展了出來，導致心靈平衡嚴重受損。無疑的，能否成功於世的祕訣就在於一個人有無某種偏執能力，因而我們的文明孜孜矻矻以培養的就是這種能力。那種狂熱狀態、那在半瘋狀態中聚集能量的就是古人所稱的「神靈」。我們今天在一般話語中也還這麼稱呼它：我們不也說「他把這或那當成了神？」人自認用自己的意志做出選擇，卻不知自己早已受到挾制、早已臣服於一己私利並容許它攬權及為所欲為。（Jung，1917a，段 111）

對榮格來講，「附身」一詞似乎可以補正隱存於心理學術語中的危險。在一九一七年的演講〈無意識概念〉中（The Conception of the Unconscious），他把問題描述出來：自主的無意識情結把一個人變成「平板的社會角色、一個在他戴上後不容他再擁有個別人性成長的面具。」意識必須用某種方法面對這些無意識內容——「首先是真實存在於個人無意識中的內容，其次是集體無意識中

的幻想内容」——以便「徹底了解情結並藉此擺脫它們的挾制」（Jung，1917b/1935，段 387）。在一九三二年開始舉行〈異象研討會〉（the Vision Seminars）之前，榮格已經做出一個結論：面對無意識內容的最佳方式就是不再認同它們。

我們必須停止認同、我們必須不認同這些偉大的力量——它們曾都是人們在廟堂中俯拜的偉大神靈。在以往，一個被某種情感挾制的人總會被說成是被附身的可憐受害者，沒有人會錯誤到另有別的想法。但今天我們卻會強迫一個動怒的人為他自己負責。未開化的人則不敢這麼做，只會等等附身之靈離他遠去。文明社會的分析師應該做相同的事：當病人變得無法控制時，我們應該說「且等一下，你被惡魔、一個使你盲目的想法控制住了，讓我們等到暴風吹過再說吧」。我不會要他認同那個東西，因為他必須知道他未必就等同他的情緒。（Jung，1997，頁 531）

榮格建議我們要對心靈內容培養出一種尊重、甚至虔誠相信的態度，並要我們藉「附身」一詞來堅定我們面對心靈時所採的這種姿態。在這層意義上，他的用詞具有補正作用。在他的描繪下，自我意識多少受到維柯所說之第三階段語言的誤導，以為「人心」中潛抑的無意識內容事實上並不具有力量且「不足為道」。心理學說法之所以有問題，原因就在於這種語言所表達的概念缺乏實質內容。用維柯的話來講，這些智性概念已與原始字源隔絕，而唯有意象才能多少蓄含字源：

三百年前有個女人被診斷為附身，如今我們說她得了歇斯底里症……實際病況是一樣的，所不同的是：從心靈角度來看，以前的解釋幾乎一針見血，但如今我們對症狀所做的理性描述卻不見絲毫內容。這是因為，如果我說某人被附身，我的言下之意並不是指他罹患了理性可以解釋的某種疾病，而是指他遭遇了某種無法控制、無法可見之心靈力量的困擾……它的行為就如我們無從了解的鬼怪一樣。（Jung，1931a，段7 10）

甚至在把概念重新連結到內容（鬼怪）的企圖中，白話文也因其偏見僅視後者為「明喻」。這種語言的所有比較架構都必然帶有一種視意象為幻想物的態度，致使語言無法用敬意去描述那些挾持自我的強大情結，因而扭曲了心內他者的實存性。因此榮格認為：比起含有魂靈之說的第一階段語言，第三階段白話文不僅物化了自我（說話之主體），也弔詭地使之更容易落入附身狀態中。

因此，心靈內總有什麼東西會掌控局面並限制或壓迫我們的自由。為了不讓自己知道這無從否認但極令人不悅的事實、並同時容許自己虛情假意地稱頌自由，我們就養成了用辟邪方式說話的習慣，總是說「我**懷有**如此這般的慾望、習性或恨意」，而不更照實說「如此這般的慾望、習性或恨意**挾持了我**」。後一種說法當然連我們的自由假象都想去之為快。但我自問：比起用文字灌醉自己，這說法是否最終對我們更為有益？真相是：我們從不具有自主的自由，反而不斷受到心靈因素的威脅——披著「自然現象」之名的它們隨時都有能力一把挾持我們。在形上投射（metaphysical projections）[39] 退卻消失後，我們如今在面臨這種挾持時幾乎毫無防衛能力，只會立即認同每一個衝動，而不曉得稱之為他者、藉以至少把它擋在一臂之外而使它無法侵踏自我的城堡。（Jung，1938，段 143；粗體字為榮格原文所有）

在描述心理學說法如何一方面物化心靈經驗、一方面又使人更容易遭受心靈內容感染時，榮格的這番話道出了頗具反諷意味的現象。因此，在從個人問題論及集體問題時，他懷疑：比起其他用具體語言和可行之靈活策略去處理問題的文化，去宗教的西方文化是否更有可能集體中邪？（這跟柯梅爾的說法非常相似：西方論述把平常認知功能的解離本質說成了心靈裂解現象。見第三章。）如他在寫信給茲維・渥布勞斯基、論到米爾頓時所說，榮格認為心理學說法有其必要性，但並無什麼功效：它試圖藉白話語言破除人對心靈內容的認同（如他所建議的），但由於該語言以其偏見藐視了無意識的意義和力量，它也會帶來反效果。當然，如果棄白話語言的分析長處於不顧、而去採用詩邏輯的純形上偏見，那也是同樣偏執的策略，最終只會導致基本教義。因此，榮格最終想要的不是具有補正功能、而是具有模稜兩可意義的宗教用語。

在用「附身」描述心理病態時，榮格認為這用詞也能充分表達所謂正常之心理經驗中意識與無意識的互動狀態。無意識內容壓迫意識的危險充斥在解離和類分裂（schizoid）狀態中（Jung，1939a，段 501），但在強調這些症狀亦常發生於「正常」心理狀

39　譯註：指古人無意識地藉神話把心理問題投射到所謂的神靈身上。

態時，他也意圖賦予自己的附身概念以正面意義：

> 它們在一般生活中會透過快樂知覺、無理性的心情變化、難
> 預期的情感反應、對諸事突生的厭惡感、心靈乏力等等起伏形式顯
> 示出來。甚至連類分裂現象（未開化民族視之為附身狀態）也常見
> 於正常人身上。正常人也無法避開狂熱心魔的掌控，也一樣容易受
> 制於迷戀、惡習和偏頗的信念——這一切在他們和他們最珍視的
> 人之間掘出一個穴墓，在他們的心靈中創造出令他們痛苦的溝壑。
> （Jung，1934b，段 287）

因此對榮格來講，「附身」一詞的一個優點是容許他同時指稱心理
病態和正常心理痛苦。這就解釋了為何榮格不視「附身」為病態的
心理學概念可以成為人類學和心理學之間的有用橋樑。

榮格發現他可以同時利用「附身」一詞的心理學和宗教意涵：

> 我們仍受到自主心靈內容的挾制，彷彿它們就是奧林帕斯山上
> 的眾神。它們今天的名字叫恐懼症、強迫性意念等等，總言之就是
> 精神官能症症狀。諸神已變成了疾病；宙斯統治的不再是奧林帕斯
> 山，而是太陽神經叢。祂不單為醫師的診療室提供了奇怪的病例，
> 也擾亂了政客和新聞工作者的大腦、使他們不自覺地把心靈傳染病
> 散播到世界各地。（Jung，1929，段 54）

用維柯的知識論來詮釋榮格的語言策略頗能啟發我們的見解。維柯
並未認為心理學和宗教語言彼此對立，反而透過字源探究把理性概

念連結到意象式概念上。當榮格想描述移情作用與反向移情作用間糾葛的亂倫驅力時（這驅力遠大過分析者和被分析者的抗力），他使用了「附身」一詞，因為從其字源來講，它暗示我們有必要對痛苦的心理現象抱持適當的尊重態度：

　　亂倫因素的存在不僅阻礙理性，更糟的是，它也使治療情境充滿糾葛的情感。它藏匿了所有最祕密的、最痛苦的、最強烈的、最敏感脆弱的、最羞於見人的、最怯懦的、最怪異的、最不道德的、以及同時也是最神聖的諸般情感——構成人類無以描述及難以理解之豐富人際關係、並使這些關係充滿動人力量的就是這些情感。就像章魚的觸足，它們無形間把父母和子女纏繞在一起，並透過移情作用也把醫師和病人纏繞在一起。這種結合力顯示在精神官能症症狀的強大作用力和頑強性上，也顯示在病人不顧一切依附於醫師或嬰兒時期的行為上。沒有字詞比「附身」更能描述這種情況了。（Jung，1946，段371）

　　榮格的概念暗示了融合與解離並存的心理困境。為了使讀者更能理解榮格就心理治療所提出的內向結合（inward relatedness）[40]觀念，我已好幾次提及 possession（附身）這字的起源。現在是我把它說清楚、講明白的時候了。在德文中，*Besessenheit* 這個字意指「佔有某物」。在英文中，to possess 意指「擁為財產」、「擁有」、「佔有」。正如法文的 *posséder*，它源自拉丁文的 *possidere*，

40　譯註：指的是自我認同於無意識內容，有別於外向結合（如移情作用）。

而後者又源自意為「有能力」的 *potis* 和意為「坐下」的 *sedere*。附身概念中的隱喻就是：某種存體佔取空間後在受苦者心內或在他上方坐在掌權掌能的位置上。榮格覺得這隱喻十分有力，因為它角色化了那個用暴力推翻原主以佔其位的存體。心理治療的目標是要讓病人「穩坐在自己的位置上」（to become self-possessed）。用最尋常的話來講，這指的是病人應重新操練自律習慣；用最深奧的話來講，它的意象讓我們看到自我有能力且有威嚴地端坐在自己的位置上（見第五章）。

在〈論重生〉（Concerning Rebirth，1950）這篇文章中，榮格舉出了自我在個體化過程中必須停止認同的三種心靈內容：人格面具、陰影、以及阿尼瑪或阿尼姆斯。他在同一文章中也提及自我被「祖先靈魂」（ancestral soul）佔有的情形（Jung，1950，段 221-224；並參見 Ancelin Schutzenberger，1998，第五章）。他弔詭的附身概念指出了融合與解離並存的現象：某些從意識分離的心靈內容開始凌駕自我或與之結合，卻因此拆解了個人人格而創造出一個為這暴虐碎離物服務的假我。榮格揣測，僅以臨床立場來看待這種問題也許有助於剖析各種因素，但察知這些因素並不一定能促成它們的合作（Jung，1945x，段 1374）。同樣的，他批評傳統宗教組織，認為這些組織無意間「用外在手段造成心靈分裂，不曾真正將分裂（*disiuuctio*）轉化為結合（*coniunctio*）」（Jung，1946，段 397）。他說我們需要的是：

一種正反合過程，一種真正的與對方相遇——通常由病人自己用對話方式進行，以便在不知不覺中實踐煉金術說的「冥

想」（*meditatio*），也就是「與自己的守護天使對話」。（Jung，
1954，段 85）

　　榮格的「附身」概念必須用模稜兩可的方式來詮釋。它弔詭並
極富意義地橫跨在人文和科學的溝界上，因而直指現代心理經驗的
本質。但榮格也在宗教現象學中找到它深層意義的根源。他用附身
概念把自己的分析心理學置於權力與自我的問題上，並問了一個根
本問題：什麼或誰坐在自我的王座上？

圖 5.1　丁恩‧伊雷夫歇利（Dean Elefthery）及朵琳‧麥登‧伊雷夫歇
　　　　利（Doreen Madden Elefthery）在一九六四年巴黎心理劇大會
　　　　中示範莫瑞諾（Jacob Moreno）的三合一心理治療法；該法以
　　　　滿足主角所需及促成角色扮演中自我之自然呈現為重點。朵
　　　　琳‧麥登‧伊雷夫歇利准予刊印。

榮格的附身概念及心理治療作法

　　當一個人被無意識挾制到了某種程度
（如被他的阿尼瑪挾制），他當然會束手無
策，因而通常根本無從自行處理問題。任何
人都無法跑到高山上把自己孤立起來以面對
無意識，卻有必要依賴某種堅定的人際關
係，去潛心面對自己的人性真相。是以大多
數人唯有透過分析、透過與另一人的連結才
有辦法面對無意識（這另一人必需具有不錯
的理解能力，而且由於他知道人只要一接觸
無意識便會不知自己是凡人，他會盡力把當
事人按捺在凡人的位置上）。

　　　　——卡爾·榮格，《尼采查拉圖斯特
　　拉研討會論文集》（*Seminar on Nietzsche's*
　　　　　　　Zarathustra，頁 331）

我在本書最初幾頁承諾要證明一點：榮格在論及心理治療作法時最能清晰傳達他的附身概念。到目前為止，我一直用西歐的宗教歷史脈絡和榮格自己模稜兩可的語言結構來解釋他的「附身」概念。我指出榮格曾如何借用人類學的說法，也把榮格的概念並比於當代人類學在研究非西方文化附身現象時所列示的眾多意象——這些意象雖能充實榮格的概念，但也可能與之大相逕庭。我也主張：在把附身概念引進疾病分類學的時候，當代精神醫學本有可能在認知突破上跨前一步且拓廣它的參考範疇和知識領域。

　　榮格論心理治療的著作使他的理論得以落實到人性層面，也落實到病人與治療師共與的親密空間。雖然當代心理治療有很大一部分源自佛洛伊德的精神分析，榮格的附身概念仍可說明某些出現於實際治療、為大多數心理治療師所熟悉的重要與獨特問題。聖所／圈護（Temenos / containment）、角色化／模仿（personification / mimesis）、統整／統合（integration / synthesis）是榮格對當代作法之特殊貢獻不可或缺的三要素。榮格的附身概念在理論上結合了這三個心理治療面向，並對之產生深刻影響。

　　附身概念也被運用在另兩個西方心理治療方式中。榮格的作法與尚米歇·奧郝林恩（Jean-Michel Oughourlian，哲學家 René Girard 門生）的作法及心理劇創立者傑克布·莫瑞諾（Jacob Moreno）的作法都有相通之處。莫瑞諾的三合一心理治療法尤其能互補於榮格治療法。我們在比較這三種作法的相似處與不同處時，會發現榮格的概念確實可信且站得住腳。

榮格的附身概念及榮格學派心理治療作法

　　在治療心靈問題時，榮格會要求病人和心理治療師一起合作，把內存於西方意識中的高度解離傾向彌合起來（近年的認知學研究似也證明了榮格視西方意識具有高度解離傾向的看法是正確的；參見 Wilkinson，2006）。根據榮格情結理論的說法，一旦情結受到啟動，這種解離傾向便會使自我陷入被無意識內容挾制的危險。一個受制於情結的人在痛苦中會一方面經歷解離，一方面又經歷到自我和他者的融合，但反諷的是，此時的融合只會破壞人格的完整性。在榮格的描述中，解離的無意識心靈碎塊會時而壓垮、時而控制、時而膨脹自我。他說：「當神靈未獲承認時，自大偏執就會發展出來，然後成為病態」（Jung，1929，段 55）。經由病人與心理治療師雙方心靈的正反合互動，象徵才有可能從無意識浮現，進而弔詭地一方面促使自我脫離無意識內容、一方面又將這些內容的某些面向整合到意識之中。這些浮現的象徵不僅能將自我從被融入和被挾制的狀態中釋放出來，同時也能提供一個橋樑、讓自我可以負責地和無意識（也就是他者）的力量及意義（以及無意義）連結起來。

　　為了把自己許多心理概念中的情感和動能面向表達出來，榮格特意使用模稜兩可的語言。在心理治療作法這方面，他描述了建立心理圈護區（psychological container）的技巧，讓病人和心理治療師可在其中交會與合作。他稱這密閉空間為「聖所」，就如古希臘人把一處人們覺得有神臨在的場所劃為必須維護的聖堂一樣（Jung，1935b，段 410）。他用這說法讓我們注意到分析療程的

儀式性質，而這性質今天已被大多數心理動力說的心理治療師認知與強調。有節奏地每週定時見面、熟悉的環境、用以開始及結束一節諮商的固定手勢——這種種特有形式會重複發生在分析的會面場景中，進而創造出一種常被稱為「治療框架」（the therapeutic frame，見 Gray，1994 中 Robert Langs 論文）的經驗。梅蘭妮·克萊恩和唐諾·溫尼考特（Donald Winnicott）曾說精神分析為病人提供了「短暫的」圈護經驗，意指這種經驗「屬於幻覺，但極具創意」（Winnicott，1951，頁 232；Laplanche & Pontalis，1973，頁 465）。榮格的「聖所」觀念則讓我們發現，分析框架的重複元素創造了一種可能性，讓人能在治療空間內感覺自己身處儀式或閾限狀態（也就是維克多·特納所說的閾限；參見第二章）。

　　醫療人類學家凱博文曾主張，美國精神醫學應認可中國療癒作法中的宗教元素。這說法與榮格認為西方心理治療應納入具有宗教意涵的閾限面向頗有相通之處。榮格試圖將宗教功能常態化，使之成為一種本能——這種本能雖已不存在於俗世化的現代世界中，但它依然常在治療聖所中以療癒元素的形式呈現出來。他的聖所概念讓人理解到：發生在心理治療之圈護區的儀式經驗十分相似於閾限經驗。的確，在他的描述中，在聖所範圍內進行的心理療癒過程會為心靈啟動無意識潛能，而自我在經歷這些無意識潛能時，會視它們為具有宗教意涵和神靈特質（numinosity）的他者。「因此我們可以說，『宗教虔誠』一詞就是指意識在靈啟轉化（numinosum）後所特有的一種態度」（Jung，1938，段 9）。除了精神分析的圈護性以及「治療框架」這兩個重要概念外，榮格另加上的概念就是受到保護、甚而神聖的空間。在使用聖所概念時，榮格得以用模稜

　附身：榮格的比較心靈解剖學

兩可的語言，把平等的存有地位賦予那有隔於意識的無意識面向，因此避開了溫尼考特在把「短暫」解釋為「虛幻」時暗中建立起的等級觀。對這不恰當的等級劃分，榮格的看法跟人類學家愛德華‧席福林反對西方表演理論視卡盧利人之附身儀式為「劇場表演」（見第二章）頗有相通之處。

在歷史脈絡上，榮格的附身概念具有歐洲基督教、人類學及精神醫學的豐富背景。在他認為精神分析師對待病人時應具有的明辨及尊重態度中，這種寬廣度顯然也存在的。分析師和案主兩人在聖所中都會讓自己轉身接納「在聖區內被感知到的神靈」、去接納可懼且不可預測之無意識過程可能帶來的轉變。人類學家們放棄了維克多‧特納的「儀式」觀而改採皮耶‧布迪厄（Pierre Bourdieu）的「實作」觀，以免在立論中把沒採用驅魔儀式以驅逐附身現象的文化視為奇異、神祕或排外。他們也不再認為結構和秩序優於反結構和混亂。同樣的，後榮格派理論學者們也用心指出，榮格心目中心理治療所具有的宗教功能並不相同於神祕的宗教信仰；他們同時也為這宗教功能提出辯護，認為傳統精神分析對之所做的詮釋——視之為移情現象的一部分並可能構成抗拒而阻礙療癒——是不正確的。榮格的共時概念（concept of synchronicity）提供了一個重要框架，讓人可藉之了解曾被視為臨床禁忌的靈啟經驗，並藉之思考宗教意象和科學意象間的互動情況（Main，2000）。如果不留心處理心理治療作法中的共時面向、任其在移情和反向移情作用中發揮作用、或如果僅用「天真」或「幻覺」來詮釋它（Stein，2004；Wiener，2004），移情作用就會具有潛在危險性，心理治療之整體過程也會如此。榮格用他的附身概念指出：心理治療中的療癒有賴

於一件事，即治療師能否在無意識以他者形式出現於兩人相遇的治療聖所時，用心思考這宗教功能的深層意義。

在以稍微不同的角度看待附身現象時，榮格描述了把情結角色化的技巧（例如，把它們當成動物、人或神靈），讓病人知道如何去承擔人格對立面向所導致的心靈衝突。情結是一組又一組多半不為意識所察的意念或記憶，但一旦被啟動後就會帶有巨大的情感力量。雖然佛洛伊德和布洛爾（Josef Breuer）在他們早期對歇斯底里所做的研究中提到「角色化」，它對心理分析理論所具有的重要性仍可歸功於榮格對文字聯想所做的研究。的確，在榮格和阿德勒（Alfred Adler）把情結置於他們的理論中心並視之為自然現象後，佛洛伊德學派的精神分析就逐漸不再使用這個名詞（Laplanche & Pontalis，1973，頁 72-74）。對正統的佛洛伊德分析師來講，情結仍是一種由失敗之潛抑作為所導致的病徵。對榮格來講：

〔懷有〕情結未必意謂人患了精神官能症……它們令人痛苦的事實也不能證明那痛苦與精神疾病有關。痛苦並不是疾病，而是與快樂相反的正常狀態。唯當我們自認未受情結困擾時，情結才變成了病態。（Jung，1942，段 179）

榮格的附身概念強調角色化是可以導致心理療癒、極具重要性的自然心理過程。在精神醫學視角色化與身分解離障礙症及精神病的非理性病態幻想有關時，榮格卻視之為正常自然的心理過程，而無意識內容就是透過這過程呈現出來：

每個自主或相對自主的情結都有一個特性：會以某種獨特位格呈現出來，亦即會具有角色。我們在自發書寫這種所謂的靈現事件中最容易發現此事。所寫的字句總在陳述個人之事，並都以單數第一人稱要求他人注意，彷彿真有一位人物站在每句話的背後。一個智性幼稚的人會立刻想到神或鬼。（Jung，1935b，段312）

　　這過程與柯梅爾在回顧論解離現象的認知學研究時所發現的一個迷恍特徵頗為相似。據他說（Kirmayer，1999），魏茲頓和古德曼在他們所做的一個研究（Witztum & Goodman，1999）中相信，他們的病人在陷入迷恍和運用象徵來應付痛苦時，其實是間接在重組認知基模（cognitive schemas）、無意識動能和人際互動。柯梅爾在描述魏茲頓和古德曼的心理治療作法時明確指出，他們的工作就是在處理那些與自我離異、因而在人的感受中成為超自然存體或神靈面向。

　　榮格認為，角色化的技巧可以為自我提供一個治療途徑，使之能脫離無意識情結之情感力量的挾制。在他的回憶錄以及他的情結理論著作中，他記錄了他對角色化之情結意象所做的實驗。他觀察到：當活躍的情結施展它經常讓人無法承受的情感力量時，如果一個人停止忍受而特意進入迷恍狀態、並容許情結以人或物的角色向意識知覺自然呈現，他便能減除情結對自我意識的挾制力並使詮釋變為可能：

　　最重要者，是要以角色化的方法讓自己不再與這些無意識內容合為一體，並同時使它們與意識建立關係，這就是減除它們力量的

技巧。給予它們位格並不難，因為它們無時不帶有某種自主性、某種獨立身分。它們的自主性是我們最不願意接受的難堪，但無意識就是要以那種方式呈現的事實也讓我們獲得了處置它的最佳方法。（Jung，1962，頁 187）

因此，榮格的心理治療作法有一個重要面向：分析師要在聖所內支援病人的自我，使之能在經歷無意識情結的自主性時認知那是心靈碎塊並將之角色化、最終能面對並接受它們為心靈真相。「一個不知角色化技巧的人常把一切事物視同為其自我。心理分析可說就在探討病人與其被角色化情結的關係」（Samuels 等人，1986，頁 108）。

在一九七〇年代中期，詹姆斯·希爾曼（James Hillman，1975b）描述了角色化技巧可為心理治療作法帶來的重要貢獻。希爾曼的出發點與羅倫·利托伍德的醫療人類學主張（見第三章）頗有相通之處。他說：由於尊重心靈固有的複雜性和多樣性，榮格的角色化過程匡正了現代西方文化以及以自我為重之個人發展心理學無可避免的偏頗。希爾曼也建議：把無意識內容角色化可以提供一個有效方法，使病人得以採取弔詭立場，一方面宣稱被角色化的面向為自己所有，一方面感受它們的自主性以及它們與自我意識的相異性。另外，希爾曼也指出：在給予位格時，病人必會視無意識為他者而給予它最專注和最深刻的回應，而非用抽象的理性概念去詮釋其內容、以致無從在心理治療過程中獲致療效。

三十年後，約翰·畢比（John Beebe）證明角色化比概念化更具療效。他用榮格的心理類型理論建立了一個把心理功能分為八種

的模型，重在用八種原型角色做為分類依據，例如：代表第三功能的幼兒／幼女原型、代表最低功能的阿尼姆斯／阿尼瑪原型、以及與最低功能對立的魔鬼原型（Beebe，2004，2016）。套用維柯的話來說，畢比在表達他的心理功能模型時併用了白話和神話語言。但我猜想，在聖所或心理治療架構內與病人相處時，他當會特意稍稍打翻平衡而偏重神話語言、甚或更常提到英雄原型而非首要功能（superior function）。我當然可以假想：病人在某些時刻需要聽到「你的阿尼瑪」這幾個字，在別的時刻則需聽到「你的最低功能」這幾個字。但畢比的工作模型仍在這兩種語言之間創造了一個空間，得以一方面容許無意識擁有自主性，一方面也創造了轉變發生的可能性。

榮格的附身概念能幫助我們了解角色化，也能使心理治療工作發揮更大的效用。在論到心煩意亂的病人時，他說：

他不應再次深信那神靈是個幻覺，而應再次體驗這幻覺的真實性。在他的心情、神經狀態以及錯覺還未用最痛苦的方式讓他發現自己不是唯一的屋主之前，他必須學會承認這些心靈力量的存在。他的解離傾向實際上是內存於心靈、具有位格及真實性的獨立存體。只要它們未被視為「真實」而向外投射，它們反而就此開始具有真實性。當它們與意識建立關係時（如宗教膜拜中所發生的），它們就會具有相對真實性。但如果意識能視自己的內容為真實他者，這些內容就會變得不再真實……角色化讓我們可以看見自主系統的相對真實性，使我們不僅能納入這系統，也能削弱生命中的惡魔力量。（Jung，1929，段 54-55）

在實際運用上，榮格的弔詭知識論讓我們看到：如果無意識內容愈是能透過角色化而被人體驗與面對，它們的真實感反會變得不再那麼強烈。榮格的附身觀念說明了這種存有弔詭性，也說明了為何在視西方文化所藐視的無意識他者為真實時，角色化可以帶來心理療效。榮格引用了李維-布魯（Lévy-Bruhl）的「神祕相與」（participation mystique）概念，藉以描述一種心理功能：自我在察覺那些被投射到他物的人格內容後，會情不自禁去認同這些他物，即便這認同不過在負面貶抑後者（見第二章）。梅蘭妮‧克萊恩的「投射認同」概念曾利用他我關係（object relations）之說，來定義這在本質上是一種病態的心理動能過程，即主體把本身拒絕接受的一些心靈內容驅逐到外在世界（Laplanche & Pontalis，1973，頁356）。對榮格來講，投射的危險乃在於它會使心靈碎塊成為「非真實」事物，進而使人不僅否認它們為他所有、更不認為它們實質存在，但於此同時——頗為反諷的——無意識情結仍然取得了「比真實還要真實」的存有，用它們的真實感努力不懈地壓垮自我意識並奪走自我的王位：

病態反應的最主要特色是與原型認同，因而導致人格膨脹以及自我受到浮現之無意識內容的挾制——這些浮現的內容會一湧而出、成為治療無法阻擋的洪流。在無害的個案中，認同有時會以並無大礙的膨脹形式出現、然後消失。但在所有個案中，與無意識認同會弱化意識而造成危險。你並沒有「製造」認同，也沒有「要自己認同什麼」；你只是在不知不覺中經歷到自己與無意識合而為一並被它佔有。（Jung，1934c，段621）

因此，「具有覺知」就是「逆轉投射認同之過程」的同義詞。在獲致覺知的過程中，人會盡可能整合並賦真實性於曾被當作「不真實」的事物——換句話說，就是用位格把形體賦予榮格附身概念所說的無形之靈。榮格賦角色於無意識情結——亦即聚集在某一原型核心四周的意象及強烈情感——而使之成為尋覓形體的魂靈或神祇，藉以說明它們除了對個人自我具有情感掌控力外，還具有不安性：這些被否認具有真實性的人格潛能會以衝動形式呈現於未來，試圖在時空中成為實際存有。

在心理治療工作的聖所中，病人和治療師都有可能抗拒角色化過程，原因之一是：一旦面對牴觸其身分、不受其控制的各種自主心理作用，自我就將被迫放棄其絕對地位、經歷所謂的「相對化」（relativization）。同時，榮格的附身概念也提示了心理治療師所熟悉的另一個抗拒原因：神祇、鬼靈或解離的情結也被迫經歷了「倒空」（emptying）或小化，從其集體或原型的宏偉形象轉變成常人。換句話說，除了病人用抗拒方式讓自己不致失去解離症所帶來的主要效益（primary gain）[1] 外，他的阿尼姆斯或阿尼瑪這兩個被榮格角色化的情結也會經歷到權能的喪失、回歸為常人大小而成為意識可以得知的心理功能（Jung，1935b，段 374）。正如珍妮絲·波地認為北蘇丹扎耳附身儀式中最主要的隱喻是結婚儀式（見第二章），榮格在解釋心靈痛苦的這兩個面向時用弔詭的說法把個體化過程——也就是獲致心理完整的過程——戲劇性地表達出來：這過程是個漸進、令人痛苦、但也充滿吉兆的合婚儀式，所結合的

1　譯註：指經由自衛機制或其他心理功能，病人把心理壓力轉化為精神官能症或生理疾病後直接獲得的紓解效益。

就是對立的靈與體元素[2]。

　　因此，根據榮格的附身概念，心理治療最困難的工作之一（頗為反諷的）竟是強化自我，直到它可以承受自身的真相，不僅將它自己與無意識情結區隔開來，還可放下自衛機制所導致的自大而不再宣稱自己是人格統治者。榮格對這情形做了如下描述：

　　結果是：如果自我不再自稱獲勝，**中邪狀況**……就會自動終止……因為很顯然的，在自我不自稱擁有權力時，**中邪狀況**就不再存在；也就是說，無意識這時也會放鬆自己的優勢……這是……吾人所追求的人格「中界」、某種介於對立者之間而可結合兩者的無可言喻境界、雙方衝突的結局、對峙能量之張力所致的成果；總言之，即新人格將誕生之際、奧祕個體化的向前一步。（Jung，1935b，段 382）

自我身分必須受到充分強化，然後自我才可能接受它在人格心靈架構中只具相對自主性和相對重要性的事實。根據這一點，榮格認為心理治療工作的特點就是：在聖所內透過角色化，一方面解除全然異類之心靈元素的情感挾持力，一方面把自我意識相對化。

　　附身概念說明了榮格的「聖所」和「角色化」觀念，也說明了他認為心理治療即「統合」的想法。他在立論時說：心理治療可以彌補西方意識的高度解離傾向，因為心理治療重視象徵功能（symbolization），視之為心靈透過建設性的統合過程、來與異類

2　譯註：此處所言的結合靈與體即前一段所言的「用位格把形體賦予……無形之靈」。

及對立之自性元素打交道的自然方式。西方文化貶抑象徵功能、故事創造和迷恍狀態（這些原都有利於撫平認知功能中的裂縫和衝突），以致集體文化在遇到解離現象時將之視為破裂現象及病態（見第三章）。榮格認為，心理治療在採用「統合」、而非「簡化」作法時最利於處理解離症的痛苦。治療師和病人可以用簡化作法（即探討童年成長經驗而做出因果解釋）來說明為何病人會一再用無補於事的幼稚方式回應某種心理衝突。但一旦他們用故事來敘述出現於意識的象徵，他們採用的就是統合方式，得以在詮釋象徵時尋求其未來終極意義，亦即視之為充滿可能性、可超越衝突（或藉某種方式可使衝突變為過去式且不再相干）的意象。他發現人類天賦所具有的一種彌補能力——人藉這能力得以創造象徵去媒合對立事物，或創造意象以克服心理僵局而促成轉變——與統合密切相關：

　　如果具有媒合作用的中界絲毫無損，它就能成為建構過程（而非解離過程）的原料——在這過程中，主方與反方都將扮演重要角色。中界藉這方式成為了一個可以統整心態的新心理內容，使紛爭得以結束並強迫對峙能量進入同一渠道。（Jung，1921，段 827）

這些象徵命題（symbolic propositions）稍縱即逝，不是有混亂解離的可能（如果任其留在無意識過程中），就是有僵化的可能（如果給予它們過度理性的解釋而硬把無意識轉換成意識；參見 Cambray & Carter，2004）。在發現這種危險時，榮格強調我們有必要採用一種充分的心理治療方式，也就是一種同時看重藝術表達和智性意

義的方式。「我們可以這麼說：藝術創造不可缺少意義之了解，而意義之了解也不可缺少藝術創造。這兩者彼此互補而形成〔我所說的〕超越功能」（Jung，1916b/1958，段177）。

因此嚴格來講，榮格學派心理分析方法所重視的，一是虔誠繞行於意象四周、從多方角度思索而賦予它們原型角色（circumambulatory amplification of images）[3]，另一則是運用藝術形式：病人與角色化的意象對話，時而畫下或雕出這些意象，或賦予它們獨白角色，或藉舞蹈動作將它們搬演出來（Chodorow，1997，2004）。榮格的附身概念可調整病人及治療師的心態，因它在討論個體化問題時所重視的並不是意義的指定，而是如何賦予靈性的無意識內容以實存性，使之成為自我面向之一：「個體化過程的目標是自我的統合」（Jung，1941b，段278）。

在榮格的描述下，有效心理治療作法的特色是：重視心理功能的各種整合面向，其中包括受到西方文化貶抑的角色化、說故事、象徵化等面向。他所持的理由是：這些面向可以彌補西方意識之固有偏見的不足（就是這些偏見使西方意識特具解離傾向）。榮格相信：在儀式化的聖所和圈護區內，透過情結的角色化以及病人與治療師心靈間移情／反向移情的正反合互動，象徵會從超越功能（transcendental function）浮現，並極可能為病人提供新觀點去了解並統合意識與無意識間的衝突。根據榮格的附身概念，心理治療

3　譯註：英文 circumambulation 意指繞行儀式，榮格用以指稱沿中心（自性）螺旋繞轉的個體化過程。Amplification 原意為「擴大」，在榮格用語中是指：除協助病人將所做的夢連結於生活、經歷及自我認知外，治療師也利用宗教、神話故事、童話故事、煉金術（或煉丹術）等等文化知識，藉其中相關的情節及意象（角色）找出病人夢象的豐富原型意義，也就是將個人夢象納入集體無意識範疇中。

中的圈護、角色化和統合等工作建構了一個過程，可使原被視為虛幻魂靈的心理潛能終獲實存意義。

我們雖必須慎防自己在比較不同文化作法時落入本質論的見解，但仍有必要把榮格的附身概念——也就是這概念使他力求在治療工作中促成象徵的出現及具體化——拿來跟非西方文化面對附身痛苦時所採取的治療策略做比較，以便得到更大啟發。我們不難在榮格的作法和告爾市斯里蘭卡人的附身儀式（見第二章）間發現相似處。惡魔王宮的點亮之所以能改變受苦者對自身痛苦的看法，其原因與其說是專橫的惡魔遭到驅逐，不如說是惡魔弔詭地被「點亮」起來、因而獲得了存有正當性。於此同時，儀式也讓惡魔在大小神祇的神殿內取得一席之位。顯然的，榮格所說之阿尼姆斯／阿尼瑪這些挾制人的角色（它們可被整合）以及陰影角色（它們是受苦者需特意忍受、但無法整合的道德問題），非常相似於斯里蘭卡人的神祇和惡魔，也非常相似於北蘇丹的扎耳鬼魂（專家所結合者）及黑皮膚精怪（在驅魔儀式中被驅逐者）。這些相似處重要到值得我們深思，因為它們是榮格所說之心靈比較解剖學的要素。

透過第一章的歷史回顧和第二章的人類學回顧，我們發現榮格的附身概念把榮格學派的心理治療技巧——如聖所、角色化、統合——結合在一起並使之連為一貫。附身概念觸及了榮格心理治療法所依據的存有觀，並與正統精神分析作法——它從唯物論的角度認為發生於圈護區內的事「雖有創意，卻是幻覺」——形成截然對比。更重要的，在寫出西方意識的根本問題時，榮格的附身概念與其說在探討如何分析自我認知，不如說在探討自我（selfhood）如

何一再透過無意識之體現 [4] 而形成。

「慾望模仿」概念及奧郝林恩的「主客相與心理學」

尚米歇・奧郝林恩（Oughourlian，1991）把他的「主客相與心理學」（interdividual psychology）[5] 建立在文化批評家及理論家勒內・吉哈（René Girard）的「慾望模仿」（imitative or mimetic desire）心理理論上。根據吉哈的說法，所有人類都會不自覺模仿別人的行動、態度和慾望。他認為，佛洛伊德把人類慾望本質化為先天心理模式，如男孩的伊底帕斯情結、女人的陽具嫉羨心理、以及死亡本能。吉哈自己的研究卻發現所有慾望都具有模仿性：人是在觀察他人有所欲求時才知自己也該欲求什麼。

吉哈視自我為慾望的理論廣及各種文化問題。例如，他認為：尋找替罪羔羊是一種社會機制，可在具有傳染性（模仿性）的共同欲求導致社會衝突時，使敵意日增的相爭者反而結盟成共同加害者、去一起對付某個公敵（受害者）[6]。在吉哈的描述中，社會之穩定有賴於防範其成員在爭求相同事物時發生衝突，而其防範手段就是：加害群體用儀式去紀念他們在嫁罪邪惡受害者 [7] 時所高舉的

4　譯註：即角色化而使無意識內容成為實質存有。selfhood 是人在一生中每次個體化過程帶來的新我，因此是持續改變的自我身分。

5　譯註：此乃針對「主體心理學」（psychology of the subject）——如佛洛伊德的心理學——而提出。

6　譯註：本書此句原文為 he described scapegoating as a mechanism by which an outbreak of undifferentiated mimetic desire shifts the victimizers' escalating hostility towards each other as rivals into fellowship and shared hostility against a common victim，譯者謹予意譯。

7　譯註：加害群體用「邪惡」形容替罪者，以取得加害於他的合法性。

共同信念，藉把原本會宣洩在團體內的暴力長期轉移到第三方身上：

　　就在不久前還有一千個閱牆之爭分別在一千個互相仇視的兄弟間劇烈展開的地方，如今出現了一個真正團結、共同仇恨某個單一對象的群體……所有造成分裂的敵意現在全都〔匯聚〕在一個孤立奇特的人物、一個替罪者的身上。（Girard，1974/1977，頁79）

　　奧郝林恩把吉哈的「慾望模仿」理論運用在中邪、歇斯底里和催眠術的心理學上，認為：若要充分了解這些現象，我們最好視之為心理模仿功能的呈現。他說，「慾望模仿」雖然會導致爭奪和依賴、進而導致嚴重的心理問題，它本身並非病態。他認為，基督教附身現象之所以成為問題，是因為基督教排斥慾望模仿、視之為導致問題持續發生的病原。他提出一個不同看法：非洲的附身儀式之所以具有療效和淨化作用，是因為它認知到慾望的模仿本質以及做為自我基礎的主客相與本質。根據不同文化對慾望模仿這一事實所採取的集體回應方式，奧郝林恩提出了心理學觀點的文化詮釋。他的詮釋讓我們想起李維-史陀的兩種社會類型：消化並納入他者的食人社會以及吐出並驅逐他者的吐人社會。只是他顯然比李維-史陀更重視前者。

　　奧郝林恩用來支持其心理學見解的人類學證據乃來自歐斯特來希（T. K. Oesterreich）於二十世紀早期所彙編的摘記以及吉爾伯·如傑的民族音樂學著作（Gilbert Rouget，1980）。他根據這些提出「面向惡靈」（adorcism）這個用詞，藉以指稱一種較為可取的過

程：召喚而非否認或驅逐仿學而來的的慾望。

「面向惡靈」之所以具有療效，是因為它一方面知道仿學而來的慾望具有真實性，另一方面也謙卑承認主客相與是全人類共有現象並能發揮巨大影響力。它之所以具有療效，是因為：承認異己者才可能祛除疏離、謙卑後才可能站起、屈從心理真相才可能導致療癒。中邪之所以發生是因為被他者「擁有」，但受召喚和被祈求的那個他者也會在某種意義上容許它自己在被模仿或被認同中被人擁有。反過來說，驅魔作法在定義上就是在尋找病原而試圖驅逐他者，似乎認為否認他者的他異性是可能的……也似乎認為根治人類的人性是可能的。（Oughourlian，1991，頁 76-77）

奧郝林恩站在吉哈的立場上批判佛洛伊德的慾望論和無意識概念。他說：慾望並非起於自主之我的內心，而是起於不自覺的模仿——較不具真實感受、權力或存有地位的自我，會不自覺模仿另一個較具這些屬性的自我。他認為：佛洛伊德的理論為了某種目的故意忽視心理慾望的社會面向、掩飾「慾望模仿」機制並延續慾望起自內心的神話。佛洛伊德不過是拿現代無意識神話（把他者內化為性慾面向並剝奪其位格）去取代中古世紀的附身神話（外化並賦予他者以邪惡角色）。根據奧郝林恩的主客相與說，自我的種種感受都本然發生在模仿驅力交相作用的人我關係場域和心理過程中：

意識是自我的一個屬性，是仿學而得之慾望的產物。無人具有獨立自我；若非與他人有關，絕無任何自我可以存在。兩方慾望的

每一正反互動都會啟動一個心理發展並形成一個記憶和一個自我。
（Oughourlian，1991，頁 230）

基於這理由，奧郝林恩認為附身儀式代表了文化能用健康心態去承
認主客相與及慾望的模仿性。他不把歇斯底里定義為精神疾病，
卻視之相反於附身狀態：它是一種由誤解或甚至否認主客相與之
文化所導致的心理狀態。他因此在法國社會心理學的傳統中自視
與伊波利特‧波赫奈姆（Hippolyte Bernheim）擁有相同見解──這
位十九世紀的神經學家支持下面這一心理治療概念：「易於接受
暗示」（suggestibility）是一種正常且普遍的現象，非如夏柯所說
是種根本病態（Ellenberger，1970，頁 86）。奧郝林恩也認同加伯
里耶‧塔德（Gabriel Tarde）在其開創性論文〈模仿法則〉（Laws
of Imitation，Tarde，1890）中的看法。他並依循波赫奈姆的思路指
出：一方面，被附身者特意屈服於外在他者，把他者視為慾望的範
本和起源，認同集體所想像出來的那個他異者，然後藉慾望的再
現[8]（通常用聚眾表演的形式）來取代慾望的實現。相反的，歇斯
底里患者試圖用解決病因的方式來消滅他者所具的慾望；由於缺乏
認同能力，他們堅持自己比他者優越，並堅持用個人方式再現衝突
與混亂。

　　在他用民族誌學觀點描述衣索比亞北部扎耳儀式中一個進入
最高境界的入門者時，奧郝林恩根據主客相與心理學中的慾望模仿
說，為最理想的心理狀態下了一個定義：

8　譯註：此處所說的「再現」（representation）是指角色化。

一個人已進入入門儀式最高境界的證明就是：這人在行為上似乎一整天都被不同的扎耳鬼魂霸占著身體，但他卻始終能維持著清楚意識。瑪肯・愛雅胡明白她每一個慾望的外來性質、她每一個心理動機的模仿對象。她為它們取名並再現它們。即使我們仍必須稱之為附身現象，未改的意識狀態以及不變的再現方式讓這現象具有了演出性質。來到入門儀式的這一境界並獲致如此高超的技巧後，主要問題就不僅與經歷附身有關，也與展現啟示有關。（Oughourfan，1991，頁128）

奧郝林恩不僅強調承認慾望的模仿本質可帶來療效，也強調（這更為重要）病人必須積極喚出並屈服於慾望形成中必然存在的主客相與性。

　　第二章對人類學之附身研究所做的回顧，能讓我們看出奧郝林恩的主張有其明顯弱點。由於他以歐斯特來希較早做成的摘記為出發點並幾乎僅依賴一個民族誌學者、也就是民族音樂學學者吉爾伯・如傑的研究，奧郝林恩因此也用了本質論觀點來詮釋附身現象。換句話說，為了拿附身現象來支持他的心理主客相與論，他過度簡化並錯誤描述了附身現象的複雜性。他一概而論，視非洲的所有附身儀式都有益於人心且都具有整合力，因而用之對比於他認為有害並同義於與歇斯底里的西方附身現象。他未區分不同的非洲文化，也未區分同一文化中的不同附身傳統，例如：如波地所說，在北蘇丹何夫里亞特村莊中，具有整合力的扎耳附身儀式和目的在驅鬼的黑皮膚精怪附身儀式是可同時並存的（見第二章）。同樣的，奧郝林恩雖認為歇斯底里是文化導致的問題，但當

他隨後指出它與附身狀態在病因上完全不同時，他並沒有說出它具有哪些文化特徵。更讓人失望的是，奧郝林恩並未清楚列出他的模仿理論對西方心理治療作法具有哪些潛在意義，只不過引述了他人對衣索比亞扎耳儀式入門者的描述而提出幾個建議，如：「要擺脫那挾制我們的慾望，模仿那模仿（也就是看出它的本質）就夠了」（Oughourlian，1991，頁140）。

幸運的是，晚近研究吉哈的學者試圖為他的模仿論和奧郝林恩的主客相與心理學提出補充說明。湯姆・佩斯和勒斯提・帕默（Tom Pace & Rusty Palmer，1995）視模仿論與他我關係說（object relations）有關。他們讚揚奧郝林恩拒絕把心理危機歸因於無意識或病人的成長背景，也讚揚他努力說明衝突如何出現於現代成年人的人際關係中。史考特・蓋若斯（Scott Garrels，2004）則指出：晚近在人類大腦前運動皮質內所發現的鏡像神經元可以證明奧郝林恩的心理學慾望模仿說是可信的。鏡像神經元既是運動神經元，也是感應神經元，最初被發現於猴子的身上。當一隻猴子做了某個肢體動作（如把一顆花生放進嘴裡），以及當牠看到另隻猴子做同樣動作時，鏡像神經元都會有所反應（Rizzolatti & Sinigaglia，2008；Rizzolatti 等人，1996，2002）。另有研究也指出，人類也擁有相似的神經元（Vilayanur Ramachandran，見 Kandel，2006）。蓋若斯之所以談到這個鏡像神經元的研究，是為了支持吉哈跟奧郝林恩，亦即他們視慾望具有模仿本質及自我認知起於主客相與關係的見解。他說：「這些神經元會自動啟動，不為動作者或觀看者所知，卻在當下創造出共同經驗」（Garrels，2004，頁14）。他認為，模仿所產生的相與感在母嬰情感連結形成的最初時刻（顯然比尚・皮亞傑

[Jean Piaget] 所想的還要更早）就開始發揮作用，促成以經驗為基礎的神經認知發展。這相與感在成人的心象建構、語言處理、和交互主體經驗中持續扮演最重要的主導角色。

　　不幸的是，吉哈和奧郝林恩宣稱模仿理論根本批判了佛洛伊德精神分析所說的無意識。奧郝林恩甚至極端到不願使用「無意識」之詞，而以「不自覺」（unwitting）代稱。這種強調使得其他研究者也避免採用「無意識」一詞，其中包括但尼爾‧史登（Daniel Stern）。史登在他以精神分析為基礎的嬰兒研究中對「情感調頻」（affective attunement）──即發生於誕生後最初六個月內的某種跨感官鏡仿作用（transmodal mirroring）[9]──做出描述：在這「情感調頻」（並非同理心）中，母親會毫不自覺地、幾乎出自本能地去模仿嬰兒（Stern，1985，頁 145）。這種摒棄無意識的模仿論也不是我們所樂見的，因為奧郝林恩的主客相與心理學和榮格的分析心理學，都把他們的理論及他們的心理治療作法建立在附身概念上，因此他們在概念上原本很有可能可以互補。舉例來說，身為心理治療師的奧郝林恩和榮格都強調受苦者必須有意識地、因而弔詭地去屈服於某個他者的力量。對奧郝林恩來講，就是召喚並認出個人身外的慾望來源[10]；對榮格來講，就是自我要在面對無意識情結的自主性和追求最終完整人格的過程中，認出自己只具有相對功能性。此外，吉哈和榮格的追隨者都把心理治療中的覺知過程描述為「與

9　譯註：指嬰兒的懵懂經驗流動於不同的感官模式（sensory modalities）之間而不專屬任一模式。
10　譯註：奧郝林恩所說的他者乃指他人。他人的慾望是人之慾望的起源（即所模仿的對象）；人觀察並模仿他人的慾望而生嫉妒競爭之心，但一向壓抑或扭曲此一事實，甚而因此陷入精神疾病。奧郝林恩認為，要脫離困境，人必須充分意識到自我乃是主客慾望交互模仿的產物並因此承認他人於「我」的絕對重要性。

人性相搏」（work against nature）[11]——即使奧郝林恩認為這正反合過程僅與個人身外的他者有關，而榮格卻容許它發生於人心之內或人際關係和移情作用之中。（榮格特別看重內在過程；他宣稱：如果個人曾迴避之前的內在整合過程，無意識就會以外在命運的形式顯現。）

在一九七七年的伊蘭諾斯知識分享大會（the Eranos Conference）[12] 上，吉哈學者尤金·韋伯（Eugene Webb）在名為〈愛力文化〉（Cultures of Eros）[13] 的演講中，特別指出榮格愛力概念和吉哈慾望模仿概念之間的差異，而未探討兩者間是否有任何相似處。韋伯認為榮格追隨了史賓諾莎（Baruch Spinoza）對「生命基本愛力」（fundamental vital Eros）的看法、視之「同時能以肉體和靈性形式表達出來」（Webb，1999，頁 9）。他另把吉哈置於霍布斯（Thomas Hobbes）及佛洛伊德不信任愛力的思想傳統中。韋伯藉這樣的區分最終在結論中說到他自己較認同榮格的看法：

對我們此刻的「愛力文化」討論來講，這代表的問題是：一個貶抑愛力、並視之必然利己和胡作亂為的文化，很可能會忽

11　譯註：榮格稱個體化過程為 *opus contra naturum*（work against nature）（Jung，1970a，頁 201）。人性（nature）在榮格口中指心靈無意識領域中的肉體本能或生命怒力（libido）；他所說之神祕合體或心理療癒的最重要一步在於自我面對浮現的無意識意象時與之相搏，繼而透過超越功能轉化這些意象並整合至新的意識中。他在〈原型與集體無意識〉（Archetypes and the Collective Unconscious）中說：「不知辨別對立事物，就不會有覺知」（There is no consciousness without discrimination of opposites，CW 9i，段 178）。另參見心靈工坊出版之《靈性之旅》（2015）第十五章。

12　譯註：自一九三三年以來每年在瑞士 Ascona 城舉行，邀請世界各地人文、宗教、自然科學學者討論及分享知識。

13　譯註：Eros 為希臘神話中的愛神（男性），代表情愛，榮格用之代表心靈追求整合或連結的驅力。

視或否認我稱之為「生存愛力」（existential Eros）的存在。可慶幸的是──我希望自己已經證明了這一點──好幾位頗具說服力的思想家也支持這一種愛力。雖然我對貝克（Ernest Becker）和吉哈（以及他們的前人霍布斯和佛洛伊德）對人性黑暗面的有力洞見甚感佩服，我還是相信卡爾·雅士培（Karl Jaspers）、卡爾·榮格、艾利克·佛格林（Eric Voegelin）、伯納·朗納根（Bernard Lonergan）、尚·皮亞傑（Jean Piaget）、勞倫斯·寇伯格（Lawrence Kohlberg）、羅伯特·齊根（Robert Kegan）這些思想家的思想模式；他們在我們努力提升黑暗到光明時，可為我們提供最大希望。我在此所說的提昇黑暗到光明，它不僅指我們要控制較邪惡的本能，也指我們要透過闡明和教化慾望來轉化它們。（Webb，1999，頁47）

身為吉哈學者及奧郝林恩著作的翻譯者，韋伯的確有資格主張吉哈在多少程度上繼承了佛洛伊德視慾望為黑暗邪惡的思想模式，但他未免對榮格的愛力概念做了太簡化和太樂觀的詮釋。榮格的確認為「愛力」是慾望或心靈與他者連結的原動力，並用情愛、創造力和共與這些用語把這原動力同時置於人世和原型世界（即鬼神世界）的情境裡（Guggenbühl-Craig，1999，頁25）。韋伯也正確主張「愛力」──「在我們身後緊迫追逼、企求進入意識（不同於佛洛伊德的無意識總在阻礙意識）、並攜有真相的一股力量」（Webb，1999，頁9）──和榮格的心理整合及個體化概念有關。然而，榮格也討論過慾望的邪惡面向；他曾指出：從邏輯來看，愛

的反面是恨，因此愛力的反面會是懼恨（Phobos）[14]。這在韋伯的說法中恰好與吉哈和貝克較悲觀的哲學立場相符。然而榮格也說：「從心理學角度來看，愛力的反面是權力意志」（Jung，1917a，段 78）。無意識中的愛力無可避免會在權力的驅力中找到表達管道（Samuels 等人，1986，頁 55）。奧郝林恩藉著自己的附身概念及主客相與心理學（源自吉哈的模仿論），在把歇斯底里患者的「不自覺」痛苦描述為權力之驅力所導致的無能時——無能屈服於並積極認同自己身上的他者因素——可說也表達了與榮格甚為相近的見解。

　　儘管有這些相似處，我必須同意韋伯的見解，即吉哈的慾望模仿論和榮格的愛力概念互有根本相異處，而奧郝林恩源自吉哈的附身概念和榮格的附身概念最終對心理治療作法具有不同意義。對奧郝林恩來講，「模仿那模仿」是指看出慾望的本質。吉哈所詮釋的基督教神啟事件就是這認知的最好範例：耶穌特意把替罪羔羊的社會機制上演出來，以揭示自我所感受到的慾望具有外來性，並讓人意識到社會穩定性的基礎原來是暴力的、非理性的、毫無利他精神的獻祭儀式。奧郝林恩在把這詮釋轉換為心理治療作法時提出的建議是：一方面藉模擬再現[15]去了解症狀所表達的慾望，另一方面不再視他者為對手和阻礙，而只視之為慾望模仿的對象（Oughourlian，1991，頁 245）。

　　模擬再現也是榮格心理治療作法的基礎。這概念在西方文化傳

14　譯註：Phobos 為希臘神話中的懼恨之神，是 Eros 的兄弟。
15　譯註：本處原文為 seeking mimetically to understand...，其中的 mimetically 是藉儀式將慾望角色化以再現它，意義不同於「慾望模仿」的「模仿」。

統中享有漫長而重要的歷史地位，但它最為人所熟悉的部分一向與討論藝術再現本質時必然提到的「仿擬」（imitation）有關（參見Auerbach，2005）。在《理想國》（Republic）第三卷中，柏拉圖把所有藝術和知識定義為模擬而得的事物，因為它們仿擬了柏拉圖所說的抽象理念（the ideal 或 Platonic forms）。在《詩學》（Poetics）中，亞里斯多德認為詩所再現的是人類的所作所為，並指出：知識和快樂來自模擬本能的表達。柏拉圖卻認為模擬本能使每個人都可模仿別人、因而有危害社會階級制度之虞。在二十世紀，重模擬的藝術寫實主義在戲劇界受到布萊希特（Bertolt Brecht）等人、在文學界則受到新批評主義者（New Critics）的攻擊。索緒爾之後的語言學家（the post-Saussurean linguists）也對之發出攻擊，因為他們強調語言符號為人所制定，並不能模擬外在世界（Macey，2000）。在此同時，另有許多人卻非常強調模仿，包括心理學家暨認知神經科學家莫林·唐納（Merlin Donald，1991）和人類學家麥可·陶席格（Michael Taussig，1992）在內。他們兩人都主張：繼續為人類文化演變提供基礎的是模擬，而非語言。

若用榮格的觀點來看，奧郝林恩的「模擬那模仿」應與情結的角色化有關（參見 Donfrancesco，1995）。賦予形象可使人意識到挾制人心之鬼神或心靈碎塊的自主性和情感作用力，進而解除情結的挾制力及自我的權力意志。但我猜榮格還會加上一句話：心理治療的正反合過程——在移情和反向移情關係的聖所內把情結角色化，並透過積極想像使挾制人心的神靈具體形現——並不會教化無

意識情結，卻會逐漸同時轉化自性的兩個面向[16]。榮格的這種知覺影響了他對基督教傳統之道成肉身（incarnation）[17]信念的詮釋，也使他在探討聖經約伯記——其故事在敘述上帝與人正反合談判的過程——對心理學具有何種意義時得以提出激進新見。因此韋伯的看法是錯誤的：他不應認為榮格就像雅士培、皮亞傑、寇伯格和齊根一樣主張教化和闡明慾望。但韋伯的另一看法卻很正確：不同於吉哈或奧郝林恩的「悲劇」概念，榮格的附身概念含有「喜劇」或浪漫結局的成分——這是因為榮格附身概念中由愛力所驅使的心物結合過程既不偏重心、也不偏重物[18]，而是同時看重兩者。換句話說，對榮格來講，顯現的象徵（這便是超越功能存於人心的證據）使愛力這慾望得以加入整合及超越對立面向的過程，而心靈也因其固有的連結能力得以走向完整。這就是韋伯之所以會認為榮格的愛力概念受到史賓諾沙影響的原因。然而，由於婚合（結合）這個隱喻很可能會為榮格的心理治療作法披上太多樂觀色彩、並暗指它必帶來喜劇或浪漫的結果，我們還是必須知道：對榮格來講，這個把無意識內容角色化及具體化、堅定忍受對峙張力的過程對個人生命而言全然可比擬於釘十字架的過程（Jung，1946，段 470）。

16　譯註：即意識與無意識。
17　譯註：即聖神以耶穌的人形現身於世。
18　譯註：此處的「心物」在原文中為 spirit and matter。「物」（matter）即煉金術中的 prima mateira，也就是榮格所說的無意識內容。Spirit 在此應指與無意識對立的意識心，非心靈（psyche）或本書所論的附身魂靈。參見第四章譯註 7。

莫瑞諾的三合一心理治療法及自發性原則

　　傑克布・莫瑞諾——他或許是二十世紀心理治療作法最具影響力、但又最被低估的一位思想家——早在一九一二年、他尚未從維也納醫學院畢業時就反對佛洛伊德的自我理論。與佛洛伊德不同的是，他試圖治療病人人格成長過程中由人我互動所導致的心理問題（psychosocial problems）[19]。根據莫瑞諾的看法，自我必須透過個人在人際關係中所扮演的種種角色才得以出現，因此自我並不是角色創造者。這個視自我經驗（experience of selfhood）發生於外在人際場域中的想法，正是六十年後奧郝林恩在他的主客相與心理學中想要進一步探討的。莫瑞諾根據人際自然互動所呈現的模式勾勒出人際重心引力定律，並提出一套由團體心理治療（group psychotherapy）、人際關係評量（sociometry）及心理劇（psychodrama）組成的三合一心理治療作法，用以解決原本自然持續之自我呈現過程突轉不自然的問題。

　　莫瑞諾說他的三合一心理治療模型受到若干人的思想啟發，其中包括亨利・柏格森（Henri Bergson）的生命動力說（principle of *élan vital*，指代代相傳的一種生命力，最好透過直覺和反思、而非理性來感知），以及伊波利特・波赫奈姆的社會暗示說（principle

---

19　譯註：心理學家 Erik Erikson（1902-1994）曾根據佛洛伊德學說提出 psychosocial theory of development，把人一生的人格成長分為八個階段（嬰兒、幼童、學齡前兒童、小學生、青少年、壯年、中年、老年），每個階段都會出現該階段特有的心理危機。未解決的心理危機會在各階段分別造成如下痛苦：對人不信任、羞恥和自疑、罪惡感、自卑感、角色混亂、孤立、生命滯礙不前、絕望。家人、其他人際關係及社會文化在每個階段都扮演影響者的角色，這與佛洛伊德視人格成長在幼兒時期經 id 與 superego 之衝突的化解或無解即定型的見解不同。台灣國家教育研究院將此理論中譯為「心理社會發展論」或「社會心理發展論」，似無法達意。英文字 social 於此基本上乃指個人與他人或群體的關係而言。

of social suggestibility）及他對團體和群眾所做的研究。同時，莫瑞諾也認為自己所說的自發性原則（principle of spontaneity）已然存在於佛洛伊德所使用的自由聯想方法中，雖然精神分析作法的自由聯想在他看來只是他自己治療作法的「初步工作」而已。他說：「與其追溯過去的經驗，案主只關注目前、當下形成的經驗。與其運用自由聯想，我們希望全面釋放案主、他的心理表達力和模仿表達力」（Moreno，1934，頁 5-8）。

換句話說，在他的心理治療作法中，莫瑞諾並沒有運用自發性原則去分析以往的創傷，卻用之來分析那些呈現於當下角色扮演中的自我，而角色扮演的目的就在支持或強化個人自我的自然呈現（Moreno，1960，頁 5）。強調每個人的社會成員身分僅具象徵意義的馬克思經濟物質論，也是莫瑞諾思想的前導。但莫瑞諾並不同意馬克思，認為他不僅無視個人為心理存體的事實，也無視社會「不斷受到心理暗流及心理暗流系統的驅迫」（Moreno，1934，頁 9）的事實。莫瑞諾的心理治療模型無非想把以上這些思想家的某些思想元素統合起來。

莫瑞諾從自我角色問題來探討個人痛苦。他不認為性格或自我與無意識密切相干（這是佛洛伊德無意識心理學 [metapsychology] 所主張的）[20]，反建議治療工作應重視一個概念：於人際關係中呈現的自我是人我互動下的心理產物。在評估一個角色的成功與否時，他所根據的是這角色能否融合個人和群體元素、以及在人

---

20 譯註：佛洛伊德為使用 metapsychology 之詞的第一人，用在討論無意識——或說意識以外之心靈（psyche beyond consciousness）。本字字首 meta 意指「在…以外」或「在…之上」；台灣國家教育學院雙語學術名詞將此字譯為「超心理學」，譯者認為並未充分達意。

際關係中能多自在及多有創意地展現某種自我。莫瑞諾說：「角色扮演（role-playing）是一種行為、一種自發自在的遊戲；角色承擔（role-taking）則是接受現成品或醃漬好的角色」（Moreno，1960，頁 84）。對他來講，「角色承擔」意謂囿限於已成的、已完全製成的、已有腳本的、不容人擁有任何自發性或創造力的互動方式；「角色扮演」容許某種程度的自發性和創造力，而「角色創造」則會容許最高程度的。在莫瑞諾的模型中，附身乃指被挾制的個人過分認同或融入某種角色、以致失去自我而無能自然或有創造力地與人互動。自我之呈現受到威脅，最終只能在醃漬好的角色中尋找可泡製的行為，因而抹殺了自然互動和創意互動的任何可能性。

莫瑞諾觀察到：在人際經驗中，人對自我一再自然呈現的過程有抗拒傾向。他指出這種抗拒即是痛苦的起源，並認為視自我為已告完成之完美成品的想法不過是使人心安的幻想，而這幻想又會因我們偏愛承擔事先已有腳本的角色、不願面對角色扮演中的種種未知數而變得根深蒂固。團體與社會的文化醃漬品更強化了人的這種傾向：

人在過程中抱著一個精打細算的動機……因為創造過程中只要有一個階段讓人感到真正滿意而其他階段都令人失望，那麼這被挑選出來以取代整個過程的階段就會被記住、被保存、成為永恆、以及慰藉創造者的靈魂且為他所屬的文明創造秩序。（Moreno，1934，頁 363）

為了匡正這製造醃漬品的傾向，莫瑞諾發展出三合一心理治療作法。他認為這作法可使個別自我和整體社會（即個人之自我認知出現的所在）原本具有的自發創意再度發揚光大。

在莫瑞諾的團體心理治療作法中，個人在人際關係場域中的自我感受，會根據他有無能力自然參與及創意參與而有所不同。當他人在場而導致面對面的必要性時，個人就有可能學會區分投射經驗與莫瑞諾所說的感應經驗（experiences of tele）——柏格森的生命動力說對這概念多少有些影響。在字源上，源自拉丁文的 to project（投射）意指「投到……的面前」，而希臘文字首 tele 則意指「來自遠方」。投射把一套固定的角色醃漬品投到參與者的面前，然後困住他們。莫瑞諾認為：有效的團體心理治療作法會提供圈範架構，讓個人在其中能目睹投射的發生、並盡可能轉身離開投射和投射所形成的假象。不過莫瑞諾也強調團體心理治療應提供角色扮演及人與人「交流」的經驗——後者乃指參加者在當下此刻誠實互表喜歡或厭惡。他所說的感應則是指一種非理性、非言語（彷彿「來自遠方」）、可以建立人際關係和情誼以凝聚團體的過程：

團體凝聚力、對應關係、溝通和共同經驗概是感應所發揮的功能。感應是所有心理治療形式及方法的參考指標……移情作用及同理心都無法充分解釋社會的文化形態是如何凝聚起來的。（Moreno，1960，頁 17）

莫瑞諾強調：有效的團體心理治療作法，不僅會提供機會來盡量降低人際關係中的投射作用，也會提供機會來盡量促成具有真正溝通

作用的感應經驗（Bradshaw-Tauvon，1998a，頁 33-35）。

　　人際關係評量（sociometry）是莫瑞諾心理治療作法的第二個元素，係在意識經驗上（phenomenologically）研究個人或團體在人際關係方面所做的選擇。它繪出並評估所偏賴的既有關係網絡，例如：個人的社交地圖將包括家人、朋友、鄰居及同事中的代表人物，其中每一個人際關係都將依其與核心自我的距離被放在一個位置上。就這樣，透過所有角色冒出來的自我在時空中瞬間被他人觀察到。團體心理治療師也可利用人際關係評量追蹤團體心理機制（例如尋找替罪者）如何發生。換句話說，他們可以把團體為了加強凝聚力而創造及逐出某一孤立者的情況圖示出來。於此同時，這類圖示也可預測某人之角色種類或自我種類的多寡會在多大程度上使他容易生出共謀欲望、容許自己遵從眾意去承擔團體中現成的替罪者角色。莫瑞諾說：就找尋替罪羔羊的情況來看，團體治療作法是否有效，端賴治療師能否在團體極欲孤立某成員的想法剛發生及正在游移之際對之作出測量，以及他能否把潛在的孤立者重新整合到具有凝聚力的團體感應經驗中。因此，藉著人際關係評量，治療師可以確保沒有任何人會過度自認是理應被犧牲的他者、也沒有任何團體能終遂其願來逐出它自身的內在他者或與之斷絕關係。

　　在心理劇、也就是莫瑞諾心理治療的第三元素中，心理劇導演會引導模擬演出的發生，藉以檢視問題、探索新角色產生的可能性、以及──最重要的──使現成而陳腐的角色重獲生命力（Moreno，1960，頁 85）。每節心理劇治療都會在一開始找出一個人當主角，作為小組一致同意給予幫助的對象。然後，主角的問題會透過表演──如角色複製（role doubling）、角色對換（role

reversing）、以他人為鏡（mirroring）、獨白（soliloquizing）——
具體形現出來。每節心理劇演出以表達看法及分享反思做結束，其
目的在統合主角、其他演出者、觀看者和治療師各自在演出中透過
語言或非語言所經歷到的洞見。心理劇之所以會被認為具有儀式性
質，原因就是這樣的演出通常具有緊湊結構、會依照時間或空間所
區分出來的明確步驟逐步進行。

採用莫瑞諾三合一心理治療的治療師曾研究過他們自己（以
及莫瑞諾）在作法上會如何特別倚重其中某個元素。在某些心理劇
小組中，戲劇演出會比團體心理治療和人際關係評量這兩個元素占
更重份量，重要到甚至會使參加者認為沒有心理劇演出，就意謂一
節治療不符小組的期望（Bradshaw-Tauvon，1998b，頁 293）。莫
瑞諾卻曾特別指出團體心理治療比其他兩個元素重要，並在描述心
理劇時明白指出它是團體心理治療的延伸（Elefthery & Elefthery，
1966；Moreno & Elefthery，1975）。因此，如要從團體心理治療轉
移到極可能導致場面失控的心理劇自發演出，這步驟唯在身為主角
的個人（而非導演或小組）有此需要時才能取得正當性。也就因為
如此，用以評估心理劇中小組互動的人際關係評量就成為必要，例
如：為了不讓個人和眾人經歷到小組碰面時必會發生的互相吸引、
厭惡和衝突，導演或小組會喜歡（經常不自覺地）指定主角來演出
心理劇到什麼程度（Doreen Elefthery，私人交換意見，二〇〇五年
十月二十七日）？

莫瑞諾在定義他的心理劇作法時，採用了一個以模擬表演為主
要統合功能的人我互動心理模型（psychosocial model）。就像六十
年後的奧郝林恩，莫瑞諾指出群體具有一種傾向，喜歡把角色變成

醃漬品並藉模仿來追求相同的價值觀。我們並不清楚奧郝林恩在多大程度上描述或討論過「模擬那模仿」的實際作法、並將真實演出納入其中，也就是說我們並不清楚主客相與心理學的心理治療作法有多需要表演步驟。莫瑞諾卻相信：對於心靈統合能否在治療中發生，表演者和觀看者共同扮演了關鍵性角色。個人悟見的可能性存在於自發和創意的表演中；但在一節心理劇的演出步驟中，唯當反思和重新融入團體的過程存在時，悟見才有可能整合到主角的各種角色及其新現的自我感知中。「當理論家也是治療師時、當理論由治療工作發展出來並與之一起發展時、當一個人兼為演員和觀看者時，新方法才得以具備它們各具的具體形式」（Moreno，1960，頁 86）。換句話說，莫瑞諾發現：要同時有助於表演和觀看，心理治療的圈範結構是必要的。

　　跟榮格（以及之後的奧郝林恩）一樣，莫瑞諾認為心理治療作法不僅可以處理個人心理發展過程中人際關係所導致的痛苦，也可以匡正社會群眾互仿成風的問題。就這點來講，他相信他的表演及觀看模型所針對的不僅是心理治療中個別自我的療癒，也是文化醃漬品重獲生命力的問題：

　　把演員結合起來的人際關係和規範結構，並不同於我們在生物體之間可以觀察到的關係結構。表演結構所依賴的是演員相遇時才會出現的共識；這個深藏但隨時會出現的共識，對研究的持續進行深具意義。但經常連這也有所不足。觀看者應該參與共識的產生過程並成為演員，如此才能形成一個不間斷、完整的關係結構。（Moreno，1960，頁 130）

莫瑞諾的模型強調並說明了人際場域中的心理現象。其中一個現象就是，企圖強化凝聚力的群體往往運用了反而對他們有害的「尋找替罪者」心理機制。在犧牲替罪者、視之為他者時，群體也犧牲了感應能力。這想法與奧郝林恩建立在吉哈慾望模仿論上的主客相與心理學很相似，但莫瑞諾並不像奧郝林恩一樣意圖避開「無意識」和「移情作用」這類精神分析術語。但是，由於莫瑞諾也把自我置於外界（也就是他認為自我在人際場域中擁有不同角色），他對榮格和佛洛伊德都提出批評，對他們認為個人心靈即能定義自我的說法提出指責。此外，莫瑞諾認為榮格的集體無意識說有不少漏洞，因為它從個人一躍到集體情境，卻未充分思考群體心理和具有正面效益的感應現象：

　　我們所需的概念應如下：在其建構上，這雙向過程存在的客觀證據並不來自個人心靈，而是來自一個更深的真實場域，在其中兩個或多個個人無意識狀態和一個「共與無意識」狀態（co-unconscious states）的系統交織了起來。榮格假設每個人除了個人無意識外還擁有集體無意識。雖然這樣的劃分相當有用，但它並不能解決所述的兩難困境。榮格並沒有把集體無意識應用到人們生存所在的具體社會中。如果不堅持「具體」原則（無論是具體個人或具體社會），從個人轉向集體無意識的做法就無從帶給我們任何好處。如果他曾把注意力轉至團體、發展出團體心理治療或社會劇這類技巧，他原本可為集體無意識之說取得具體基礎，但正如事實所示，他降低了具體個人的重要性，但並沒有相對建立一個安全的「集體固基」（collective anchorage）。這問題與某一文化或整體人

類的集體意象無關，卻與某一群體特有的成員關係及凝聚力有關。
（Moreno，1960，頁 116-117）

即便如此，榮格的心理治療作法還是提出了一個情結附身的概念，
以及——相對而言——一個與他者連結、以謀心靈內在平衡的原
則。同樣的，莫瑞諾的作法提出被角色醃漬品附身的概念，也提出
自發和創意原則——這些原則實現於人際場域，可以為共與意識和
共與無意識帶來療癒。他說：「一個勉強湊合而成的團體能在成員
忍耐下存在越久，它就會開始越來越像一個自然團體，並越來越能
發展出及分享某種無意識生命，使其成員能從這無意識生命汲取
力量、知識和安全感」（Moreno，1960，頁 117）。用莫瑞諾的話
來說，個人之自我弔詭地從演員和觀看者雙重角色中冒現出來的事
實，不僅能使個人擺脫傳統現成角色所帶來的附身之苦，也能藉由
自發創意及足以凝聚群體的真實感應力，去挑戰並重賦生命力於文
化醃漬品。

附身、慾望及權力的問題

榮格、奧郝林恩和莫瑞諾全都從附身、慾望和權力之問題的角
度提出心理治療作法。對榮格來講，在心理上，愛力或心靈連結力
的相反就是權力意志。受到挾制的自我之所以痛苦，是因為它既融
入自主的無意識內容、又與之不相連屬，而做為他者的無意識情結
則一方面「苦於」自我頑抗不屈，另一方面又苦於它自己尋求體現
的衝動、無意繼續被拋離在人身意識之外。榮格的作法強調發生於

病人和心理治療師心靈之間、由聖所結構所導致的正反合過程。藉著這過程，象徵會從超越功能自然出現。把這些象徵角色化、敘述它們出現的夢境、以及分析那些把它們顯示出來的移情作用和反向移情作用——這一切方式在賦予自我意識非絕對地位、把附身經驗重新想像為結合及賦形於異類元素的過程之際，可以一起對抗西方意識的內在解離傾向。

對奧郝林恩來講，以歇斯底里症或解離症出現的附身現象，是人在權力意志驅使下無能屈從和認同他者時「不自覺」面臨到的痛苦。在他的描述下，非西方文化所上演的附身儀式以戲劇形式例現了主客相與心理學所說的自我：自我的慾望感受實來自一種願望，意圖吸收它認為別人所擁有的更大權力。「模擬那模仿」的作法用弔詭方式，讓人一方面能面對慾望模仿的事實，另一方面也能有意

圖 5.2，5.3　兩位與榮格一樣在解離與自我、愛力與權力之間探討附身概念的治療師兼思想家：勒內・吉哈（René Girard，左），傑克布・莫瑞諾（Jacob L. Moreno，右）。

識地放下自己把更有權力之他者視為競爭對手和阻礙的心理，因而得以轉化慾望並把他者所代表的意義整合到自我經驗中。

對莫瑞諾來講，解離症之所以發生，是因為強大的文化醃漬品阻礙了人際角色扮演中自發及創意的自我表達。「醃漬所成之創意真正能表達的，充其量就是權力，也就是在無法取得真實優越地位時，用來表現優越感的手段」（Moreno，1960，頁13）。莫瑞諾的三合一心理治療法試圖解決文化醃漬品附身的問題，讓在弔詭意義上身兼演員和觀看者的個人獲得釋放，得以在渴望和厭惡的真實互動下——也就是在構成感應經驗的過程中——經歷自我。

過分強調這些相似處可能會有誤導作用。奧郝林恩和莫瑞諾基本上認為，他們的心理學理論批判了跟榮格一樣把自我置於個人心靈內的精神分析與心理動力概念。榮格也確實看重個人心靈甚於人際心靈，並主張未曾在心靈內被整合的東西將成為個人所感受到的外在命運。至於受到人我互動心理學之自我概念影響的心理治療作法，榮格說：「團體治療只能啟發社會化的個人」（Jung，1973，卷2，頁219）。它只能處理「人格面具」（persona）——也就是個人用來與外在他者打交道的社會角色——所造成的問題。不過，榮格在解說情結以及它們與自我意識之關係時所繪的圖示，跟莫瑞諾用人際關係評量就文化醃漬品及其對人際關係結構之影響所畫出的地圖，頗有驚人相似處。兩者都論及類似的附身問題，但榮格從內向者的觀點偏重自我在心靈內的位置，而莫瑞諾則從外向者的觀點偏重自我在人際關係中的位置。榮格和莫瑞諾的心理治療作法雖不相同，但似乎在本質上頗能互補。

在強調榮格、奧郝林恩和莫瑞諾的心理治療作法都與附身概念

相關時，我是透過理論指出他們可以互補。然而，要在內向的個人心靈模型和外向的人際模型之間努力尋見它們的互補性，這困難工作的一大部分卻不是透過理論完成的，而是在心理治療作法的實驗室中完成的。許多治療師已經推敲出如何在兩種模型的矛盾地帶從事有成效的工作——他們甚至會說，他們的工作之所以更為有效，就是因為他們把自己的作法建立在這種兼容不同模型的地帶上。這許多治療師中最出名的四位是：受訓於莫瑞諾的丁恩‧伊雷夫歇利（Dean Eleﬅhery）和朵琳‧麥登‧伊雷夫歇利（Doreen Madden Eleﬅhery），以及受訓於伊雷夫歇利夫婦的榮格派分析師海姆特‧巴茲（Helmut Barz）和愛琳諾‧巴茲（Ellynor Barz）。

　　朵琳‧伊雷夫歇利曾說明為何具有干預性質的心理劇只能做為團體心理治療的延伸。除非莫瑞諾三合一模型中的團體心理治療面向被視為優先，導演或小組成員的干預就可能不知不覺流於權力的表達，卻無法透過自發創意來表達感應經驗。主角也會變得不自在，只能在被控制的情況下與團體的需求唱和並演出愚蠢的醜漬角色，以致無法在演出行動中透過悟見來經歷自我之呈現。由於兼採個人心靈和人我互動心靈模型，伊雷夫歇利得以圈範及處置心理投射、她自己的反向移情作用、小組成員的心理互動、以及共時發生於治療環境之外的集體經驗（如政治事件）。藉著不斷把這一切的相關位置圖示出來並詮釋它們（同時分辨出其中哪些是可分享的），她可以創造一個夠安全的空間，在其中藉心理治療使自發及富有創意的自我有可能從超越功能和（或）人際感應中冒現出來。伊雷夫歇利的方法就是這般嚴謹、這般具有兼容性。

　　榮格派分析師海姆特‧巴茲描述了莫瑞諾的心理劇如何幫助案

主不僅透過內向自省、也透過淨化功能（catharsis）[21]，不僅經由觀看、也經由身體演出獲得悟見：

我已深信：把這當作個人精神分析的互補工具會導致極令人滿意的成果，因為它使向來不受精神分析重視的一件事情變成了可能：透過象徵去經歷完全效果。分析工作是否令人信服，就在它能否在以言語為基本工具時把需要詮釋的象徵（包括這象徵所衍生的一切最細微意義）導入意識。莫瑞諾……所要尋找的就是（如他自己所說）能擺脫邏輯和句法的溝通形式。我們必須感謝他，因他使角色化的象徵意象可以呈現在人眼前，使人可以直接透過舉止、模仿、手勢和聲音來經歷它們，也使人相信它們並不產生於個人夢境的解析、卻存在於所有人心並影響所有人心。（Barz，1990，頁438）

在承認積極體現象徵可以補正精神分析對象徵的想法而導致「全效」時，巴茲讓我們發現心理劇演出這一面向的治療價值，也讓我們發現，角色扮演（把情結和象徵角色化或用啞劇演示它們）就是榮格所說之「積極想像力」的一種形式。

在針對未化解之角色衝突的跨代傳遞而從事心理治療時，身為團體心理治療師、心理劇導演和莫瑞諾學生的安娜・昂思林・舒琛貝格（Anne Ancelin Schützenberger，1998，頁6）發現榮格的情結

21　譯註：亞里斯多德在其悲劇論中提出這一概念，指悲劇可使觀眾情感在劇終時經歷淨化。心理治療運用此一概念，轉以角色扮演方式協助病人在安全情境下釋出其攻擊力、憤怒等強烈情緒。

理論可以互補於她的治療作法。榮格曾把「家人情結叢」（family constellation）描述為父母與子女間的認同，而這認同可從他的文字聯想測試獲得驗證。我在第三章曾提到一個著名的十六歲女孩個案；她的測試結果圖表顯示她和她母親擁有如此相似的情結問題，以致榮格想像她將會複製她母親的生命經驗，比如嫁給酒鬼（Jung，1935a，段 155-159）。榮格也因此描述了自我如何受到跨代家庭史、而非陰影或阿尼姆斯／阿尼瑪的挾制：

> 挾制來自某種可被稱為「先人靈魂」（ancestral soul）的東西──在我的定義中即是某位特定先人的靈魂。事實上，這些案件都可被看成是與死者認同的顯著例子。（Jung，1939c，段 220-224）

榮格在別處也提到未解的家庭衝突會不知不覺一代代傳遞下去，有如艾特里阿斯家族的詛咒（Jung，1931c，段 88）。根據榮格情結理論與莫瑞諾自我經由角色產生之理論的互補性，昂思仁・舒琛貝格試圖用理論探討一個問題：對於上幾代的無意識忠誠會如何導致重要家族事件重複發生於相同日期，使人不自覺地重新上演它們，以致給自我招來痛苦。曾從昂思林・舒琛貝格接受心理劇訓練的榮格派分析師香塔・內維-杭奎（Chantal Nève-Hanquet）對此做出更多探討。她利用家譜圖（genograms）和人際關係評量，將跨代家族系統如何把個人困在無意識情結和角色醃漬品中的情形圖示出來，也圖示了具有補正功能、能使自我自然出現的心理劇技巧（Nève-Hanquet & Pluymaekers，2008）。

另一位榮格派分析師及心理劇導演威瑪‧史克泰尼（Wilma Scategni）採用了榮格的用語「聖所」，藉以指出：在冒險表達自己的自發創意之前，心理劇小組成員必須感覺他們是受到圈護的：

　　它容許人們劃出範圍或周界，其中沒有任何干預力量或外來影響力，而感覺、思想和情緒可在那裡以混亂形式出現、沉澱、成形和表達出來……同時，小組掌握〔內在的〕毀滅力量，容許它們現身，並給予情結被表達及被圓滿解決的機會，以釋放拘禁在其中的能量。（Scategni，2002，頁 28）

史克泰尼記錄並詮釋小組成員的夢境，以便證明小組受到保護的心理分析空間具有儀式功能──超越功能就在這空間中得以自發而有創意地呈現出來。

　　由於都與附身概念有關，榮格、奧郝林恩和莫瑞諾的心理治療作法在其論述上都在探討一個相似問題。在解說這問題時，我們或能從他們的立論發現新的場景，從中去了解；兼採這些相反、但具潛在互補性的作法會帶來什麼可能的挑戰？附身現象所上演的是被魂靈、情結或文化醃漬品挾制驅迫的權力問題。我們所討論的心理治療作法用相對化手段來處理這類問題，藉使自我意識變得柔軟和有彈性，並使它跟各種演員和觀看者角色既保持距離、也保持連結。個人在經歷自我的流動性和多樣性時，並不會覺得那是解離斷裂，而是模擬中產生的流動和周界。這類心理治療過程的可能危險，乃與存有危機必會導致的困難有關：要如何相信那被角色化而演現出來的實存者（enacted reality）與那被反映而再現的真實世界

（reflected reality）[22] 具有同等重要性？要如何用整合方式去處理主角個人的內在情結或團體小組中的人際心靈感應？

是以——舉例來說——我們可以透過移情作用和反向移情作用、亦即兩人小組的場景來理解榮格的積極想像作法（Schaverien，2005），因而發現積極想像實為聖所內分析師和案主關係的延伸。這想法與心理劇為團體心理治療之延伸、而非獨立作法的想法頗有相似之處。用榮格的附身說來思考積極想像會讓我們發現：去圈範和架構積極想像可能引發的自我存有危機有其必要性，因為那危機對參與者來講有可能如同精神病發作。榮格派治療師必須認知：對積極想像作為中的移情面向做出詮釋是非常重要的。這種認知可實際強化聖所結構，並使超越功能可能帶來的靈啟經驗或人際相互感應不致以權力模式呈現出來。

如能把附身概念放在心上，採行這些治療作法的治療師便能更確切辨識潛在問題。例如，在治療師決定進入心理劇演出階段、以之作為治療的干預手段前，他們應先用人際關係評量把團體互動圖示出來，藉以發現團體需求（甚至導演對心理劇的需求）挾制主角的心理到什麼程度。同樣的，當治療師目睹積極想像發生時，他們必須盡心處置好一個弔詭的存有問題：如何讓病人既成為演員，也成為觀看者。基於這理由，他們必須密封聖所，並在適當時刻詮釋連結力或愛力的三個面向（個人心靈、人際心靈、移情作用），藉

22　譯註：本句原文為 The risks that arise in these psychotherapeutic processes are difficulties inherent in the ontological predicament of how to give equal weight to both the enacted and the reflected realities and how to process synthetically an individual protagonist's intrapsychic complex as well as the interpersonal *tele* of a group，謹予意譯。Enacted reality 即實存於心靈內的無意識內容，亦即拉岡所說的 the Real。Reflected reality 則指亞里斯多德模擬論所說、被反映於作品或表演中的外在真實世界。

使病人能從閾限狀態重新融入現實時空。附身概念強調：所有這些作法的治療過程在任何時刻都有可能出現失誤，而這些失誤會把榮格所說的愛力、莫瑞諾所說的感應、以及奧郝林恩所說的慾望模仿反轉成權力。

治療學（therapeutics）也有可能變成玄祕思維（esotericism），而榮格的附身概念尤其容易被人誤認受到宗教教義的影響。事實上，如透過臨床作法來了解榮格的附身概念，我們會發現他的概念與族群學精神醫師托比・奈同（Tobie Nathan，1988，1994，2001）的概念不同，而奈同的臨床作法顯然且毫不掩飾地屬於「玄祕思維」：西方治療師置身於教義之外，卻強調該教義對其信徒而言自有其道理。在西方臨床環境中輔導那些來自非西方文化、為心理痛苦求助的移民時，身為心理治療師的奈同認為，西方心理治療只能為這些尋求療癒的人提供有用的容器（榮格所說的聖所）。在這樣的容器裡，病人的神祇和「異國」信仰——即非源起於他們現居地文化的信仰系統——可以安全展現出來。榮格也曾有過類似主張：在嘗試用心理分析來進行心理治療前，治療師應讓曾依附在西方信仰系統（如天主教）上的病人重新取得他們的信仰和教義（Jung，1939d，段 618）。對榮格來講，某種被其信徒認為有道理且有效的信仰系統，其玄祕思維並不同於他本人的心理學「玄祕思維」；他之所以持有這種思維，乃是為了了解無信仰之病人的附身症狀有何種終極心理意義。

因此，我對亞當・克拉布區（Adam Crabtree）在運用榮格附身概念於臨床治療時所採的方式不表贊同。克拉布區（1985，1997）就治療多重人格障礙症提出一套干預方法，其中包括向附身之物

或每個人格做訪談，所採的方式跟榮格的情結角色化技巧十分相似。克拉布區也提到榮格所說的集體無意識（Crabtree，1985，頁409），用之說明某些解離經驗，其症狀並不直接與病人的過往有關。他描述如何透過治療師與附身魂靈（最終透過病人與魂靈）的對話來促成療效；在對話中，誤闖的魂靈會願意離開病人身體並為自己找到適當去處。但榮格從未用過這樣神祕的心理治療作法來操作他的角色化和整合技巧。他的附身概念使他發現心理治療的圈護區具有神聖性或閾限性，並使他認為超越功能的體驗具有靈啟意義。他的這種立論當然極易招來誤解。事實上，榮格的附身概念乃建立在他的弔詭知識論上；在他的假設中，臨床的整合療效只會發生在一種充滿可能性的過程中：這過程先將既同等且對立的存有地位賦予自主情結（魂靈）和自我意識，然後在聖所內透過移情和反向移情的相互關係，要人盡心忍受隨之而起的衝突。在說到心理分析企圖使一個被無意識觸摸到的人停留在凡人層次時，他所表達的就是此意。

雖然他模稜兩可的附身概念帶有玄祕思維，但榮格認為他的心理治療作法並不同於採用玄祕思維的作法，並顯示它的基礎乃橫跨於當代西方意識所特有的認知鴻溝上[23]。與其認為榮格的附身概念帶有玄祕思維，我寧可把它拿來跟那些可與之互補的人我互動心理學附身概念相比，而這些概念也曾影響了奧郝林恩和莫瑞諾的心理治療作法。對這三位理論家來講，附身概念不僅說明了個人在自我身分被篡位後所感到的痛苦，也說明了模擬作法——利佐拉提或會

23　譯註：指唯物之科學實證主義和唯心之形上超越論之間的衝突。

稱之為鏡像神經元的啟用（Rizzolatti & Sinigaglia，2008）──為何能賦角色於他者，並能在聖所內把這種經驗的種種面向納入動態之自我。顯而易見的，奧郝林恩和莫瑞諾視自我依人際角色而發生的看法與榮格的個人心靈模型完全不同──後者認為自我之存在有賴於具有集體意義、以原型為核心的諸般情結，並認為個體化乃指用整合方式體現自性。但即使如此，附身概念還是使他們的心理治療作法具有相關性、連貫性和互補性。榮格的附身概念尤其使我們注意到，傳統存有論如何造成他們三位心理治療師在當代西方意識中所見到的問題和病態。

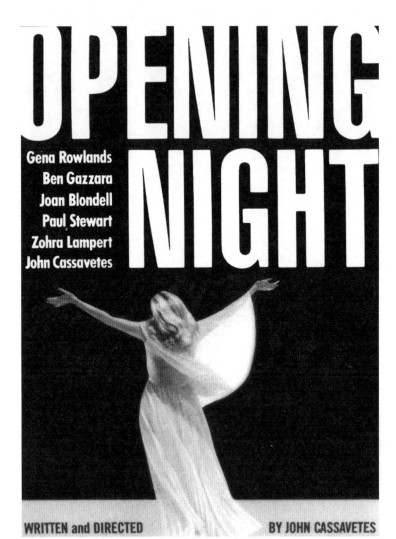

圖 6.1　一九七七年《首演夜》上演海報之一。約翰·卡薩維提思在這既非情感劇（雖以舞台生活和瘋狂為主題）、亦非靈異驚悚劇的影片中運用了附身語彙。臉面電影發行公司（Faces Distribution Corporation）艾爾·魯本（Al Ruban）准予刊印。

茉桃·戈登的困境：
卡薩維提思的《首演夜》與柴金的開放劇坊

〔維柯的〕《新知識》告訴我們：打從
人類開始用人的方式從事思考的那一刻起，
他們就一直相信死者會透過死亡回到生者和
未生者從中汲取生命的源頭世界。那是個與
現世並存、令人敬畏的先人世界；活著的人
在見到自己的居所、收成、法律、習俗、祖
產、智慧、以及其他凡使社會不致重回非人
野蠻狀態的事物時，莫不對先人常存感念之
心，而死者的崇高地位和祖先的魅力都有賴
於此。由於他們從被創造的世界進入了創造
生命的世界，死者成為了生命的作者和所有
權人，象徵了一切超越人類社會、但同時又
創造人類社會的力量。

——羅伯特·波格·哈里森，
《死者領地》（Robert Pogue Harrison，
The Dominion of the Dead，頁 94）

認為地獄可能就是你永遠受困於自我故事[1]的地方，並認為天堂可能就是你可以拋開那故事去接取智慧的地方——要踏出這一步，這可需要相當巨大的勇氣。

——瑪格麗特·艾特伍德，《與死者交涉》（Margaret Atwood，*Negotiating with the Dead*，頁 174）

1　譯註：是個人對己或對人所述的自我故事，在心理學上即指自我認知與定位。

一九七七年，約翰・卡薩維提思（John Cassavetes）在歐洲發行了他的《首演夜》，但美國人卻要在他死後才留意到這部影片。在影片中，由吉娜・羅蘭（Gena Rowlands）飾演的著名舞台演員茉桃・戈登跟一群相熟的劇場人士一起排演一齣新劇，其中有導演曼尼・維克多（Ben Gazzara 飾演）、男主角及茉桃的前男友（約翰・卡薩維提思飾演）、以及她的製作人大衛・山繆爾斯（Paul Stewart 飾演）。但茉桃發現自己抗拒所飾演的角色，並且討厭這部由六十五歲劇作家莎拉・古德（Joan Blondell 飾演）所寫、名為《第二個女人》的劇本。在目睹一個年輕影迷南西・史丹喪生後，茉桃開始反抗在她看來過於自滿自喜的劇本和同事。她破壞在紐海芬（New Haven）舉行的試演會，並且來到了疏離感、憂鬱和瘋狂的邊緣。

身兼編劇和導演的卡薩維提思是這樣談論《首演夜》影片中的主人翁：

　　我挑了一個有專業、有工作的女人；她不喜歡小孩，對男人也沒興趣（雖然她還有談浪漫戀愛的能力）。茉桃有工作、有職業生涯，這對她來講就是最重要的事。她一生都是劇場演員……〔而且〕她隻身一人，十分害怕失去她認為女演員必須具備的脆弱敏感……。你不會認為她是個令人讚嘆的女演員……她不想讓人看到她的某些弱點，因此當她在舞台上昏倒或尖叫時，那是因為她不可能讓別人告訴她：妳就是這個無趣角色、妳正在變老而且跟她沒什麼不同……一旦身為演員的妳出了問題，眾人就想知道為何妳的情感不同於他們的。如果妳無法向他們做出解釋，他們就攻擊妳。這

個女人無力抵抗攻擊，尤其來自她朋友、而非她敵人的攻擊。這種攻擊更具威脅性，因為它們足以毀掉她的自我認知……因此，在固守自我認知時，她的確勇氣十足。她之所以與人不同，是因為她在極端孤獨中堅持對己誠實。（Cassavetes，2001，頁 412-413）

我們可以認為：在探討劇場、中年危機、演戲和存有、個人老化時的假象和真相時，卡薩維提思的《首演夜》顛覆了以後台為主題的情感劇（melodrama）形式。他把問題架構在三個世代或女性的三個年齡層次上：

　　這裡有瓊・布朗岱爾（Joan Blondell）這個老女人 —— 你看得出她仍懷有生命感覺和性感覺，雖然我們對此並未深入探討。此外還有比她年輕幾十歲的吉娜和那個才十七歲的年輕女孩。（Cassavetes，2001，頁 407）

卡薩維提思藉影片簡短的序曲摘述了女主角的中年困境。我們看到茉桃走上舞台、演出維琴尼亞這個角色。茉桃的前男友莫里斯飾演攝影師馬提、也就是維琴尼亞的同居人。主角茉桃（也就是她所飾演的維琴尼亞）站在掛於起居室牆上、由馬提拍攝的兩張放大人像之間，一張是被馬提認為看來極為冷酷的年輕女孩臉孔，另一張是被他認為充滿世故智慧的老女人臉孔。茉桃的未來困境在此被具體描繪出來：她將發現自己困在兩種狀態之間，一是幽靈少女南西殘忍、但生氣昂然的饑渴慾望，一是聽天由命的老女人莎拉・古德所代表的絕望和失敗主義。

　　　　　　　　　　　　　附身：榮格的比較心靈解剖學

卡薩維提思鼓勵觀眾把《首演夜》詮釋為《彗星美人》（*All about Eve*, 1950）[2] 這部著名影片的改寫。他最初是為著名女演員蓓蒂・戴維斯（Bette Davis）寫出劇作家莎拉・古德這角色的，而戴維斯曾在《彗星美人》中飾演一位年逾不惑的女主角。卡薩維提思並且承認自己有意藉嚴謹的攝影手法來顛覆以劇場為主題的傳統情感劇形式。身為編劇和導演的他可運用技巧來防止觀眾對茉桃過度產生同理心：

> 我不想藉後台所設計的戲劇效果讓〔觀眾〕認同演員，卻想讓他們認為演員甚至就跟其他人一樣平凡。因此我們並沒有使用那些我們知道可以創造孤獨效果的技巧：遠景、大特寫、重點打光以及其他。我們用更為傳統的方式來拍攝影片；所有事物都以正常光源拍攝，而且都不會獲得任何解釋。她醉著走進來，但我們並不真正知道她為何決定喝酒、為何抽那麼多菸、為何不喜歡那劇本。（Cassavetes，2001，頁 419-420）

卡薩維提思一方面藉形式技巧使他的觀眾得以跟演員及情感劇本身保持距離，另一方面又藉極細膩的手法導入附身詞彙，用以描述主角的痛苦。在面對生涯危機和個人危機時，茉桃試圖從十七歲的自我——也就是索取簽名而在劇院門口被車撞死、之後陰魂不散的南西——尋求安慰。不幸的是，在接下來越來越暴力的劇情中，茉桃發現鬼魂南西力抗她就像她力抗該劇其他演員和工作人員一樣。卡

2　譯註：《四面夏娃》是本片另一中譯名。

薩維提思說：「這裡要演的是一個跟劇場有關的故事，但這幽靈卻突然間跑了出來——我對此不禁咯咯而笑。每個人都知道我討厭靈異嚇人的題材，因此他們說：『你要把那保留下來嗎？』」（Cassavetes，2001，頁410）。

當曼尼（茉桃的導演）看到茉桃由於前晚跟南西奮戰而滿身是傷且筋疲力盡的時候，茉桃堅稱：「我不是在演戲。」一方面，由於目睹茉桃如何破壞了試演和正式演出，她的同事在選擇原諒她之際決定帶她去找靈媒，但茉桃中途離開通靈會場並拒絕用神祕的驅魔法術來解決問題。另一方面，當莎拉・古德目睹自我分裂的茉桃用頭去撞臥室房門的門框時，她下結論說這女演員有自殘的傾向、無疑已經瘋了。《村聲雜誌》（*Village Voice*）的評論家丹尼斯・林（Dennis Lim）因此認為卡薩維提思興高采烈地把他以劇場為主題的情感劇變成了「靈異驚悚劇」（Lim，2005）。

卡薩維提思在此當然也運用了傳統。我們立刻想到的最佳文學先例是亨利・詹姆斯（Henry James）的中篇故事〈碧廬冤孽〉（The Turn of the Screw，1898）和詹姆斯・豪格（James Hogg）的長篇小說《一個上帝所揀選之犯罪者的回憶錄及懺悔錄》[3]（*The Private Memoirs and Confessions of a Justified Sinner*，1824）。詹姆斯的故事主角是一個家庭女教師；她認為，已逝僕人彼得・昆特和前任家庭女教師傑瑟兒小姐的惡靈試圖控制兩個她受雇教導的小孩，邁爾斯和芙蘿拉。這故事曾好幾次被改編成電影，其中由傑克・克雷頓（Jack Clayton）導演、由楚門・卡波提（Truman Capote）共同

3 　譯註：本部長篇小說的主人翁為信仰喀爾文派新教的教徒。喀爾文新教認為其教徒在未出生前即為上帝所揀選，因此縱使他們日後犯罪，他們最後仍將上天堂。

編劇並改名為《無邪者》（*The Innocents*，1961）的那部電影可說是最佳版本。班哲明・布里登（Benjamin Britten）也曾把故事改編為歌劇。豪格的小說主人翁在受到一個怪異陌生人吉爾馬丁（也可能是主人翁的分身）的挾制下犯下一連串謀殺案，在其中一件謀殺案中他殺害了與自己關係疏遠的哥哥。豪格把兄弟面對面時發生的扭轉性頓悟時刻置於兩人最後高登亞瑟王座（Arthur's Seat）[4]的場景中，而這場景預示了自我失位的殘酷事實。兩位作者都採用了保持距離的敘事結構和風格，目的在防止讀者對附身鬼魂是否為真抱有定見。同樣的，卡薩維提思雖在茉桃的痛苦中加入附身元素，但他的劇本和鏡頭運用卻顯然一方面刻意顛覆靈異詮釋、意圖使觀眾無從確認南西的鬼魂是否為真，另一方面也刻意顛覆精神醫學的詮釋，使觀眾無法確認茉桃的行為是否就是醫學診斷所說的身分解離障礙症。

讓人不解的是，卡薩維提思在《首演夜》的新聞稿中採用了「吐人文化」的觀點（anthropoemic argument）[5]：他認為茉桃最終還是必須殺掉南西。

茉桃雖然不肯面對它們，但她最後仍須接受及化解那些位於劇本核心、反映她自己生命之基本真相的種種衝突。迄今為止，她一直都藉酒精、男人、誇張的舞台演出（和幻想！）來逃避自己的生命真相。這個角色陷在衝突中，但為了重獲希望不惜打一場可怕的戰爭，甚至還獲得了勝利！無論在舞台上或在舞台下，這部戲的主

4　譯註：為山峰名，位於蘇格蘭愛丁堡。
5　譯註：參見第二章對食人風俗和吐人風俗的討論。

題一直困擾著這位女演員，直到**她殺了自己身上的那個年輕女孩**。（Cassavetes，2001，頁 424-425；粗體字為原文所有）

因此，在論及這部影片時，具有標竿性的批評詮釋者都根據了導演的意圖來發表意見。一向從自傳角度來詮釋卡薩維提思作品的專家雷・卡尼（Ray Carney）以及丹尼斯・林都照著卡薩維提思的說法認為：「用野蠻手段驅逐了南西的鬼魂後，興高采烈的茉桃出現在莫里斯的公寓門口，準備用全新態度來演出那劇本」（Lim，2005）。然而，就算我們看到茉桃控制並殺掉了南西，而且這策略也治好了茉桃的痛苦，為何她還是繼續破壞演出、在首演夜遲到而且酩酊大醉？

佛洛伊德對到克里斯多夫・海茲曼之附身精神官能症（見第一章）的討論或可做為這問題的初步解答。在歷經九年痛苦後，這被附身的巴伐利亞藝術家決定擺脫迫害他的邪靈而求助於人。佛洛伊德認為：多次接受驅魔和隨之委身修道院只是神經質的逃避做法、不能算是獲得治癒，因為病人在與俗世隔絕後不久就成了酒鬼（Freud，1923a）。同樣的，在卡薩維提思的作品中，被附身的主角殘忍地把她的心魔摔到地板上，但她在接下來的場景中依然覺得自己是受害者而且受到挾制。在首演夜遲到後，她從後台的門摔下來，手腳並用地在走道上爬行。如果我們不知她醉了──卡薩維提思刻意不指出她事先喝了酒──那我們必會認為南西仍在騷擾和攻擊她，而她仍然與之奮力對抗、企圖從與鬼合一的狀態中突圍而出。同事們把神智混亂的她扔到首演夜的舞台上，認為她或可成為滿足他們和觀眾需求的獻祭品，甚至還可能更樂觀地認為：她在成

附身：榮格的比較心靈解剖學 ├───

為獻祭品時能使眾人的非理性面向（the Dionysian）[6]獲得宣洩和淨化。從這角度來看，被卡薩維提思織入影片中的附身元素，推翻並改變了情感劇原本常見的「明星年華老去」、「戲還是要演下去」之類的陳腔濫調。

如把《首演夜》劇情的發生地點視為「某種令人暈眩的內心空間，在此演戲和真實之間的儀式界線早已變得模糊不清」，或視這發生地點足以誘使詮釋者運用「構思精密（而非粗糙）的精神分析觀點去發現各種可能意義」，我們就會對這影片全然改變看法（Martin，2001）。茉桃所陷入的幼化狀態（regression）以及她必須設法越過的閾限狀態非常相似於妮可·歐布里、瑪特修女和克里斯多夫·海茲曼的故事（見第一章）。這些飽嚐心靈之苦的歷史人物無不想跟他們心內詭異的親密死者對話，同時又發現家人、教士和當權者的傳統語言只能困住他們，卻無法為他們提供任何有效的規範、論述或作法，以致無從協助他們安然面對這些來自其無意識世界的他者。他們發現自己和這些他者完全被禁囿在吐人文化的驅魔故事中——在這些故事裡，與死者談判變成了與之對戰。

這並不是說茉桃選擇接納的南西懷有善意。一六三四年，當尚-約瑟夫·蘇罕神父在自己心靈內為情慾漫溢的邪惡他者——它經由懺悔師的死亡而被召喚現形，繼而挾持了琴·德尚哲（見第一

6　譯註：德國哲學家尼采在其哲學小說《查拉圖斯特拉如是說》（1883-1891）中藉主角查拉圖斯特拉推出 the Dionysian 概念，指西方文化過度偏重理性意識（the Apollonian）而蔑視人性的本能面向、也就是希臘神話中酒神戴奧尼修斯（Dionysus，相對於太陽神 Apollo）所象徵的情慾、恣意、狂熱、瘋狂等面向。榮格深受查拉圖斯特拉這角色的吸引，曾舉辦查拉圖斯特拉研討會（1934-1939）來討論戴奧尼修斯概念，並認為尼采早已直覺到西方心靈集體無意識中的戴奧尼修斯面向即將反撲。榮格自己則相信這反撲已透過第一次世界大戰和其後法西斯主義之興起呈現出來，並認為日耳曼風神 Wotan 即是在西方心靈內推動這股反撲力量的無意識原型。

章）──騰出空間時，他付出了極慘痛的代價。對蘇丹何夫里亞特人來講，必須被驅逐的黑皮膚精怪以及可與受苦者婚合的扎耳鬼魂都會帶來極端痛苦。尼日國的桑海人則在十字路口丟擲具有象徵意義的黍段並逃回法師宅院、一個有牆而安全的社會空間，其目的就是要設法逃出人鬼交融狀態（見第二章）。拿這些詮釋來對應卡薩維提思的電影意象時，我們當能明白南西的亡魂為茉桃帶來了多大苦惱和痛苦。

分析這個造成混亂的非理性空間有助於說明一些事情。在海茲曼的案例上，佛洛伊德在一開始引用他的經典精神分析論點時，就指出兒子擔有以下幾個責任：在意識中悲悼父親、把潛抑的悲傷和恐懼整合到自我意識中、明白什麼事情變成了「不真」和「詭異」、以及設法在失親情況下用獨立於死者之外的成人身分活著。卡薩維提思派茉桃去參加南西家人舉行的追思會，因為她想知道南西的死亡對她具有什麼意義。但那位悲傷的父親很快就直覺到她的自私動機而對她說：她不應該來、她在這死於車禍之年輕女孩的追思會中（這追思會真實存在於她身外的空間裡）沒有一席之地。由此可見，卡薩維提思從一開始就不希望觀眾用茉桃與女孩的關係來詮釋茉桃的苦惱。他也不想用簡化問題的精神分析方式把茉桃的既往故事說出來──她從未提過她的父母或其他家人。

或許，茉桃的問題有一部分跟一個事實有關：她自己就用簡化想法來看待那鬼魂，視之為她可按一己需要來加以擺布的私密幻想或一個幻想出來的朋友。當榮格把無意識情結角色化為神靈或死者亡魂時，他藉之傳達了兩個想法：這些未在個人生命中獲得實現的個我潛能（potentialities of personhood）具有危險性，以及它們

　　　　　附身：榮格的比較心靈解剖學　├────

能在情感上撼動個人自我而使之受苦。它們攻擊我們的意識，掐住並拉扯我們。它們是「邪惡勢力」——「欲飲活人血的死者」（Atwood，2002，頁166）。榮格認為這些瘋狂的衝動在出現時有其最終目的：它們企圖成為時空中的具體存有。根據他的附身概念，要使無意識情結進入意識，人唯一能做的就是賦予無形的鬼魂具體形象。自我必須放棄它自己的認知和定位（它在這認知中一向自封為人格本尊），而自主的、具靈啟作用的原型面向則有必要屈降為時空中的凡人屬性[7]。同時，在理論上，情結的原型面向使個人痛苦得以連結於全體人類，因而提供了增長智慧的可能性；也就是說，透過原型，集體意義或許會存於個人的極端痛苦中。這告訴我們：就像曾把全歐洲人吸引到盧登鎮驅魔會場、在大教堂舞台上一再把個人情慾問題和集體文化問題上演出來的琴・德尚哲一樣，茉桃奮戰以對的不僅是她自己受到潛抑的幻想，也是一整個社會正在面臨的困境。

用維柯的話來說，人類活在地球上的每一個當下之所以能夠存在，是因為這些當下多少都曾停佇在死者的足跡上。詹姆斯・喬埃斯（James Joyce）在描述其短篇小說〈死者〉（The Dead）之主敘者的頓悟經驗時說：在看著一片片雪花籠罩在愛爾蘭土地上時，後者覺得這些雪花就像一個個堆積起來的殞落死者。在這生者和死者所簽的互惠契約中，生者賜未來於死者，以期死者能把過去賜給生者：

7　譯註：參見第五章的討論。

在人類世界，死者和未生者是天然結盟者，以致前者從他們死後所在的任何地方都會用罪惡感、懼怕和責任感來催迫生者，使我們不得不採一切必要手段去把未生者帶入世界並照顧他們，以便繼續把故事說下去，即使我們永無法真正知道那會是什麼樣的故事、我們在其中會扮演什麼樣的角色、它會有什麼樣的結局、或者它會帶有什麼樣的訓義在其中。（Harrison，2003，頁 ix）

維柯把 *humanitas*（人性）的字源追溯到 *humando*（埋葬）這個字。*Homo sapiens*（人類）這名詞是指我們身為物種之一，而 *humanitas*（人性）則以「人終必一死」（mortality）為其主要定義，但它並不強調我們的死亡，卻強調我們與死者的關係。維柯在其主張中所提出的三種不同社會語言（見第四章）對不再善於有效運用每種語言、僅知偏重其一的社會來講頗具意義。他描述了黑暗的「感官野蠻狀態」（barbarism of sense），在這種狀態中扮演最重要角色的乃是使神靈能被人之感官察覺到的原始隱喻語言。他也描述了不懷善意的「思想野蠻狀態」（barbarism of reflection），在這種狀態中語言無法再召喚死者，只能描述死者以前的樣貌（Verene，1981，頁 194）。

同樣的（但也正好與卡薩維提思在新聞稿中所說的相反），《首演夜》透過故事和意象讓我們知道：殺掉鬼魂是無助於事的。這部影片反而提出了三個相關問題，是茉桃必須面對且視為真實存在的。首先是南西在紐海芬劇院外意外喪生的事件：當茉桃目睹南西的死亡和同事的自滿反應（不願停下豪華轎車來伸出援手）時，她意識到什麼？其次是劇本本身的囚禁力量：一個老女人對陰性本

附身：榮格的比較心靈解剖學

質的看法——其中不存任何希望、可能的救贖、和生命力——以及一個聲勢壯大但已成鬼魂的十七歲女孩的未實現潛能,這兩者在多大程度上同時殘酷地挾制了茉桃?第三是陽性本質的問題:茉桃覺得另一個主角莫里斯拋棄了她——他在影片一開始就斥責她:「妳對我來講不再是女人,只是個專業演員。」而她也覺得她的導演曼尼在操縱她——他企圖拿他自己未能好好處理中年危機的故事來跟她的痛苦相比。即使在如此不知所措的情況下,她仍然拒絕了男人的勸告和老女人的堅持而沒有停止反抗。她拒絕用驅魔術來對付她的十七歲對手,也拒絕接受那指稱她為神智錯亂的精神醫學診斷。她反而把演戲當成一個載具,將她的一切痛苦放入其中,來為自己的劇中角色爭取完整性。即使茉桃不是一個很好的演員,她仍知盡全力滲透一個非真實角色、拋棄自我的故事而去尊重那不同於己的他者。或許正因為如此,她仍略有可為。

我將榮格的附身概念對照於歐洲宗教史、人類學、精神醫學、批評理論和心理治療中的附身說法,目的不是要提出附身現象的概論,而是想知道:蒐集近似並可相比的心靈解剖學,會如何使某些面向躍入我們的視焦之內?在把所有這些縷縷資料擺在心上之際,我想引入最後一縷資料來詮釋卡薩維提思的影片。這資料——對茉桃來講再適當也不為過——來自美國戲劇界。身為演員及導演的約瑟夫・柴金(Joseph Chaikin)屢次在閾限性和類閾限性的西方劇場載具中運用附身詞彙,試圖把演員和觀眾連結到維柯心目中生者與死者交會的「人性」(humanitas)那裡。對柴金來講,我們可用探深(fathoming)的方式測知真實(fathom 這動詞的古老字面意義就是「用雙臂將之環繞起來」),也可用「聽其聲」(sounding)

的方式敲測真實（Chaikin，1987，頁8）。在定義他的劇場方法時，柴金毫不避諱地使用了附身用語：參加他探索研習會的演員們必須容許他們自己被主題「纏擾」和「附身」，以便察覺任何意圖獲得體現或話語權的情感或思想（Blumenthal，1984，頁140）。開放劇坊（Open Theatre）的蘇珊・楊寇維茲（Susan Yankowitz）於一九七四年導演《終站》（Terminal）演出時所寫的舞台筆記可讓我們清楚看到這一點：

> 被附身時我們才能面向未知。就在死者穿身而入的那一剎那，一切──對生命的看法、對死亡的態度、節奏、聲音、動作──都改變了。作品本身的形式也必須有所伸展，以接納這些奇特的能量。（Yankowitz，1974，頁48）

柴金在一九七七年導演製作了用猶太意第緒語寫成的經典劇《兩個世界之間》（*The Dybbuk*），劇情大意是：幾個猶太經師組成法庭，試圖平撫附身在一個即將出嫁女孩身上的鬼魂──他原是塔木德法典（the Talmud）的學者──卻無功而返。一九七四年時，他的演員曾在《終站》中創造了幾場儀式，藉以對「這房子下方的墳墓」和「這地板下方的骸骨」說話，希望在死者和生者之間建立一道橋樑（Blumenthal，1984，頁102）。一九七八年，柴金和山姆・薛柏德（Sam Shepard）在他們共同撰寫及主演的《眾聲》（*Tongues*）一劇中再度做了類似嘗試──這次他們讓說話聲和打擊樂聲一起為「來自死者的聲音」或「對垂死者說話的聲音」騰出空間來。柴金面對觀眾坐著，在獨白中探索各種存在於這一連串聲音

圖 6.2　一九七八年約瑟夫‧柴金與山姆‧薛柏德演出《眾聲》一劇：
　　　　演員在體現死者時更新了我們的人性。由泰德‧山克博士准予
　　　　刊印。

或文字中的可能狀況，並同時探索前個角色不經任何轉折即轉化為
下個具體角色的剎那時刻。於此同時，薛柏德背對柴金敲打著鼓、
響葫蘆、鐵鍊和鈴鐺，只見他的手臂或高舉、或從柴金座椅兩側伸
出來。後來在與失語症搏鬥及親自面對死亡時[8]，柴金仍然不僅以
演員身分根本改變了我們聆賞山繆爾‧貝克特（Samuel Beckett）[9]
戲劇的方式，也以導演身分根本改變了當代劇場的表演原則：他要
求戲劇必須具有「拓出空間」的功能，並要求——這最為重要——
演員們必須弔詭地「現身於」所扮演的角色中、必須刻意體現自我

8　譯註：柴金在一九八四年接受第三次開心手術，手術後經歷失語症之苦。
9　譯註：山繆爾‧貝克特（1906-1989）是愛爾蘭前衛小說家、詩人、劇作家及劇場導演，也是
　　西方荒謬劇場的創始人之一，其最著名劇本為《等待果陀》（Waiting for Godot）。貝克特曾
　　允許柴金免費演出他的劇本。

和他者之間的相對性。

在《首演夜》劇中劇《第二個女人》的幾個場景中，我們也看到茉桃不顧一切尋求柴金所指的「空間」和「現身於角色中」。在一個場景中，馬提打了維琴尼亞一記耳光。這場景有三個不同演出版本：在第一個版本中，飾演維琴尼亞的茉桃尖叫、倒地並拒絕站起來；在第個二版本中，茉桃突破戲劇載具，從角色中走出並在試演會的觀眾面前對著她的男主角說：「你是個很棒的演員，莫里斯。」在出現於影片結尾的第三個版本中，茉桃在首演的那晚不依照劇本演出打耳光的場景，致使莫里斯（飾演劇中劇的馬提）必須在這對手戲中另想方法來與她接招。就像那跟她角力的十七歲女孩，茉桃向莫里斯發出公開挑戰書：萬一他們之一在她設定的即興演出中演糟了，那麼身為演員的他們兩人會一起完蛋。他們兩人最後摸索出一個簡單的「握腿」[10] 動作──這就是柴金會稱為「象徵」（emblem）的戲劇元素，亦即兩個演員透過細膩自然、具有象徵意義的動作所體現出來的一種新態度（Chaikin，1987，頁 113）。柴金認為：尋索象徵的過程就在發現真正的觸遇點（在這些點上，一個由聲音和動作組成的即興故事所觸動的不僅是說故事者），繼而濾除一切不必要事物，使象徵在騰出的空間中發出迴響。在這類具有象徵意義的動作和聲音出現前，首次的即興演出（如茉桃和莫里斯在首演夜舞台上所演出的）有可能充滿強烈的情感召喚力，但一旦重複演出，它就會頓失動人力量。一旦濾除了所有雜質，那些象徵會在演員和觀眾之間建立一連串觸遇點。簡潔、

10　譯註：此處原文 leg-shaking 非抖腿之意，而是與 hand-shaking（握手）相反的言和動作。

圖 6.3，6.4　上圖：《首演夜》中茉桃‧戈登受到簽名請求者南西
　　　　　（Laura Johnson 飾演）的擁抱，隨後南西即遭汽車撞死而成為
　　　　　鬼魂。下圖：演員茉桃和觀戲者桃樂絲在彼此認知角度的分界
　　　　　上相擁。臉面電影發行公司艾爾‧魯本准予刊印。

不連貫的演出形式使觀眾不得不運用想像力來參與劇情，因而在演員和觀眾之間打開了一個真實的觸遇空間（見 Blumenthal 於 1984年著作中引用的柴金之語）。

　　演員瓊‧布朗岱爾曾說，卡薩維提思要她自行思索她所飾演的劇作家莎拉‧古德對首演夜發生的即興演出有何感想。他也未指示那些飾演觀眾的臨時演員如何對他們所觀賞的戲作出反應。瓊‧布朗岱爾要自行決定即興演出是成功、還是失敗。一方面，卡薩維提思的新聞稿把茉桃描寫成「贏家」；另一方面，吉娜‧羅蘭則稱這劇中劇為「災難」和「失敗演出」。她說，即興演出的結尾正好象徵了它的「敗筆」性質（Cassavetes，2001，頁 424）。無論如何，這劇中劇被完全丟到了一旁，而觀眾卻在未能真正了解眼前發生了什麼事的時刻受到了感動。

　　榮格的附身概念來自弔詭知識論和弔詭式治療作法，跟莫瑞諾據以對調演員和觀看者之存有角色的概念頗為相似（見第五章）。以撒‧柏林稱位於演員觀點和觀看者觀點間的分野為「劃分歷史研究和科學研究的最深溝界」（Berlin，1998，頁 53）。附身人類學家席福林和持附身概念的心理治療師榮格兩人都讓自己跨越在那溝界上方，而卡薩維提思劇本中被附身的主人翁茉桃也恰好活在那位置上。在影片一開始，南西在劇院門口擁抱茉桃，隨後就遭汽車撞死而變成了鬼魂。在影片結束前，卡薩維提思已將重心從三個女人——南西、茉桃和莎拉——移轉到四個女人身上，也就是他把導演的妻子桃樂絲（Zohra Lampert 飾演）加了進來。她為茉桃的即興表演鼓掌並到後台擁抱她。先前在影片劇情發展中一直最為沉默的她，雖然有時嫉妒茉桃，但在旁觀中逐漸開始理解茉桃的力抗

行為。若說《首演夜》中有什麼得勝的故事（卡薩維提思說有），那故事跟驅逐南西的鬼魂沒什麼關係，也跟一場成功的百老匯首演夜演出更沒有關係，卻跟影片最後一幕有關：演員茉桃和觀看者桃樂絲相擁、在一個稍縱即逝的剎那時刻平衡相持於彼此的認知分界（epistemological chasm）上，因而具體呈現了同時存於自我感受中的對立經驗和連屬經驗。

結語

　　一向以來，影響我的著作、使我對意
識及無意識記憶燃起興趣的主要觀念，都來
自精神醫學和精神分析讓我見識到的人心現
象。因此，我最初在充滿企圖心中投入的精
神分析師生涯幾乎算不上是繞路而行；它反
而成為我後來所有成就的基礎……我們不應
害怕嘗試新的事物，例如轉換領域或在不同
學門的分野上從事研究，因為分野正是某些
最有趣問題現身的所在。

　　　　——艾利克・康德爾，《尋找記憶》

　　　　（Eric Kandel，*In Search of Memory*，

頁 426）

　　情結的存在使人慎重懷疑起「意識具有
統整性」的天真說法。

　　　　——卡爾・榮格，〈情結理論回顧〉

（A Review of the Complex Theory，頁 96）

我越是對自己不確信，我越感覺自己與萬物相屬。事實上，那長期以來使我與世隔閡的疏離感似乎已被移到我的內心世界，讓我意外發現一個陌生的自己。

——卡爾·榮格，《回憶，夢，省思》

（*Memories, Dreams, Reflections*，頁 359）

即使歷經了近四個世紀的詳細研究，盧登鎮附身事件的宗教、心理、思想、和政治複雜性迄今仍未獲得充分探討。從這些附身事件發生的一六三〇年代之前直到現在，附身現象一直是各領域思想家——尤其是上個世紀的人類學家和心理學家——所關注的題目。榮格在二十世紀前半期發展出淵博的附身概念；我如今用聖所、角色化和統整這些觀念來分析他的概念，目的在使他的心理治療法重新取得可貴的實用價值。把它拿來跟中古世紀晚期的神學篇章以及後來的人類學、精神醫學、批評理論、電影評論和劇場歷史做類比，我並非天真地想把所有這些論述綜合為一體，而是認為我們可以沿著這些領域的分界線發現新知新見。一旦被新見解賦予新意義，榮格的附身概念便能成為心理學和人類學之間的概念橋樑。它也可證明精神醫學有必要根據文化差異來從事疾病分類的工作。對於那些希望改善醫病關係及強化其工作專業意義的心理治療師而言，這也深具重要意義。

榮格的附身概念建立在精確的字源和意象上：它論及坐在自己王位上的個我（personhood），也論及被篡位、被暴虐他者推翻的個我當如何接納因之而來的痛苦。它因此挑戰了那些在想像中把個我跟意識畫上等號的理論，並提出一個更具流動性、多元性和身體性[1]的觀念來取代這些理論。如把維柯的弔詭知識論和往復歷史觀[2]運用到榮格的回憶錄和榮格病人的病史上，我們的眼界得以大開。若拿中古世紀天主教的意象系統、民族誌學對其他文化之

1　譯註：指個我之建構不僅與心有關，也與社會主流價值經由個人身體體現有關。參見第二章譯
　　註20。
2　譯註：歷史可指集體歷史，也可指個人生命史。作者在此的意思是：榮格所說的個體化繞中心
　　旋轉過程就如維柯所說之前進與後退並行的人類歷史。

附身現象所做的描述、當代認知科學及神經科學的研究、奧郝林恩及莫瑞諾可互補於榮格的心理治療作法、以及——這尤其重要——卡薩維提思的影片《首演夜》和柴金的開放劇坊來充實榮格的附身概念，我們會發現他的概念可為當代思想的一些重要問題——現身（presence）[3] 及體現（embodiment）、解離及自我、愛力及權力——提供令人滿意的說法。

西方人的心智習慣以及日趨貧乏的白話語言，使我們在經歷正常認知功能中的解離傾向時把它當成心靈裂解。為了掌控這解離現象，我們只重視理性活動，並逐漸把解離所帶來的不適或痛苦定義為疾病。為了矯正這種貧乏和這些心靈裂解現象，治療者反而更依賴精神醫學之精神疾病分類學所提供的單一化、一言以概所有的說法。結果，在「附身」一詞被引進《精神疾病診斷與統計手冊》後，這名詞反遭到挪用兼併而導致不良後果，因為精神醫學據於本質論的疾病分類學無法容納它的複雜面向。但在另一方面，把這名詞納入 DSM 仍可能為認知突破闢出一條路徑，讓精神醫學有機會思索自己的文化限制、評估自己為何無法成功處理本身的「文化症候群」、並漸次把自己與一向被貶謫到其診斷手冊附錄的他者面向整合起來。

在處於分析心理學家特有的困境時，榮格站在一個雙重觀點的交會處來看待西方意識：他賦予分裂出去的自主情結以實存性，視之為無形的鬼魂、無意識中的他者、但與受挾制而痛苦的自我具

3　譯註：指自我／演員在體現他者／角色時既融入他者，也是清醒的「在場」旁觀者，如《首演夜》中即興脫稿演出的茉桃或第一章討論到的蘇罕神父。另請參見導演柴金的弔詭概念「自我現身於演出」。

有同等真實性。當他說他的心理治療作法可以彌補貧乏的西方概念時，榮格試圖在心理治療的情境中強調意象和（或）魂靈的真實性。從另一角度來看，榮格的角色化和整合作法也在彌補西方人偏好「吐出」他者的文化習性。在心理治療的移情情境中，病人和榮格學派的治療師共同努力取得心理圈範，刻意調整心態來面對無意識因素的存在，並利用角色化和具體化的方式把他者的意象整合納入自我經驗中。

對榮格來講，具體化一個無意識意象頗為弔詭地一方面承認了該情結的存在，一方面也解除了它的勢力；「具體化」既尊重、也限縮了情結自稱擁有的實存性，既將之表達出來、也將之侷限在單一時空中。它的原型或集體意義成為個人意義，但它所造成的個人痛苦也會轉而帶有集體意義。榮格治療中的角色化（或說模擬）作法所強調的與其說是模仿認同他者，不如說是既與他者區隔、也與他者建立關係。人類學在探討附身現象時所取得的意象充實、延伸、但也挑戰了榮格附身概念所具含的意義。它們讓我們更清楚看到「區辨」在榮格心理治療作法中的根本重要性：區辨痛苦的生理和心理原因、區辨可以被整合的個人無意識情結和個人只能堅忍以對的道德問題（榮格稱之為「陰影」）、區辨病人的移情作用和治療師心中被引動的反向移情作用、以及區辨病人人格中必須用「分析者之酸性理解力加以灼蝕」的病態面向和其中的健康面向——這些面向必須受到保護而不致為分析者的熊熊注視所傷害（Jung，1973，卷 1，頁 30-32）。

正如把「戲劇化」（theatricalization）和「假仿」（shamming）畫上等號的文化偏見誤解了人類學的表演理論，把附身貶抑為玄祕

的文化偏見也誤解了榮格的附身概念。為了避開表演理論潛在的一體兩面問題——既貶抑附身現象，也視之專屬異類文化——人類學家改採新的框架來將自己的觀察表述出來。榮格自己在描述附身概念時會不慎使用本質論和原始主義的觀點，甚至使它變得玄奧難解，但我們不該因為概念主人受限於他的時空就排斥這概念。當他將附身概念運用在強調內心他者為「魂靈」或「情結」（「魂靈」成分居多）的臨床心理治療上時，他修正了自己的理論。當他用煉金術意象來描述移情心理時，他的文本生動展現了他在以詩之邏輯潤飾理論、使之重回隱喻的反理性和弔詭邏輯時如何匡正了心理學研究。

榮格的附身概念來自弔詭知識論和弔詭式治療作法。以撒・柏林將位於演員觀點和觀看者觀點之間的分野稱為「劃分歷史研究和科學研究的最深溝界」（Berlin，1998，頁 53）。柏林認為十八世紀啟蒙運動（the Enlightenment）是西方文化開始過度認同實物知識及數學運算的歷史轉捩點；他也認為維柯是啟蒙運動的最中肯批評者——在維柯眼中，知識應指瞭解和詮釋。榮格的附身概念危危不安地橫跨在類似的認知分野上；在把情結視同魂靈時，他並不是一個守舊的反動份子，而是想建立一個以意象為本的理論及心理治療法——這理論及作法既具前瞻性、也具回顧性，除了能創造更有用的故事和社會論述外，也能創造足夠的非理性空間，使人能在其中面對必會出現於自我身分中的他者。

我曾在本書序言的結尾提到一個持續在我的研究和寫作中伴隨著我的影像：一個加拿大少女對著新聞記者講起她著火喪生的哥哥。她說起她自己的矛盾痛苦——為了和哥哥的亡魂保持聯繫，她

跑去嗅聞汽油，雖然她哥哥曾告誡她不要這麼做。在為本書做結語的此刻，我祝願她能對自我擁有某種誠實；茉桃就是藉著這種誠實得以在角色扮演的聖所中面對自己的痛苦，而柴金則藉著它一再用戲劇形式把自己置身於既具自覺、又全然融入他者的弔詭中。我希望她找到足夠的無可化簡空間[4]，能在其中巧妙旋身而終能回應失親的事實及她所坦言的心理矛盾，得以在人生旅途上採取不同的存在和前進方式，但同時又能據於她的自我王座上。

4　譯註：即弔詭空間，在其中既為演員、也為觀看者，既與他者區隔，也與他者連結。

感謝

許多人在本書寫出期間慷慨提供了建議和鼓勵。我要向以下人士表達最誠摯的感謝：愛琳諾・巴茲（Ellynor Barz）、海姆特・巴茲（Helmut Barz）、珍妮絲・波地（Janice Boddy）、戴斯蒙・克拉克（Desmond Clarke）、華倫・寇曼（Warren Colman）、朵琳・麥登・伊雷夫歐利（Doreen Madden Eleftchery）、蒂・費根（Dee Fagin）、雷納德・費根（Leonard Fagin）、萊絲莉・葛納（Leslie Gardner）、亞倫・戈迪諾（Alain Godineau）、勞倫斯・柯梅爾（Laurence Kirmayer）、珮特拉・馮莫斯亭（Petra von Morstein）、理查・奧川（Richard Outram）、露西・佩葆（Lucie Pabel）、高特華特・潘寇（Gottwalt Pankow）、奧利佛・賽克思（Oliver Sacks）、裘漪・謝夫利恩（Joy Schaverien）、愛德華・席福林（Edward Schieffelin）、保羅・史托勒（Paul Stoller），以及琴・路克・泰拉帝洛斯（Jean Luc Terradillos）。

我要感謝本書的最早讀者：約瑟芬・埃維次塞克（Josephine Evetts-Secker）、卡爾・費格立歐（Karl Figlio）、蘇珊・羅蘭（Susan Rowland）、安德魯・沙繆斯（Andrew Samuels）、以及最重要的 雷諾斯・帕帕都波勒斯（Renos Papadopoulos）。

感謝蘿拉・潘恩（Laurel Boone）為我提供了極為珍貴的編輯協助。

　　感謝勞特利奇（Routledge）出版社的凱特・豪斯（Kate Hawes）、珍・哈里斯（Jane Harris）和尼可拉・雷芬斯克羅夫特（Nicola Ravenscroft），以及所有其他對此書之出版曾貢獻心力者。

　　我也感謝下列曾經讓我發表本書某些篇章原稿的專業學會和期刊。第一章：發表於二〇〇八年七月在蘇黎世瑞士聯邦理工學院（Swiss Federal Institute of Technology，ETH）舉行之國際分析心理學學會（International Association for Analytical Psychology，IAAP）及國際榮格研究學會（International Association for Jungian Studies，IAJS）聯合大會。第四章：發表於二〇〇二年七月在英國柯契斯特鎮（Colchester）艾賽克斯大學 （University of Essex）舉行之 IAAP/IAJS 聯合大會以及《收成》（Harvest）期刊第五十期（2004）。第五章：發表於二〇〇八年五月在荷蘭海茲鎮（Heeze）舉行之「伊雷夫歇利心理劇課程四十年」大會（Forty Years Elefthery's Psychodrama Congress）以及二〇〇八年《心理劇：研究與應用》期刊（*Psychodrama: Studies and Applications*）。第六章：發表於二〇〇六年七月在倫敦格林威治大學（University of Greenwich）舉行之 IAAP/IAJS 聯合大會以及《心靈與藝術》一書（*Psyche and the Arts*，Routledge, 2008）。我也要感謝那些參加倫敦分析心理師獨立團體（Independent Group of Analytical Psychologists，IGAP）、蘇黎世國際分析心理學學校（International School for Analytical Psychology，ISAP）、以及愛丁堡善牧者心理學協會（Edinburgh Guild of Pastoral Psychology）所舉行之演講的聽眾。

　　感謝下列人士在圖片方面給予我的幫忙：馬德里西瑞拉書

店（Ediciones Siruela）的席薇亞・苗奇（Silvia Meucci）和伊蓮娜・賈西亞・阿蘭達（Elena Garcia Aranda）；美國維琴尼亞大學克勞德摩爾公共健康科學圖書館（Claude Moore Health Sciences Library）的瓊・艾克登坎普・克萊恩（Joan Echtenkamp Klein）；巴黎大學校長室的歐蒂雅・狄蘭德（Odile Deslandes）；法國國家圖書館的瑪麗亞・塞蘭諾（Maria Serrano）；奧地利國家圖書館（Österreichische Nationalbibliothek）的席格麗・弗萊斯里本（Sigrid Freisleben）；美國克拉克大學（Clark University）檔案資料館的莫特・林（Mott Lin）；法國維恩郡郡政府（Conseil Général de la Vienne）的帕翠霞・若內（Patricia Jaunet）；巴提埃市法朗索・密特朗媒體圖書館（Médiathèque François-Mitterrand de Poitiers）的瑪婷・包邦（Martine Bobin）；美國精神醫學學會（American Psychiatric Association）的瑟西莉亞・史道特（Cecilia Stoute）；麥斯・華德曼檔案館（Max Waldman Archives）的卡露・葛倫克（Carol Greunke）；肯特州立大學圖書館特別收藏室（Kent State University Library Special Collection）的凱拉・吉爾根巴克（Cara Gilgenbach）；蘇黎世瑞士聯邦科技學院圖書館的怡芳・弗傑立（Yvonne Voegeli）和克里斯謙・胡伯（Christian Huber）；蘇黎世保羅-彼得弗利茲文學經紀人公司（Paul & Peter Fritz AG Literary Agency）的伊莉莎白・沛恩（Elizabeth Paine）；福克蘭路公司（Falkland Road Inc.）的梅莉蒂絲・陸（Meredith Lue）；倫敦攝影經紀公司（Camera Press）的伊莉莎白・柯爾（Elizabeth Kerr）。我也要感謝下面幾位提供圖片給我：安娜・歐畢厄斯（Ana Obiols）、蘇珊・伊雷夫歇利（Suzanne Elefthery）、珍妮絲・波

地（Janice Boddy）、保羅・史托勒（Paul Stoller）以及泰德・山克（Ted Shank）。我要特別感謝艾爾・魯本（Al Ruban）的慷慨相助並將此書帶給 G.R.。

我要感謝下列機構或個人允許我在本書中使用他們所擁有的圖片：法國國家圖書館（圖 1.6），奧地利國家圖書館手稿及善本典藏室（圖 1.11、1.12、1.13），珍妮絲・波地博士（圖 2.1），克拉克大學檔案館（圖 2.2），保羅・史托勒博士（圖 2.3），維琴尼亞大學克勞德・摩爾公共健康科學圖書館（圖 3.1），弗朗索瓦・密特朗媒體圖書館的奧利佛・努易（Olivier Neuillé）（圖 3.2），蘇黎世榮格著作基金會（Stiftung der Werke von C. G. Jung，圖 3.4、4.1），朵琳・麥登・伊雷夫歇利（圖 5.1、5.3），倫敦攝影經紀公司（圖 5.2），臉面電影發行公司（Faces Distribution Corporation）的艾爾・魯本（圖 6.1、6.3、6.4），泰德・山克博士（圖 6.2）。

感謝瑪格麗特・艾特伍德（Margaret Atwood）容我引述《與死者交涉》（*Negotiating with the Dead*）一書中的字句。

在私人情誼上，我要感謝以下幾位：瑪莉昂・伍德曼（Marion Woodman），一九七二年時她在安大略省倫敦市南方中學（London South Secondary School）開始滾動了這雪球；倫敦市胡倫學院（Huron College）的伊蓮・波・強生（Elaine Bowe Johnson），她讓我知道如何慎用文字；西安大略大學歐豪斯學院（Althouse College, University of Western Ontario）的約翰・斯摩布里基（John Smallbridge），他不僅相信好的教師必須愛自己的學科和學生，也體現了這信念；給予我強烈鼓舞的法蘭絲・愛莫倫根（France Amerongen）以及在地板上與圖片為伍的馬丁・歐德麥特（Martin

附身：榮格的比較心靈解剖學

Odermatt）；瑪菲・葛蘭（Mavis Gallant），她建議我如何在寫「附身」這題目時不帶有「沉沒之亞特蘭提斯帝國鬼魂」的口吻；蘇珊・米竇頓（Susan Middleton）及克莉絲汀・阿內・康尼迪斯（Kristine Arnet Connidis），她們是我在教學和研究之壕溝戰場上的好夥伴。

我也要感謝以下幾位：多倫多大學戲劇研究中心的創意小組德妮絲・狄金（Denise Dickin）、瑪莉・勞利斯（Mary Lawlis）和理查・馬可（Richard Markle）；帶我認識開放劇坊之作品的艾立克・史托柯偉爾（Alec Stockwell）；邦妮・古里爾（Bonnie Greer）──約瑟夫・柴金（Joseph Chaikin）於一九九六年八月獨坐在英國倫敦皇家劇場（Royal Court Theatre）的一張椅子上朗讀貝克特（Beckett）的〈虛無文本〉（"Texts for Nothing"）時，她恰巧坐在我旁邊並邀我到後台與「喬」見面。

我也要感謝我在法國的同事們：弗蘿・戴樂潘（Flore Delapalme）、萊絲莉・德蓋爾貝（Leslie de Galbert）、凱瑟琳・德羅哲利（Catherine de Lorgeril）、派屈克・米修（Patrick Michault）、瑪莉葉特・米內（Mariette Mignet）、克萊兒・拉吉（Claire Raguet）、碧姬・蘇布勒德（Brigitte Soubrouillard）、丹妮耶・薛瑞（Danielle Suarez）、以及米歇爾・本內（Michel Bénet）。謝謝他們所賜的友誼、美食和好問題。

我也要向從我接受分析治療的人們表達感謝──他們對本書具有不言而喻的重要性。

最重要的，我要感謝艾爾伯托（Alberto），並以感激和摯情將此書獻給他。

我向以下人士、我的「人性」[1] 先人獻上緬懷：瑪格麗特・羅蓮・史提文生（Marguerite Lorraine Stephenson）、凱蒂・查爾（Kate Szal）、馬丁・歐德麥特（Martin Odermatt）、芭芭拉・霍華德（Barbara Howard）、理查・奧川（Richard Outram）、海姆特・巴茲（Helmut Barz）、凱拉・丹蒙（Cara Denman）、皮爾・荷特伯格（Peer Hultberg）、路易吉・奧利吉馬（Luigi Aurigemma）、尚・亨克勒（Jean Hunkeler）。

　　我將本書的一部分稿酬（Routelge 出版社並慷慨捐出對等金額）捐給了國際分析心理學學會（IAAP）於二〇〇八年發起的「緊急呼籲」活動，用以支援那些在四川大地震災區輔導災民的中國分析心理學學生。

1　譯註：作者在此的用字為 humanitas，其字義請參見本書第六章的討論。

圖片錄

1.1　烏卞‧格蘭狄耶火刑圖（一六三四年）。圖片出處：一八八〇年巴黎巴榭（Baschet）出版社出版、加伯里耶‧勒給所著之《烏卞‧格蘭狄耶與盧登鎮的邪靈附身者》。作者個人收藏並准予刊印。

1.2　「前往利士留、盧登、笛卡爾者請走下一出口」。作者個人收藏並准予刊印。

1.3　十七世紀一個爭議的震央：盧登、利士留、拉艾。作者個人收藏並准予刊印。

1.4　勒內‧笛卡爾。寇內里斯‧范德隆（Cornelis van Dalen）雕版作品。

1.5　一六二八年，勝利者路易十三世和樞機主教利士留兵臨新教徒大本營拉若賽。巴黎第四大學典藏（La Sorbonne, Paris）。

1.6　寄居於琴‧德尚哲體內之群鬼的神奇化形，以四個簽名字跡出現於其聖潔之手。巴黎法國國家圖書館（Bibliothèque Nationale de France）准予刊印。

1.7　珍妮薇芙‧巴席‧勒格亨：歇斯底里症癲癇發作。加拿大麥吉爾大學奧斯勒醫學圖書館（Osler Library, McGill University）准予刊印。

1.8　珍妮薇芙·巴席·勒格亨：癲癇發作時的鼾喘症狀。加拿大
　　麥吉爾大學奧斯勒醫學圖書館准予刊印。

1.9　珍妮薇芙·巴席·勒格亨：癲癇發作近尾聲時的憂鬱性譫
　　妄。加拿大麥吉爾大學奧斯勒醫學圖書館准予刊印。

1.10　珍妮薇芙·巴席·勒格亨：癲癇發作近尾聲時的狂喜銷魂
　　狀。加拿大麥吉爾大學奧斯勒醫學圖書館准予刊印。

1.11　克里斯多夫·海茲曼畫作。維也納奧地利國家圖書館之手稿
　　與善本典藏室（Österreichische National-bibliothek, Collection
　　of Manuscripts and Rare Books）准予刊印。

1.12　克里斯多夫·海茲曼畫作（細部）。維也納奧地利國家圖書
　　館之手稿與善本典藏室准予刊印。

1.13　克里斯多夫·海茲曼畫作（細部）。維也納奧地利國家圖書
　　館之手稿與善本典藏室准予刊印。

2.1　扎耳儀式中的鬼魂在鼓聲和符合其身分的樂曲召喚下以人形
　　現身。珍妮絲·波地博士准予刊印。

2.2　法蘭茲·鮑亞士、席格蒙·佛洛伊德、卡爾·榮格出席一九
　　〇九年於克拉克大學舉行之心理學會議。克拉克大學檔案資
　　料館（Clark UniversityArchives）准予刊印。

2.3　西非祭師及驅鬼法師阿達姆·賈尼東哥留影於其位於尼日提
　　拉貝里行政區的宅院中。保羅·史特勒博士准予刊印。

2.4　〈巫毒娃娃：假若海地是個女人：論 *ti Travay sou 21 Pwen* 或
　　非虛構現象中的一個異類化本地人／一個異類選項〉。露
　　西·古利安諾（Lucy Guiliano）攝影，吉娜·阿先娜·尤里
　　西准予刊印。

3.1　笛卡爾所繪之人腦圖。美國維琴尼亞大學克勞德摩爾公共健康科學圖書館歷史文庫典藏（Historical Collections, Claude Moore Health Sciences Library, University of Virginia）。

3.2　一五八〇年出版於法蘭克福之邪靈附身診斷手冊《邪巫之鎚》的扉頁。弗朗索瓦‧密特朗媒體圖書館典藏（Médiathèque François-Mitterrand de Poitiers）。

3.3　《*DSM-IV* 精神疾病的診斷與統計》修訂版中文版封面。版權屬於合記圖書出版社；原書圖片版權所有者為美國精神醫學學會（American Psychiatric Association）。

3.4　榮格在某家族成員接受文字聯想測驗後做出的圖表。版權屬於蘇黎世榮格著作基金會（Stiftung der Werke von C. G. Jung, Zurich）；基金會代表保羅-彼得弗利茲文學經紀人公司（Paul & Peter Fritz AG Literary Agency）准予刊印。

4.1　榮格一九五二年致茲維‧渥布勞斯基博士函。版權屬於蘇黎世榮格著作基金會；基金會代表保羅-彼得弗利茲文學經紀人公司准予刊印。

4.2　詹巴蒂斯塔‧維柯巨著《新知識論》扉頁上的寓意畫。作者個人收藏並准予刊印。

5.1　丁恩‧伊雷夫歇利及朵琳‧伊雷夫歇利在一九六四年巴黎心理劇大會中示範莫瑞諾的「三合一」心理治療法。朵琳‧麥登‧伊雷夫歇利准予刊印。

5.2　勒內‧吉哈。圖片來源：維基百科媒體庫（Wikimedia Commons）。

5.3　傑克布‧莫瑞諾。朵琳‧麥登‧伊雷夫歇利准予刊印。

6.1　一九七七年《首演夜》上演海報之一。臉面電影發行公司
　　　（Faces Distribution Corporation）艾爾‧魯本（Al Ruban）准
　　　予刊印。

6.2　一九七八年約瑟夫‧柴金與山姆‧薛柏德演出《眾聲》一
　　　劇。泰德‧山克博士（Ted Shank）准予刊印。

6.3　《首演夜》中茉桃‧戈登受到簽名請求者南西的擁抱。臉面
　　　電影發行公司艾爾‧魯本准予刊印。

6.4　演員茉桃在首演夜即興表演後和觀看者桃樂西相擁。臉面電
　　　影發行公司艾爾‧魯本准予刊印。

參考書目

Abram, D. (1996) *The Spell of the Sensuous*, New York: Vintage.

American Psychiatric Association (APA). (2000) *Diagnostic and Statistical Manual of Mental Disorders IV*, Fourth Edition, Washington, DC: APA.

American Psychiatric Association (APA). (2013) *Diagnostic and Statistical Manual of Mental Disorders-5*, Fifth Edition, Arlington, VA: APA.

Ancelin Schützenberger, A. (1998) *The Ancestor Syndrome: Transgenerational Psychotherapy and the Hidden Links in the Family Tree, trans.* A. Trager, London: Routledge.

Anderson, S., Reznik, 1. and Glassman, N. (2005) 'The Unconscious Relational Self in R. R. Hassin, J. S. Weman and J. A. Bargh (eds) *The New Unconscious*, Oxford: Oxford University Press.

Anges, J. des. (1886) *Soeur Jeanne des Anges, supérieure des Ursulines de Loudun: Autobiographic d'une hystérique possédée*, edited by G. Legué and G. de la Tourette, preface by Charcot, Paris: G. Charpentier, Collection Bourneville.

Antze, P. (1992) 'Possession Trance and Multiple Personality: Psychiatric Disorders or Idioms of Distress?', *Transcultural Psychiatric Research Review*, 24, 4: 319-322.

Atwood, M. (2002) *Negotiating with the Dead*, Cambridge: Cambridge University Press.

Aubin, N. (1693) *Histoire des diables de Loudun*, Amsterdam: Abraham

Wolfgang.

Auerbach, E. (2005) *Mimesis: The Representation of Reality in Western Literature*, trans. W Trask, Princeton, NJ: Princeton University Press.

Aurigemma, L. (1992) *Perspectives jungiennes*, Paris: Albin Michel, trans. C. Stephenson (2008) *Jungian Perspectives*, Scranton, PA: Scranton University Press.

Bachelard, G. (1934/1999) *Le Nouvel Esprit scientifique*, Paris: Presses Universitaires de France.

Barbano, R. (2000) 'Un asunto satánico que se basa en la historia familiar', in Clarin, 2 April.

Bargh, J. (2005) 'Bypassing the Will: Toward Demystifying the Nonconscious Control of Social Behaviour', in R. R. Hassin, J. S. Uleman and J. A. Bargh (eds) *The New Unconscious*, Oxford: Oxford University Press.

Barz, H. (1990) 'Dream and Psychodrama', in R. Papadopoulos (ed.) *Carl Gustav Jung: Critical Assessments*, London: Routledge, 3: 425-440.

Beebe, J. (1992) *Integrity in Depth*, College Station, TX: Texas A&M University Press.

Beebe, J. (2004) 'Understanding Consciousness through the Theory of Psychological Types', in J. Cambray and L. Carter (eds) *Analytical Psychology: Contemporary Perspectives in Jungian Analysis*, Hove: Brunner-Routledge, 83-115.

Beebe, J. (2016) *Energies and Patterns of Psychological Type: The Reservoir of Consciousness*, Hove: Routledge.

Begley, S. (2001) 'Religion and the Brain', in *Newsweek*, 7 May, 52-7.

Benedicty-Kokken, A. (2015) *Spirit Possession in French, Haitian, and Vodou Thought: An Intellectual History*, New York: Lexington Books.

Berlin, I. (1998) 'The Concept of Scientific History', in *The Proper Study*

附身：榮格的比較心靈解剖學

of Mankind, edited by H. Hardy and R. Hausheer, London: Pimlico, 17-58.

Berlin, I. (2000) *Three Critics of the Enlightenment*, Princeton, NJ: Princeton University Press.

Berlin, I. (2001) *Against the Current: Essays in the History, of Ideas*, Princeton, NJ: Princeton University Press.

Bion, W. (1961) 'Group Dynamics: A Review', in *Experiences in Groups and Other Papers*, New York: Basic Books, 141-192.

Bishop, P. (2008) 'The Timeliness and Timelessness of the "Archaic": Analytical Psychology, "Primordial" Thought, Synchronicity', *Journal of Analytical Psychology*, 53, 4: 481-499.

Blumenthal, E. (1984) *Joseph Chaikin: Exploring at the Boundaries of Theatre*, Cambridge: Cambridge University Press.

Boas, F. (1910) 'Psychological Problems in Anthropology', in G. Stocking (ed.) (1989) *The Shaping of American Anthropology, 1883-1911: A Franz Boas Reader*, Chicago, IL: University of Chicago Press, 243-254.

Boas, F. (1911) *The Mind of Primitive Man*, New York: Macmillan.

Boddy, J. (1989) *Wombs and Alien Spirits: Women, Men and the Zar Cult in Northern Sudan*, Madison, WI: University of Wisconsin Press.

Boddy, J. (1992) 'Comment on the Proposed DSM-IV Criteria for Trance and Possession Disorder', *Transcultural Psychiatric Research Review*, 24, 4: 323-329.

Boddy, J. (1999) 'Embodying Ethnography', in M. Lambek and A. Strathern (eds) *Bodies and Persons: Comparative Perspectives from Africa and Melanesia*, Cambridge: Cambridge University Press, 252-273.

Bollas, C. (1992) *Being a Character.- Psychoanalysis and Self Experience*, London: Routledge.

Bollas, C. (2000) *Hysteria*, London: Routledge.

Bourdieu, P (1972) *Esquisse d'une théorie de la pratique, précédé de trois études d'éthnologie kabyle*, Geneva: Librarie Droz; trans. R. Nice (1977) *Outline of a Theory of Practice*, London: Cambridge University Press.

Boureau, A. (2004) *Satan hérétique. Naissance de la démonologie daps l'Occident Médiéval 1280-1330*, Paris: Odile Jacob; trans. T. L. Fagan (2006) *Satan the Heretic: The Birth of Demonology in the Medieval West*, Chicago, IL: University of Chicago Press.

Bourneville, D. M. and Regnard P. (1876-77, 1879-80) *Iconographie photographique de la Salpêtrière, Service de M. Charcot*, Paris: Aux bureau du Progrès Medical; V. Adrien Delahaye et Co. Libraires-Éditeurs, Volume 1. Volume 4.

Bowers, K. S. (1991) 'Dissociation in Hypnosis and Multiple Personality Disorder', *International Journal of Clinical and Experimental Hypnosis*, 39: 155-176.

Bradshaw-Tauvon, K. (1998a) 'Principles of Psychodrama', in M. Karp, P. Holmes and K. Bradshaw-Tauvon (eds) *The Handbook of Psychodrama*, London: Routledge, 29-46.

Bradshaw-Tauvon, K. (1998b) 'Psychodrama and Group-Analysis Psychotherapy', in M. Karp, P Holmes and K. Bradshaw-Tauvon (eds) *The Handbook of Psychodrama*, London: Routledge, 277-296.

Bran, M. (2005) 'Il fallait chasser le démon du corps de Maricica', *Le Monde*, 20 June, 1.

Bremond, H. (1920, 1967) 'Surin et Jeanne des Anges', in *Histoire littéraire du sentiment religieux en France, depuis la fin des guerres de religion jusqu'à nos jours*, Paris: Bloud & Gay, 5: 178-251.

Brooke, R. (1991) *Jung and Phenomenology*, London: Routledge.

Brown, K. M. (1991) *Mama Lola: A Vodou Priestess in Brooklyn*, Berkeley, CA: University of California Press.

Burke, P (1985) Vico, Oxford: Oxford University Press.

Burleson, B. (2005) *Jung in Africa*, London: Continuum.

Cambray, J. and Carter, L. (2004) 'Analytic Methods Revisited', in J. Cambray and L. Carter (eds) *Analytical Psychology: Contemporary Perspectives in Jungian Analysis*, Hove: Brunner-Routledge, 116-148.

Cardeña, E. (1992) 'Trance and Possession as Dissociative Disorders', *Transcultural Psychiatric Research Review*, 24, 4: 287-300.

Carmona, M. (1988) *Les Diables de Loudun: Sorcellerie et politique soul Richelieu*, Paris: Fayard.

Carney, R. (ed.) (2001) *Cassavetes on Cassavetes*, London: Faber & Faber.

Carson, A. (1995) 'The Anthropology of Water', in *Plainwater. Essays and Poetry*, Toronto: Vintage, 113-260.

Cassavetes, J. (2001) *Cassavetes on Cassavetes*, edited by R. Carney, London: Faber & Faber.

Certeau, M. de. (1970) *La Possession de Loudun*, Paris: Julliard; trans. M. B. Smith (2000) *The Possession at Loudun*, Chicago, IL: University of Chicago Press.

Certeau, M. de. (1975) *L'Ecriture de l'histoire*, Paris: Gallimard; trans. T. Conley (1998) *The Writing of History*, New York: Columbia University Press.

Certeau, M. de. (1982) *Le Fable mystique*, Paris: Gallimard; trans. M. B. Smith (1992) *The Mystic Fable*, Chicago, IL: University of Chicago Press.

Chaikin, J. (1987) *The Presence of the Actor*, New York: Atheneum.

Chodorow, J. (ed.) (1997) *Encountering Jung: On Active Imagination*, Princeton, NJ: Princeton University Press.

Chodorow, J. (2004) 'Inner-Directed Movement in Analysis: Early Beginnings', in *Cambridge 2001: Proceedings of the Fifteenth International Congress for Analytical Psychology*, Einsiedeln, Switzerland: Daimon, 323-324.

Clarke, D. (2006) Descartes: *A Biography*, Cambridge: Cambridge University Press.

Claxton, G. (2005) *The Wayward Mind: An Intimate History of the Unconscious*, London: Little, Brown.

Clayton, J. (1961) *The Innocents*, London: British Film Institute.

Connidis, K. (2004)'A Dream of Dirty Hands', in D. C. Thomasma and D. N. Weisstub (eds) *The Variables of Moral Capacity*, Dordrecht, The Netherlands: Kluwer Academic, 95-111.

Crabtree, A. (1985) *Multiple Man: Explorations in Possession and Multiple Personality*, Toronto: Somerville.

Crabtree, A. (1997) *Trance Zero*, New York: St Martin's Press.

Csikszentmihalyi, M. (1990) Flow: *The Psychology of Optimal Experience*, New York: Harper.

Demaitre, L. (1982) 'Treatment of Insanity', in *Dictionary of the Middle Ages*, New York: Charles Scribner's Sons, 6: 489-493.

Descartes, R. (1999) *Discourse on Method and Related Writings*, trans. D. M. Clarke, London: Penguin.

Dickinson, E. (1890/1970) *The Complete Poems*, edited by T. H. Johnson, London: Faber & Faber.

Dixon, M. and Laurence, J. R. (1992) 'Hypnotic Susceptibility and Verbal Automaticity: Automatic and Strategic Processing Differences in the Stroop Color-Naming Task', *Journal of Abnormal Psychology*, 101, 344-347.

Donald, M. (1991) *Origins of the Modern Mind*, Cambridge, MA: Harvard

University Press.

Donfrancesco, F. (1995) 'Mimesis', *Harvest. Journal ol Jungian Studies*, 41, 1: 9-26.

Dosse, F. (2002) *Michel Certeau: Le Marcheur blessé*, Paris: Decouverte.

Dourley, J. (2002) 'Response to Barbara Stephens's "The Martin Bauer-Carl Jung Disputations: Protecting the Scared in the Battle of the Boundaries of Analytical Psychology"', *Journal of Analytical Psychology*, 47, 3: 484-485.

Duncan, M. (1634) *Discours sur la possession des religieuses de Loudun*, Saumur, France: Bibliothèque Nationale, 16 Lb. 36.3961.

Elefthery, D. G. and Elefthery, D. M. (1966) 'Our Psychodrama Demonstration in the Permanent Theater of Psychodrama', *Group Psychotherapy*, 19: 17-21.

Ellenberger, H. (1970) *The Discovery of the Unconscious: The History and Evolution of Dynamic Psychiatry*, New York: Basic Books.

Evans, F. J. (1991) 'Hypnotizability: Individual Differences in Dissociation and the Flexible Control of Psychological Processes', in *Theories of Hypnosis: Current Models and Perspectives*, New York: Guilford, 144-168.

Ferber, S. (2004) *Demonic Possession and Exorcism in Early Modern France*, London: Routledge.

Ferber, S. and Howe, A. (2003) 'The Man Who Mistook his Wife for a Devil: Exorcism, Expertise, and Secularization in a Late Twentieth-Century Australian Criminal Court', in H. de Waardt, J. M. Schmidt and D. Bauer (eds) *Demonic Possession: Interpretations of a Historico-Cultural Phenomenon*, Bielefeld, Germany: Verlag fur Regionalgeschichte.

Figuier, L. (1860/1881) *Histoire du merveilleux dons les temps modernes: Les diables de Loudun*, Paris: Hachette.

Flower, S. (2006) 'What's in a Word – Projective Identification and Participation Mystique', paper presented at IAJS Greenwich Conference, London, July.

Foucault, M. (1961) *Histoire de la folie*, Paris: Plon; trans. R. Howard (1965) *Madness and Civilization: A History of Insanity in the Age* of Reason, New York: Vintage.

Foucault, M. (1969) Médicins, juges et sorciers au XVIIe siècle. *Médicine de France* 200: 121-128.

Freud, S. (1911) 'Psychoanalytic Notes on an Autobiographical Account of a Case of Paranoia (Dementia Paranoides) (Schreber)', in *Pelican Freud Library: Case Histories II*, Volume 9, London: Penguin, 1979, 129-223.

Freud, S. (1913) 'Totem and Taboo', in *Pelican Freud Library: The Origins of Religion*, Volume 13, London: Penguin, 1985, 43-224.

Freud, S. (1917) 'Mourning and Melancholia', in *Pelican Freud Library: On Metapsychology: The Theory of Psychoanalysis*, Volume 11, London: Penguin, 1984, 245-268.

Freud, S. (1919) 'The Uncanny', in *Pelican Freud Library: Art and Literature*, Volume 14, London: Penguin, 1985, 335-376.

Freud, S. (1923a) 'A Seventeenth-Century Demonological Neurosis', in *Pelican Freud Library: Art and Literature*, Volume 14, London: Penguin, 1985, 377-423.

Freud, S. (1923b) 'On the History of the Psychoanalytic Movement', in *Pelican Freud Library: Historical and Expository Works on Psychoanalysis*, Volume 15, London: Penguin, 1986.

Frye, N. (1990) *The Great Code*, Toronto: Penguin.

Frye, N. (2000) 'The Double Vision', in *Northrop Frye on Religion*,

Toronto: University of Toronto Press, 166-235.

Gardner, L. (2013) *Rhetorical Investigations: G. B. Vico and C. G. Jung*, London: Routledge.

Garrels, S. (2004) 'Imitation, Mirror Neurons, and Mimetic Desire: Convergent Support for the Work of Rene Girard', Pasadena, CA: Fuller Theological Seminary.

Gayot de Petaval, F. (attributed to) (1735) *Histoire d'Urbain Grandier, condamné comme magicien et comme auteur de la possession des religieuses Ursulines de Loudun*, Amsterdam.

Geertz, C. (1973) *The Interpretation of Cultures*, New York: Basic Books.

Geertz, C. (1988) *Works and Lives: The Anthropologist as Author*, Stanford, CA: Stanford University Press.

Geertz, C. (2000) *Available Light: Anthropological Reflections on Philosophical Topics*, Princeton, NJ: Princeton University Press.

Girard, R. (1974) *La Violence et le sacre*, Paris: Bernard Grasset; trans. P Gregory (1977) *Violence and the Sacred*, Baltimore, MD: Johns Hopkins University Press.

Girard, R. with Oughourlian, J.-M. and Lefort, G. (1987) *Things Hidden since the Foundation of the World*, trans. S. Bann and M. Metteer, Stanford, CA: Stanford University Press.

Glaser, J. and Kihlstrom, J. (2005) 'Compensatory Automaticity: Unconscious Volition is not an Oxymoron', in R. R. Hassin, J. S. Weman and J. A. Bargh (eds) *The New Unconscious*, Oxford: Oxford University Press, 171-195.

Goetz, C., Bonduelle, M. and Gelfand, T. (1995) Charcot: Constructing *Neurology*, Oxford: Oxford University Press.

Gray, A. (1994) *An Introduction to the Therapeutic Frame*, London: Routledge.

Guggenbühl-Craig, A. (1999) *The Emptied Soul: On the Nature of the Psychopath*, trans. G. V Hartman, Woodstock, CT: Spring.

Hacking, I. (1995) *Rewriting the Soul: Multiple Personality and the Sciences of Memory*, Princeton, NJ: Princeton University Press.

Hacking, I. (1998) *Mad Travelers: Reflections on the Reality of Transient Mental Illnesses*, Charlottesville, VA: University Press of Virginia.

Hallowell, A. I. (1955) *Culture and Experience*, Philadelphia, PA: University of Pennsylvania Press.

Harrison, R. E (2003) *The Dominion of the Dead*, Chicago, IL: University of Chicago Press.

Hanke, J. (1984) 'From Somnambulism to the Archetypes: The French Roots of Jung's Split with Freud', *Psychoanalytic Review*, 71, 4: 635-659; reprinted in R. Papadopoulos (ed.) (1992) *Carl Gustav Jung: Critical Assessments*, London: Routledge, 238-260.

Hédelin, M. (1637) 'Relation de M. Hédelin, abbé d'Aubignac, touchant les possédées de Loudun an mois de Septembre 1637', in R. Mandrou (1968) *Possession et sorcellerie*, Paris: Plon, 134-194.

Henderson, J. (2003) *Transformation of. the Psyche. The Symbolic Alchemy of the Splendor Solis*, London: Brunner-Routledge.

Hilgard, E. R. (1977) *Divided Consciousness: Multiple Controls in Human Thought and Action*, New York: Wiley

Hilgard, J. R. (1970) *Personality and Hypnosis: A Study of Imaginative Involvement, Chicago*, IL: University of Chicago Press.

Hillman, J. (1975a) 'Plotinus, Ficino, and Vico as Precursors of Archetypal Psychology', in *Loose Ends: Primary Papers in Archetypal Psychology*, Dallas, TX: Spring.

Hillman, J. (1975b) *Re-visioning Psychology*, New York: HarperCollins.

Hogg, J. (1824) *The Private Memoirs and Confessions of a Justified Sinner*,

Oxford: Oxford University Press, 1969.

Horwitz, A. and Wakefield, J. (2008) *The Loss of Sadness: How Psychiatry Transformed Normal Sorrow into Depressive Disorder*, Oxford: Oxford University Press.

Hustvedt, A. (2011) *Medical Muses: Hysteria in 19th-Century Paris*, London: Bloomsbury.

Huxley, A. (1952) *The Devils of Loudun*, London: Penguin.

James, H. (1898) 'The Turn of the Screw', in *Complete Short Stories 1892-1898*, New York: Library of America, 1996.

Joyce, J. (1914) 'The Dead', in *Dubliners*, New York: Alfred Knopf/ Everyman Library, 1991, 199-256.

Jung, C. G. (1902) 'On the Psychology and Pathology of So-Called Occult Phenomena', in *Psychiatric Studies*, Collected Works 1, Princeton, NJ: Princeton University Press, 1957, 1970, 3-88.

Jung, C. G. (1908) 'The Content of the Psychoses', in *The Psychogenesis of Mental Disease*, Collected Works 3, Princeton, NJ: Princeton University Press, 1960, 153-178.

Jung, C. G. (1913) 'The Theory of Psychoanalysis', in *Freud and Psychoanalysis*, Collected Works 4, Princeton, NJ: Princeton University Press, 1961, 83-226.

Jung, C. G. (1916a) 'Psychoanalysis and Neurosis', in *Freud and Psychoanalysis*, Collected Works 4, Princeton, NJ: Princeton University Press, 1961, 243-251.

Jung, C. G. (1916b/1958) 'The Transcendent Function', in *The Structure and Dynamics of the Psyche*, Collected Works 8, Princeton, NJ: Princeton University Press, 1960, 67--91.

Jung, C. G. (1917a) 'On the Psychology of the Unconscious', in *Two Essays on Analytical Psychology*, Collected Works 7, Princeton, NJ: Princeton

University Press, 1953, 3-119.

Jung, C. G. (1917b/1935) 'The Relations between the Ego and the Unconscious', in *Two Essays on Analytical Psychology*, Collected Works 7, Princeton, NJ: Princeton University Press, 1953, 123-241.

Jung, C. G. (1920) 'The Psychological Foundations of Belief in Spirits', in *The Structure and Dynamics of the Psyche*, Collected Works 8, Princeton, NJ: Princeton University Press, 1960, 301-318.

Jung, C. G. (1921) *Psychological Types*, Collected Works 6, Princeton, NJ: Princeton University Press, 1971.

Jung, C. G. (1929) 'Commentary on *The Secret of the Golden Flower*', in *Alchemical Studies*, Collected Works 13, Princeton, NJ: Princeton University Press, 1968, 1-56.

Jung, C. G. (1930) 'The Complications of American Psychology', in *Civilization in Transition*, Collected Works 10, Princeton, NJ: Princeton University Press, 1960, 502-514.

Jung, C. G. (1931a) 'Analytical Psychology and *Weltanschauung*', in *The Structure and Dynamics of the Psyche*, Collected Works 8, Princeton, NJ: Princeton University Press, 1960, 358-381.

Jung, C. G. (1931b) 'Foreword to Aldrich: *The Primitive Mind and Modern Civilization*', in *The Symbolic Life*, Collected Works 18, Princeton, NJ: Princeton University Press, 1954, 1980.

Jung, C. G. (1931c) 'Introduction to Wickes's *Analyse der Kinderseele*', in *The Development of Personality*, Collected Works 17, Princeton, NJ: Princeton University Press, 1954, 37-46.

Jung, C. G. (1931d) 'Mind and Earth', in *Civilization in Transition*, Collected Works 10, Princeton, NJ: Princeton University Press, 1960, 29-49.

Jung, C. G. (1934a) 'A Review of the Complex Theory', in *The Structure and Dynamics of the Psyche*, Collected Works 8, Princeton, NJ: Princeton University Press, 1960, 92-106.

Jung, C. G. (1934b) 'The Meaning of Psychology for Modern Man', in *Civilization in Transition*, Collected Works 10, Princeton, NJ: Princeton University Press, 1964, 134-156.

Jung, C. G. (1934c) 'A Study in the Process of Individuation', in *The Archetypes and the Collective Unconscious*, Collected Works 9i, Princeton, NJ: Princeton University Press, 1959, 290-354.

Jung, C. G. (1935a) 'The Tavistock Lectures', in *The Symbolic Life*, Collected Works 18, Princeton, NJ: Princeton University Press, 1954/1980.

Jung, C. G. (1935b) 'The Relations between the Ego and the Unconscious', in *Two Essays on Analytical Psychology*, Collected Works 7, Princeton, NJ: Princeton University Press, 1953.

Jung, C. G. (1936) 'Yoga and the West', in *Psychology and Religion: West and East*, Collected Works 11, Princeton, NJ: Princeton University Press, 1958, 529-537.

Jung, C. G. (1937) 'The Realities of Practical Psychotherapy', in *The Practice of Psychotherapy*, Collected Works 16, Princeton, NJ: Princeton University Press, 1954,1966,327-338.

Jung, C. G. (1938) 'Psychology and Religion (The Terry Lectures)', in *Psychology and Religion: West and East*, Collected Works 11, Princeton, NJ: Princeton University Press, 1958, 3-106.

Jung, C. G. (1939a) 'Conscious, Unconscious and Individuation', in *The Archetypes and the Collective Unconscious*, Collected Works 9i, Princeton, NJ: Princeton University Press, 1959, 275-289.

Jung, C. G. (1939b) 'In Memory of Sigmund Freud', in *The Spirit in Man, Art and Literature*, Collected Works 15, Princeton, NJ: Princeton

University Press, 1966, 41-52.

Jung, C. G. (1939c) 'Concerning Rebirth', in The *Archetypes and the Collective Unconscious*, Collected Works 9i, Princeton, NJ: Princeton University Press, 1959, 113-150.

Jung, C. G. (1939d) 'The Symbolic Life', in *The Symbolic Life*, Collected Works 18, Princeton, NJ: Princeton University Press, 1954, 1980.

Jung, C. G. (1941a) 'The Psychological Aspects of the Kore', in *The Archetypes and the Collective Unconscious*, Collected Works 9i, Princeton, NJ: Princeton University Press, 1959, 182-206.

Jung, C. G. (1941 b) 'The Psychology of the Child Archetype', in *The Archetypes and the Collective Unconscious*, Collected Works 9i, Princeton, NJ: Princeton University Press, 1959, 151-181.

Jung, C. G. (1942) 'Psychotherapy and a Philosophy of Life', in *The Practice of Psychotherapy*, Collected Works 16, Princeton, NJ: Princeton University Press, 1954,76-83.

Jung, C. G. (1945a) 'Marginalia on Contemporary Events', in *The Symbolic Life*, Collected Works 18, Princeton, NJ: Princeton University Press, 1954, 591-602.

Jung, C. G. (1945b) 'Medicine and Psychotherapy', in *The Practice of Psychotherapy*, Collected Works 16, Princeton, NJ: Princeton University Press, 1954, 84-93.

Jung, C. G. (1945c) 'Definition of Demonism', in *The Symbolic Life*, Collected Works 18, Princeton, NJ: Princeton University Press, 1954, 648.

Jung, C. G. (1946) 'The Psychology of the Transference', in *The Practice of Psychotherapy*, Collected Works 16, Princeton, NJ: Princeton University Press, 1954, 163-321.

Jung, C. G. (1948) 'On Psychic Energy', in *The Structure and Dynamics of the Psyche*, Collected Works 8, Princeton, NJ: Princeton University Press, 1960, 3-66.

Jung, C. G. (1950) 'Concerning Rebirth', in *The Archetypes and the Collective Unconscious*, Collected Works 9i, Princeton, NJ: Princeton University Press, 1959, 113-150.

Jung, C. G. (1952) 'Foreword to Werblowsky's *Lucifer and Prometheus*', in *Psychology and Religion: West and East*, Collected Works 11, Princeton, NJ: Princeton University Press, 1958, 311-315.

Jung, C. G. (1954) 'Archetypes of the Collective Unconscious', in *The Archetypes and the Collective Unconscious*, Collected Works 9i, Princeton, NJ: Princeton University Press, 1959, 3-41.

Jung, C. G. (1955) *Mysterium Coniunctionis*, Collected Works 14, Princeton, NJ: Princeton University Press, 1963.

Jung, C. G. (1958) 'Schizophrenia', in *The Psychogenesis of Mental Disease*, Collected Works 3, Princeton, NJ: Princeton University Press, 256-271.

Jung, C. G. (1961) 'Symbols and the Interpretation of Dreams', in *The Symbolic Life*, Collected Works 18, Princeton, NJ: Princeton University Press, 1954, 1980, 185-266.

Jung, C. G. (1962) *Memories, Dreams, Reflections*, New York: Random House.

Jung, C. G. (1973) *Letters*, Volumes 1 and 2, Princeton, NJ: Princeton University Press.

Jung, C. G. (1984) *Dream Analysis: Notes of the Seminar Given in 1928-1930*, Princeton, NJ: Princeton University Press.

Jung, C. G. (1997) *Visions: Notes of the Seminar Given in 1930-1934*, edited by C. Douglas, Princeton, NJ: Princeton University Press.

Jung, C. G. (1998) *Jung's Seminar on Nietzsche's Zarathustra*, edited by J.

Jarrett, Princeton, NJ: Princeton University Press.

Kandel, E. (2006) *In Search of Memory: The Emergence of a New Science of Mind*, New York: WW Norton.

Kapferer, B. (1983/1991) *A Celebration of Demons: Exorcism and the Aesthetics of Healing in Sri Lanka*, Oxford: Berg and Smithsonian Institution Press.

Kapferer, B. (1997) *The Feast of the Sorcerer: Practices of Consciousness and Power*, Chicago, IL: University of Chicago Press.

Kenny, M. (1992) 'Notes on Proposed Revisions of the Dissociative Disorders Section of DSM-III-R', *Transcultural Psychiatric Research Review*, 24, 4: 337-340.

Kihlstrom, J. F. (1987) 'The Cognitive Unconscious', *Science*, 237, 1445-1452.

Kirmayer, L. J. (1992) 'Taking Possession of Trance', *Transcultural Psychiatric Research Review*, 29, 4: 283-286.

Kirmayer, L. J. (1994) 'Pacing the Void: Social and Cultural Dimensions of Dissociation', in D. Spiegel (ed.) *Dissociation: Culture, Mind and Body*, Washington, DC: American Psychiatric Press, 91-122.

Kirmayer, L. J. (1996) 'Landscapes of Memory: Trauma, Narrative and Dissociation', in P Antze and M. Lambek (eds), *Tense Past: Cultural Essays on Trauma and Memory*, London: Routledge, 173-198.

Kirmayer, L. J. (1999) 'Myth and Ritual in Psychotherapy', *Transcultural Psychiatry*, 36, 4:451-460.

Kleinman, A. (1980) *Patients and Healers in the Context of Culture*, Berkeley, CA: University of California Press.

Knox, J. (2001) 'Memories, Fantasies, Archetypes: An Exploration of Some Connections between Cognitive Science and Analytical Psychology', *Journal of Analytical Psychology*, 46, 4: 613-636.

Knox, J. (2004a) 'Developmental Aspects of Analytical Psychology: New Perspectives from Cognitive Neuroscience and Attachment Theory', in J. Cambray and L. Carter (eds) *Analytical Psychology: Contemporary Perspectives in Jungian Analysis*, Hove: Brunner-Routledge, 56-82.

Knox, J. (2004b) 'From Archetypes to Reflective Function', *Journal of Analytical Psychology*, 49, 1: 1-19.

Koopmans, J. (1997) *Le Théâtre des exclus an Moyen Age: Hérétiques, sorcières et marginaux*, Paris: Imago.

Kugler, P (1997) 'Psychic Imaging: A Bridge between Subject and Object', in P. Young- Eisendrath and T. Dawson (eds) *The Cambridge Companion to Jung*, Cambridge: Cambridge University Press, 71-88.

Lacan, J. (1966/1977) *Ecrits: A Selection*, trans. A. Sheridan, London: Tavistock/Routledge.

Lakoff, G. and Johnson, M. (1980/2003) *Metaphors We Live By*, Chicago, IL: University of Chicago Press.

Lambek, M. (1981) *Human Spirits: A Cultural Account of Trance in Mayotte*, Cambridge: Cambridge University Press.

Lambek, M. (1989) 'From Disease to Discourse: Remarks on the Conceptualization of Trance and Spirit Possession', in C. Ward (ed.) *Altered States of Consciousness and Mental Health: A Cross-Cultural Perspective*, London: Sage, 36-61.

Lambek, M. (1992) 'Discreteness or Discretion?', *Transcultural Psychiatric Research Review*, 24, 4: 345-347.

Lane, C. (2007) *Shyness: How Normal Behaviour Became a Sickness*, New Haven, CT: Yale University Press.

Laplanche, J. and Pontalis, J.-B. (1973) *The Language of Psychoanalysis*, London: Karnac.

Lear, J. (2003) *Therapeutic Action: An Earnest Plea ,for Irony*, New York:

Other Press.

Legué, G. (1874) *Documents pour servir à l'histoire médicale des possédées de Loudun*, Paris: Delahaye.

Legué, G. (1880) *Urbain Grandier et les possédées de Loudun*, Paris: Baschet.

Lévi-Strauss, C. (1955) *Triste Tropiques*, Paris: Plon; trans. J. Weightman and D. Weightman (1973) *Sad Tropics*, London: Jonathan Cape.

Lewis, I. M. (1971/1989) *Ecstatic Religion: A Study of Shamanism and Spirit Possession*, London: Routledge.

Lewis, I. M. (1976) *Social Anthropology in Perspective: The Relevance of Social Anthropology*, Cambridge: Cambridge University Press.

Lewis, I. M. (1986) *Religion in Context: Cults and Charisma*, Cambridge: Cambridge University Press.

Lewis-Fernández, R. (1992) 'The Proposed DSM-IV Trance and Possession Disorder Category: Potential Benefits and Risks', *Transcultural Psychiatric Research Review*, 24, 4:301-318.

Lilla, M. (1992) *G. B. Vico: The Making of an Anti-Modern*, Cambridge, MA: Harvard University Press.

Lim, D. (2005) 'The Play's the Thing', in *John Cassavetes: Five Films* [DVD], New York: Optimum Releasing.

Littlewood, R. (2001) *Religion, Agency, Restitution: The Wilde Lectures in Natural Religion, 1999*, Oxford: Oxford University Press.

Littlewood, R. (2004) *Pathologies of the West: An Anthropology of Mental Illness in Europe and America*, London: Continuum.

Lurker, M. (1987) *Dictionary of Gods and Goddesses, Devils and Demons*, London: Routledge & Kegan Paul.

Macey, D. (2000) *The Penguin Dictionary of Critical Theory*, London: Penguin.

Main, R. (2000) 'Religion, Science and Synchronicity', *Harvest: Journal of*

Jungian Studies, 46, 2: 89-107.

Mali, J. (1992) *The Rehabilitation of Myth: Vico's 'New Science'*, Cambridge: Cambridge University Press.

Martin, A. (2001) 'John Cassavetes: Inventor of Forms', *Senses of Cinema*, 16, September-October.

Masquelier, A. (2001) *Prayer has Spoiled Everything: Possession, Power and Identity in an Islamic Town in Niger*, Durham, NC: Duke University Press.

Merleau-Ponty, M. (1945/2002) *Phenomenology of Perception*, London: Routledge.

Michaëlis, S. (1613) *Histoire admirable de la possession et conversion d'une penitente, Seduite par un magicien, la faisant Sorciere & Princesses des Sorciers an pays de Provence, conduite à la S. Baume pour y estre exorcizee l'an MDCX an mois de Novembre, soubs l'authorité du R. P. F. Sebastien Michaelis . . . Ensemble la Pneumalogie on Discours du susdit. P. Michaelis*, Paris: Charles Chastellain.

Micklem, N. (1996) *The Nature of Hysteria*, London: Routledge.

Mogenson, G. (2003) *The Dove in the Consulting Room: Hysteria and the Anima in Bollas and Jung*, Hove: Brunner-Routledge.

Moreno, J. L. (1934) *Who Shall Survive? A New Approach to the Problem of Human Interrelations*, Washington, DC: Nervous and Mental Disease Publishing.

Moreno, J. L. (1960) *The Sociometry Reader*, Glencoe, IL: Free Press.

Moreno, J. L. and Elefthery, D. G. (1975) 'An Introduction to Group Psychodrama', in G. Gazda (ed.) *Basic Approaches to Group Psychotherapy and Group Counseling*, Springfield, IL: Charles C. Thomas.

Nadon, R., Laurence, J. R. and Perry, C. (1991) 'The Two Disciplines of

Scientific Hypnosis: A Synergistic Model', in *Theories of Hypnosis: Current Models and Perspectives*, New York: Guilford, 485-519.

Nathan, T. (1988) *Le Sperme du Diable*, Paris: Presses Universitaires de France.

Nathan, T. (1994) *L'Influence qui guerit*, Paris: Odile Jacob.

Nathan, T. (2001) *La Folie des autres: TraW d'ethnopsychiatrie cliniyue*, Paris: Dunod.

Neve-Hanquet, C. and Pluymaekers, J. (2008) 'Psychodrama with Landscape Genogram in the Training of Family Therapists', in *Psychodrama: Studies and Applications*, 40 Years Elefthery Psychodrama Conference Papers, Leuven, Belgium.

Newberg, A. and d'Aquili, E. (1991) *The Mystical Mind: Probing the Biology of Religious Experience*, Minneapolis, MN: Augsburg Fortress Press.

Newberg, A., Alavi, A., Baime, M. J., Pourdehnad, M., Santanna, J. and d'Aquili, E. (2001) 'The Measurement of Regional Cerebral Blood Flow during the Complex Cognitive Task of Meditation: A Preliminary SPELT Study', *Psychiatry Research: Neuroimaging*, 106, 2: 113-122.

Noll, R. (1994) *The Jung Cult*, Toronto: Simon & Schuster.

Obeyesekere, G. (1970) 'The Idiom of Demonic Possession: A Case Study', *Social Science and Medicine*, July: 97-112.

Obeyesekere, G. (1981) *Medusa's Hair: An Essay on Personal Symbols and Religious Experience*, Chicago, IL: University of Chicago Press.

Obeyesekere, G. (1990) *The Work of Culture: Symbolic Transformation in Psychoanalysis and Anthropology*, Chicago, IL: University of Chicago Press.

Odermatt, M. (1991) *Der Fundamentalismus. Ein Gott, eine Wahrheit, eine*

Moral? Psychologische Reflexionen, Zurich: Benzinger.

Oesterreich, T. K. (1921/2002) *Possession. Demonical and Other*, London: Kegan Paul.

Oughourlian, J.-M. (1991) *The Puppet of Desire: The Psychology of Hysteria, Possession and Hypnosis*, trans. E. Webb, Stanford, CA: Stanford University Press.

Pace, T. and Palmer, R. (1995) 'The Usefulness of Mimetic Theory in Clinical Practice: Interdividual Psychology and the Puppet of Desire: Revisited, Revered, Revised – and Applied', in *First Things*. Retrieved from: http://theol.uibk.ac.at/ cover/bulletin/xtexte/bulletin17-3. html.

Pagels, E. (1995) *The Origin of Satan*, New York: Random House.

Papadopoulos, R. (1991) 'Jung and the Concept of the Other', in R. Papadopoulos and G. Saayman (eds) *Jung in Modern Perspective*, Bridport: Prism Press, 54-88.

Phelps, E. (2005) 'The Interaction of Emotion and Cognition: The Relation between the Human Amygdala and Cognitive Awareness', in R. R. Hassin, J. S. Uleman and J. A. Bargh (eds) *The New Unconscious*, Oxford: Oxford University Press.

Pike, K. L. (1954) 'Emit and Etic Standpoints for the Description of Behavior', in *Language in Relation to a Unified Theory of the Structure of Human Behaviour*, The Hague: Mouton.

Pike, K. L. and Jankowsky, K. R. (1996) *The Mystery of Culture Contacts, Historical Reconstruction and Text Analysis. An Emic Approach*, Washington, DC: Georgetown University Press.

Price, M. (2001) 'Now You See It, Now You Don't: Preventing Consciousness with Visual Masking', in P G. Grossenbacher (ed.) *Finding Consciousness in the Brain. – A Neurocognitive Approach*,

Chichester: Wiley, 26-60.

Rapley, R. (1998) *A Case of Witchcraft: The Trial of Urbain Grandier*, Montreal: McGill-Queen's University Press.

Rizzolatti, G. and Sinigaglia, C. (2008) *Mirrors in the Brain.- How our Minds Share Actions and Emotions*, trans. F. Anderson, Oxford: Oxford University Press.

Rizzolatti, G., Fadiga, L., Gallese, V. and Fogassi, L. (1996) 'Premotor Cortex and the Recognition of Motor Actions', *Cognitive Brain Research*, 3: 131-141.

Rizzolatti, G., Fadiga, L., Gallese, V. and Fogassi, L. (2002) 'From Mirror Neurons to Imitation: Facts and Speculations', in A. Meltzoff and W Prinz (eds) *The Imitative Mind*, Cambridge: Cambridge University Press, 247-266.

Rouch, J. (1954) *Les Songhay*, Paris: Presses Universitaires de France.

Rouget, G. (1980) *La Musique et la trance: Esquisse d'une theorie generale des relations de la Musique et de la possession*, Paris: Gallimard; trans. B. Biebuyck (1985) *Music and Trance. A Theory of the Relations between Music and Possession*, Chicago, IL: University of Chicago Press.

Rowland, S. (2005) *Jung as a Writer*, London: Routledge.

Sacks, O. (1985) 'Possessed', in 'Excesses', *Granta: Science*, 16, 17-22.

Said, E. (1978) *Orientalism*, New York: Random House.

Samuels, A. (1989) *The plural psyche: Personality, Morality and the Father*, London: Routledge.

Samuels, A., Shorter, B. and Plant, F. (1986) *A Critical Dictionary of Jungian Analysis*, London: Routledge & Kegan Paul.

Sandner, D. and Beebe, J. (1982) 'Psychopathology and Analysis', in M. Stein (ed.) *Jungian Analysis*, LaSalle, IL: Open Court.

Saussure, F. de. (2002) *Ecrits de linguistique generale*, Paris: Gallimard;

trans. C. Sanders and M. Pires (2006) *Writings in General Linguistics*, edited by S. Bouquet and R. Engler, Oxford: Oxford University Press.

Scategni, W. (2002) *Psychodrama, Group Processes, and Dreams. Archetypal Images of Individuation*, trans. V Marsicano, Hove: Brunner-Routledge.

Schacter, D. (1996) *Searching for Memory: The Brain, the Mind, and the Past*, New York: Basic Books.

Schaverien, J. (1995) *Desire and the Female Therapist*, London: Routledge.

Schaverien, J. (2005) 'Art, Dreams, and Active Imagination: A Post-Jungian Approach to Transference and the Image', *Journal of Analytical Psychology*, 50, 2: 127-154.

Schieffelin, E. (1976) *The Sorrow of the Lonely and the Burning of the Dancers*, New York: St Martin's Press.

Schieffelin, E. (1996a) 'On Failure and Performance: Throwing the Medium Out of the Seance', in C. Laderman and M. Roseman (eds) *The Performance of Healing*, London: Routledge, 59-90.

Schieffelin, E. (1996b) 'Evil Spirit Sickness, the Christian Disease: The Innovation of a New Syndrome of Mental Derangement and Redemption in Papua New Guinea', *Culture, Medicine and Psychiatry*, 20, 1: 1-39.

Schmitt, J.-C. (1982) 'Western European Magic and Folklore', in *Dictionary of the Middle Ages*, New York: Charles Scribner's Sons, 8: 25-31.

Sebel, P. (1995) 'Memory during Anaesthesia: Gone but not Forgotten', *Anaesthesia and Analgesia*, 81, 4: 668-670.

Segal, R. (2007) 'Jung and Lévy-Bruhl', *Journal of Analytical Psychology*, 52, 5: 635-658.

Shamdasani, S. (1996) 'Introduction: Jung's Journey to the East', in *The*

Psychology of Kundalini Yoga: Notes of the Seminar Given in 1932 by C. G. Jung, Princeton, NJ: Princeton University Press.

Shamdasani, S. (1995) 'Memories, Dreams, Omissions', *Spring: Journal of Archetype* and Culture, 57: 115-37.

Shamdasani, S. (1998) Cult Fictions: *C. G. Jung and the Founding of Analytical Psychology*, London: Routledge.

Shamdasani, S. (2003) *Jung and the Making of Modern Psychology: The Dream of a Science*, Cambridge: Cambridge University Press.

Sheehan, P. W., Donovan, P. and MacLeod, C. M. (1988) 'Strategy Manipulation and the Stroop Effect in Hypnosis', *Journal of Abnormal Psychology*, 97: 455-460.

Shore, B. (1996) *Culture in Mind: Cognition, Culture and the Problem of Meaning*, Oxford: Oxford University Press.

Singer, T. and Kimbles, S. (2004) 'The Emerging Theory of Cultural Complexes', in J. Cambray and L. Carter (eds) *Analytical Psychology: Contemporary Perspectives in Jungian Analysis*, Hove: Brunner-Routledge, 176-203.

Solomon, H. M. (2004) 'The Ethical Attitude in Analytic Training and Practice', in J. Cambray and L. Carter (eds) *Analytical Psychology. Contemporary Perspectives in Jungian Analysis*, London: Routledge, 249-265.

Sprenger, J. and Kramer, H. (1486/1968) *Malleus Maleficarum (The Hammer of Witchcraft)*, trans. M. Summers, London: Folio Society.

Stein, M. (2004) 'Spiritual and Religious Aspects of Modern Analysis', in J. Cambray and L. Carter (eds) *Analytical Psychology: Contemporary Perspectives in Jungian Analysis*, Hove: Brunner-Routledge, 204-222.

Stephenson, C. ed. (2014) *Jung and Moreno: Essays on the Theatre of Human Nature*, London: Routledge.

Stern, D. (1985) *The Interpersonal World of the Infant: A view from Psychoanalysis and Developmental Psychology*, New York: Basic Books.

Stocking, G. (ed.) (1974) *The Shaping of American Anthropology, 1883-1911: A Franz Boas Reader*, Chicago, IL: University of Chicago Press, 1989.

Stoller, P. (1989) *Fusion of the Worlds: An Ethnography of Possession among the Songhay of Niger*, Chicago, IL: University of Chicago Press.

Stoller, P. (2004) *Stranger in the Village of the Sick: A Memoir of Cancer, Sorcery and Healing*, Boston, MA: Beacon Press.

Surin, J.-J. (1966) *Correspondance*, edited by M. de Certeau, Paris: Desclée de Brouwer.

Tarde, G. (1890) 'The Laws of Imitation', in *On Communication and Social Influence: Selected Papers*, Chicago, IL: University of Chicago Press, 1969.

Taussig, M. (1987) *Shamanism, Colonialism and the Wild Man: A Study in Terror and Healing, Chicago*, IL: University of Chicago Press.

Taussig, M. (1992) *Mimesis and Alterity*, London: Routledge.

Tiles, M. (1984) *Bachelard: Science and Objectivity*, Cambridge: Cambridge University Press.

Tranquille, Father. (1634) *Véritable relation des justes procédures observées au fait de la possession des Ursulines de Loudun, et an procès de Grandier*, Poitiers: I. Thoreau et Veuve A. Mesnier; reprinted in F. Danjou (1838) Archives curieuses de l'histoire de France, Paris: Beauvais 2: 5.

Turner, V. (1969) *The Ritual Process: Structure and Anti-Structure*, Ithaca, NY: Cornell University Press.

Turner, V. (1982) *From Ritual to Theatre: The Human Seriousness of Play*, New York: Performing Arts Journal Publications.

Uleman, J. (2005) 'Becoming Aware of the New Unconscious', in R. R.

Hassin, J. S. Uleman and J. A. Bargh (eds) *The New Unconscious*, Oxford: Oxford University Press.

Ulysse, G. A. (2008) *Downtown Ladies: Informal Commercial Importers, A Haitian Anthropologist and Self-Making in Jamaica*. Chicago: University of Chicago Press.

Ulysse, G. A. (2013) 'VooDooDoll: What if Haiti Were a Woman: On Ti Travay Sou 21 Pwen, or An Alter(ed)native in Something Other Than Fiction. *Transition* 111,104-114.

Ulysse. G. A. (2016) 'It all Started with a Black Woman: Reflective Notes on Writing/Performing Rage', *Are All the Women Still White? Rethinking Race, Expanding Feminisms*, Janell Hobson, editor, Albany: State University of New York Press.

Verene, D. P. (1981) Vico's *Science of Imagination*, Ithaca, NY: Cornell University Press.

Verene, D. P. (2002) 'Coincidence, Historical Repetition, and Self-Knowledge: Jung, Vico, and Joyce', *Journal of Analytical Psychology*, 47, 3: 459-478.

Vico, G. (1948) *The New Science of Giambattista Vico (Unabridged Translation of the Third Edition, 1744)*, trans. T G. Bergin and M. H. Fisch, Ithaca, NY: Cornell University Press.

Walker, D. P. (1981) *Unclean Spirits*, London: Scolar Press.

Webb, E. (1999) 'Eros and the Psychology of World Views', paper presented at Eranos 1997, Ascona; published in German translation in *Eranos Jahrbuch, NF.8*, D. Clemens and T. Schabert (eds) (2001) *Kulturen des Eros*, Munich: Wilhelm Fink, 179-230.

Whalen, P J., Rauch, S. L., Etcoff, N. L., McInerney, S. C., Lee, M. B. and Jenike, M. A. (1998) 'Masked Presentations of Emotional Facial Expressions Modulate Amygdala Activity without Explicit

Knowledge', *Journal of Neuroscience* 18, 1: 411-418; reprinted in G. Claxton (2005) *The Wayward Mind: An Intimate History of the Unconscious*, London: Little, Brown, 258.

Wiener, J. (2004) 'Transference and Countertransference: Contemporary Perspectives', in J. Cambray and L. Carter (eds) *Analytical Psychology: Contemporary Perspectives in Jungian Analysis*, Hove: Brunner-Routledge, 149-175.

Wilkinson, M. (2006) *Coming into Mind: The Mind Brain Relationship – A Jungian Clinical Perspective*, Hove: Routledge.

Winnicott, D. W (1951) 'Transitional Objects and Transitional Phenomena', in *Through Paediatrics to Psycho-Analysis*, London: Hogarth Press, 1987, 229-242.

Witztum, E. and Goodman, Y (1999) 'Narrative Construction of Distress and Therapy: A Model Based on Work with Ultraorthodox Jews', *Transcultural Psychiatry*, 36, 4: 403-436.

Woodman, M. (1980) *The Owl was a Baker's Daughter: Obesity, Anorexia Nervosa and the Repressed Feminine*, Toronto: Inner City Books.

Woodman, M. (1982) *Addiction to Perfection: The Still Unravished Bride*, Toronto: Inner City Books.

World Health Organization (WHO) (1992) *The ICD-10 Classification of Mental and Behavioural Disorders*, Geneva: WHO.

Yankowitz, S. (1974) 'Terminal', in K. Malpede (ed.) (1984) *Three Works by the Open Theater*, New York: Drama Book Specialists.

Zwicky, J. (2003) *Wisdom and Metaphor*, Kentville, Nova Scotia: Gaspereau Press.

延伸閱讀

- 《榮格心靈地圖（三版）》（2017），莫瑞·史坦（Murray Stein），立緒。

- 《積極想像：與無意識對話，活得更自在》（2017），瑪塔·提巴迪（Marta Tibaldi），心靈工坊。

- 《女巫（第二版）》（2016），朱爾·米榭勒（Jules Michelet），立緒。

- 《古典時代瘋狂史（附導讀別冊）》（2016），米歇爾·傅柯（Michel Foucault），時報。

- 《醫學，為什麼是現在這個樣子？：從宗教、都市傳染病到戰地手術，探索人類社會的醫病演變史》（2016），馬克·傑克森（Mark Jackson），臉譜。

- 《跟大師莫雷諾上心理劇：關於心理劇、團體治療與自發性》（2016），莫雷諾（J. L. Moreno）著、強納森·福克斯（Jonathan Fox）主編，張老師文化。

- 《自殺與靈魂：超越死亡禁忌，促動心靈轉化》（2016），詹姆斯·希爾曼（James Hillman），心靈工坊。

- 《靈魂密碼：活出個人天賦，實現生命藍圖》（2015），詹姆斯·希爾曼（James Hillman），心靈工坊。

- 《靈性之旅：追尋失落的靈魂》（2015），莫瑞·史丹（Murray

Stein），心靈工坊。

- 《救救正常人：失控的精神醫學》（2015），艾倫・法蘭西斯（Allen Frances），左岸文化。

- 《榮格人格類型》（2012），達瑞爾・夏普（Daryl Sharp），心靈工坊。

- 《英雄之旅：個體化原則概論》（2012），莫瑞・史丹（Murray Stein），心靈工坊。

- 《轉化之旅：自性的追尋》（2012），莫瑞・史丹（Murray Stein），心靈工坊。

- 《超越佛洛伊德：精神分析的歷史》（2011），史帝芬・米契爾（Stephen A. Mitchell）、瑪格麗特・布萊克（Margaret J. Black），心靈工坊。

- 《品德深度心理學》（2010），約翰・畢比（John Beebe），心靈工坊。

- 《拉岡與李維史陀：1951-1957 回歸佛洛伊德》（2009），馬可・薩非洛普洛斯（Markos Zafiropoulos），心靈工坊。

- 《榮格解夢書：夢的理論與解析》（2006），詹姆斯霍爾博士（James A. Hall, M.D.），心靈工坊。

- 《史瑞伯：妄想症案例的精神分析》（2006），佛洛伊德（Sigmund Freud），心靈工坊。

- 《邁向另一境界：探訪治療師和薩滿之旅》（2005），克雷門斯・庫比（Clemens Kuby），台灣商務。

PsychoAlchemy 015

附身：榮格的比較心靈解剖學
Possession: Jung's Comparative Anatomy of the Psyche, 2nd Edition
作者：奎格・史蒂芬森（Craig E. Stephenson）　譯者：吳菲菲

出版者—心靈工坊文化事業股份有限公司
發行人—王浩威　總編輯—王桂花
執行編輯—林妘嘉　封面設計—羅文岑
內頁排版—龍虎電腦排版公司
通訊地址—10684台北市大安區信義路四段53巷8號2樓
郵政劃撥—19546215　戶名—心靈工坊文化事業股份有限公司
電話—02）2702-9186　傳真—02）2702-9286
Email—service@psygarden.com.tw　網址—www.psygarden.com.tw
製版・印刷—中茂分色製版印刷事業股份有限公司
總經銷—大和書報圖書股份有限公司
電話—02）8990-2588　傳真—02）2990-1658
通訊地址—248新北市新莊區五工五路二號
初版一刷—2017年07月　ISBN—978-986-357-092-9　定價—520元

Possession: Jung's Comparative Anatomy of the Psyche, 2nd Edition
© Craig E. Stephenson 2016
Original English edition published by Routledge, Taylor & Francis
Chinese Edition Copyright © 2017 by PsyGarden Publishing Company
ALL RIGHTS RESERVED

國家圖書館出版品預行編目資料

附身：榮格的比較心靈解剖學 / 奎格.史蒂芬森(Craig E. Stephenson)著；
吳菲菲譯. -- 初版. -- 臺北市：心靈工坊文化, 2017.07
面；　公分. -- (PsychoAlchemy ; 15)
譯自：Possession : Jung's comparative anatomy of the psyche, 2nd ed
ISBN 978-986-357-092-9(平裝)

1.榮格(Jung, C. G.(Carl Gustav), 1875-1961)　2.學術思想　3.分析心理學

170.189　　　　　　　　　　　　　　　　　　　　　106007736

心靈工坊 PsyGarden 書香家族 讀友卡

感謝您購買心靈工坊的叢書，爲了加強對您的服務，請您詳填本卡，
直接投入郵筒（免貼郵票）或傳真，我們會珍視您的意見，
並提供您最新的活動訊息，共同以書會友，追求身心靈的創意與成長。

書系編號—PA 015　　　　　　書名—附身：榮格的比較心靈解剖學

姓名　　　　　　　　　　　是否已加入書香家族？ □是 □現在加入

電話 (O)　　　　　(H)　　　　　手機

E-mail　　　　　生日　　年　　　月　　　日

地址 □□□

服務機構　　　　　　職稱

您的性別—□1.女 □2.男 □3.其他

婚姻狀況—□1.未婚 □2.已婚 □3.離婚 □4.不婚 □5.同志 □6.喪偶 □7.分居

請問您如何得知這本書？
□1.書店 □2.報章雜誌 □3.廣播電視 □4.親友推介 □5.心靈工坊書訊
□6.廣告DM □7.心靈工坊網站 □8.其他網路媒體 □9.其他

您購買本書的方式？
□1.書店 □2.劃撥郵購 □3.團體訂購 □4.網路訂購 □5.其他

您對本書的意見？
□ 封面設計　1.須再改進 2.尚可 3.滿意 4.非常滿意
□ 版面編排　1.須再改進 2.尚可 3.滿意 4.非常滿意
□ 內容　　　1.須再改進 2.尚可 3.滿意 4.非常滿意
□ 文筆／翻譯 1.須再改進 2.尚可 3.滿意 4.非常滿意
□ 價格　　　1.須再改進 2.尚可 3.滿意 4.非常滿意

您對我們有何建議？

□本人同意　　　　　（請簽名）提供（真實姓名/E-mail/地址/電話/年齡/
等資料），以作爲心靈工坊（聯絡/寄貨/加入會員/行銷/會員折扣/等之用，
詳細內容請參閱http://shop.psygarden.com.tw/member_register.asp。

廣　告　回　信
台北郵政登記證
台北廣字第1143號
免　貼　郵　票

10684台北市信義路四段53巷8號2樓

讀者服務組　收

免　　貼　　郵　　票

（對折線）

加入心靈工坊書香家族會員
共享知識的盛宴，成長的喜悅

請寄回這張回函卡（免貼郵票），
您就成為心靈工坊的書香家族會員，您將可以──

⊙隨時收到新書出版和活動訊息

⊙獲得各項回饋和優惠方案